게임,
디자인,
플레이

게임, 디자인, 플레이
반복적인 게임 디자인에 대한 상세한 접근법

초판 1쇄 인쇄 | 2017년 4월 15일
초판 1쇄 발행 | 2017년 4월 20일

지 은 이 | 콜린 맥클린, 존 샤프
옮 긴 이 | 고은혜
발 행 인 | 이상만
발 행 처 | 정보문화사

책 임 편 집 | 최동진
편 집 진 행 | 노미라

주   소 | 서울시 종로구 대학로 12길 38 (정보빌딩)
전   화 | (02)3673-0037(편집부) / (02)3673-0114(代)
팩   스 | (02)3673-0260
등   록 | 1990년 2월 14일 제1-1013호
홈 페 이 지 | www.infopub.co.kr

I S B N | 978-89-5674-739-2

게임, 디자인, 플레이
GAMES, DESIGN and PLAY
반복적인 게임 디자인에 대한 상세한 접근법

콜린 맥클린, 존 샤프 지음 | 고은혜 옮김

정보문화사
Information Publishing Group

추천의 글

"샤프와 맥클린은 디자인 과정을 컨셉으로부터 코드, 완성까지 세밀하게 나눴다. 이 책에서 특히 마음에 든 부분은 다른 저자들이 흔히 간과하는 프로토타이핑과 디자인 패턴이 포함된 점이다. AAA급 게임 공간 외의 새로운 분야를 개척하고자 하는 디자이너들에게 많은 도움이 될 것이다."

— 브렌다 로메로(Brenda Romero), 게임 디자이너, 로메로 게임즈

"게임에 대해 읽을 책은 많이 있다. 하지만 게임, 디자인, 플레이는 새롭다. 콜린 맥클린과 존 샤프는 게임이 무엇인지를 그냥 설명하는 데에 그치지 않고 게임 디자인 프로세스 자체를 상세히 다룬다."

— 에릭 짐머만(Eric Zimmerman), 게임 디자이너 및 예술 교수, 뉴욕대 게임 센터

"게임, 디자인, 플레이는 다양한 측면을 지닌 게임 디자인에 대해 자세하고 깊이 고민하며 제대로 연구한 결과물이다."

— 메어 셰퍼드(Mare Sheppard), 사장, 메타넷 소프트웨어(Metanet Software)

"십여 년 넘게 게임 디자인을 연구하고 가르쳤지만, 게임 디자인 과정에 있어 이렇게나 다양한 측면을 수록한 책은 처음이다. 콜린과 존은 모든 종류의 게임을 해부하고 검토한 (비디오 게임에 국한되지 않았다) 다음 모든 조각을 맞춰서 독특한 디자인을 형성할 수 있는 방법을 능란하게 제시한다."

— **스톤 리브란데**(Stone Librande), 리드 디자이너, 라이엇 게임즈(Riot Games)

"저자들은 풍부한 경험에서 온 훌륭한 컨셉, 철저한 프로세스, 그리고 적용했던 실행법을 적어 내려간다. 이 책에서는 적절한 예제를 들고, 유용하고 유익하며 통찰력 있는 연습문제를 내 준다."

— **드루 데이빗슨**(Drew Davidson), 카네기 멜론 대학 엔터테인먼트 공학 센터, 학장 겸 교수

"체계적인 사고와 플레이 이론 사이의 간극을 메워주는 꼭 필요한 책이다. 맥클린과 샤프는 세월이 흘러도 변치 않는 프로세스와 실행성의 균형을 맞춰, 재미있고 흥미롭게 게임에 대해 논의한다."

— **린지 그레이스**(Lindsay Grace), 아메리칸 대학 게임 연구소와 스튜디오, 겸임 교수 겸 설립 학장

"게임에 대해 배우고 싶거나 가르치고 싶은 이들은 게임, 디자인, 플레이를 이용해 게임이 어떻게 작동하는지에 대한 아이디어를 이끌어주는 통찰을 얻을 수 있고, 새로운 경험과 재미를 만들어낼 수 있는 방법론을 찾을 수 있다. 맥클린과 샤프는 게임을 제한적으로 정의하거나 디자인 규칙을 편협하게 주문하려 하지 않는다. 대신, 이들의 책은 게임과 플레이를 이해할 수 있는 포괄적이면서도 유연한 틀을 제공하면서 그와 더불어 게임 개발 동안 상상, 프로토타이핑, 협업, 반복 적용을 하는 실용적인 프로세스를 알려준다. 게임, 디자인, 플레이는 디지털, 아날로그, 하이브리드, 그리고 소규모 팀이나 개인이 만든 프로젝트까지 모두 설명하고 있다. 대형 스튜디오에서도 소규모의 애자일 팀을 중시하는 현 시점에서, 이런 종류의 실용적이고 창의적인 개발의 처음부터 끝까지 다뤄주는 핸드북은 대단히 귀중하다."

— **나오미 클락(Naomi Clark)**, 뉴욕 대학 게임 센터 아트 조교수 겸,

게임 디자인 용어(A Game Design Vocabulary)의 저자

"지금까지 나온 게임 디자인 책 중 가장 광범위한 내용을 다룬다. 게임과 플레이에 대해 생각해 볼 수 있는 학구적인 통찰을 제공하는 동시에, 최근 출시된 첨단의 독립 게임의 예에서 망라한 조언과 모범적인 예를 통해 차근차근 독자를 이끌어간다. 일을 처음 시작할 무렵 이런 책이 있었다면 게임을 위한 색다른 아이디어를 좀 더 쉽게 구상하고, 팀원들에게도 더 잘 전달할 수 있었을 것이다."

— **애나 키프니스(Anna Kipnis)**, 더블 파인 프로덕션(Double Fine Productions)

시니어 게임 플레이 프로그래머

"콜린 맥클린과 존 샤프는 게임 디자인과 제작에 있어 인상적인 개념적, 방법론적 접근법을 보여준다. 아마도 가장 중요한 것은 게임, 디자인, 플레이가 디자이너들에게 자신의 게임이 세상에 나와, 사회와 문화의 일부가 될 수 있다는 메시지를 전달한다는 점일 것이다. 학부생, 대학원생, 그리고 게임 디자이너를 꿈꾸는 이들 모두에게 풍성하고 쉽게 다가갈 수 있는 접근법이다."

— 캐이시 오도넬(Casey O'Donnell),
미시간 대학 부교수이자 개발자의 딜레마(Developer's Dilemma)의 저자

"어떤 이유로든 게임 개발을 업으로 삼기로 했다면, 맥클린과 샤프의 책에서 짚는 것보다 훨씬 힘든 경험을 하게 될 것이다. 게임 디자인을 다루는 책은 거의 다 모호한 유행어와 과거에 대한 이야기로 가득 차 있지만, 게임, 디자인, 플레이는 게임 아티스트가 실제 만들어낸 작품들을 근거로 한다. 게임 제작 관련 서적은 대체로 기술적 '방법론'에 고착된 경향이 있지만, 게임, 디자인, 플레이는 '왜'냐는 훨씬 중요한 부분을 파고 들어간다."

— 애나 앤트로피(anna anthropy), 플레이 디자이너, 쏘리 낫 쏘리 게임즈(Sorry Not Sorry Games)

contents

Part I. 컨셉

contents

contents

contents

서문

게임, 디자인, 플레이는 게임 디자인 컨셉을 구상하는 기초부터 소매를 걷어붙이고 실제로 게임을 디자인하는 작업까지 망라한 책이다. 독립적으로 개발된 게임의 사례를 들고 있어, 게임 디자이너들이 실제로 생각하고 일하는 방식과, 더 나아가 게임이 어떤 것을 할 수 있고 표현할 수 있는지 들여다볼 수 있다. 비디오 게임에 있어 흥미진진한 일들이 일어나고 있는 지금, 이 책은 여러분이 바로 뛰어들 수 있게 도와줄 것이다.

필자 콜린 맥클린과 존 샤프는 게임 디자이너이자 교육자다. 이 책은 우리 두 사람이 게임을 디자인하면서 다른 게임 디자이너로부터 배운, 또한 플레이하고 연구했던 게임들에서 배운 교훈을 정제한 것이다. 게임, 디자인, 플레이에는 디제잉(DJing), 비제잉(VJing), 그래픽 디자인, 상호작용 디자인, 사진, 그리고 교육 분야에서 얻은 경험까지 녹여냈다. 우리는 도합 35년의 디자인과 교육 경험을 통해 게임, 플레이, 게임 디자인을 이해하기 위한 접근법을 개발하고 다듬어 왔으며, 그 모든 작업이 이 책에 담겨 있다.

게임 디자인 책은 이미 많은데?

"이 책이 시중에 나와 있는 다른 게임 디자인 책과 어떻게 다른가?"라고 묻는 독자도 있을 것이다. 이미 출간된 좋은 서적이 많고, 우리도 많은 책에서 영감을 받은 것이 사실이다. 우리의 플레이 중심 접근법은 트레이시 풀러튼의 게임 디자인 워크샵(Game Design Workshop)[1]과 긴밀히 연결되며 케이티 셸런과 에릭 짐머만의 중요한 게임 디자인 서적 플레이의 규칙(Rules of Play)[2]에서 많은 것을 배웠다. 애나 앤트로피와 나오미 클락의 게임 디자인 용어집(A Game Design Vocabulary)[3]은 우리의 예제 선정에 큰 영향을 주었으며, 이들의 게

---

1 트레이시 풀러튼, Game Design Workshop. 3rd edition, 2014.

2 케이티 셸런과 에릭 짐머만, Rules of Play, 2003.

3 애나 앤트로피와 나오미 클락, A Game Vocabulary: Exploring the Foundational Principles Behind Good Game Design, 2014.

임 디자이너이자 평론가로서의 관점은 우리에게 많은 감화를 주었다.

이런 훌륭한 자료들이 있지만, 우리에게는 아직 남은 간극이 보였다. 게임, 디자인, 플레이의 주된 특징은 말 그대로 디테일에 있다. 많은 게임 디자인 책들이 상당히 고차원으로 추상적인 관점에서 게임과 게임 디자인을 고려한다. 이들은 전반적인 게임 디자인 방법론을 설명하지만 게임 디자인과 게임 디자이너들이 만들어내는 플레이 경험의 상세한 사항까지 들여다보지는 않는다. 그럼에도 다른 디자인 저서는 컴퓨터 과학적 관점에서 비디오 게임을 접근하여, 게임을 게임 프로그래밍을 배우는 틀로 이용하되 디자인과 플레이테스팅 프로세스의 세부사항은 건너뛴다.

게임, 디자인, 플레이는 실제로 비디오 게임을 시작부터 끝까지 디자인하는 과정의 개념과 디자인적 고려사항을 연결하여, 아이디어에서 프로토타입, 그리고 플레이테스트와 마지막으로 완전한 디자인의 구현까지 망라한다는 점이 다르다. 달리 표현하자면, 게임, 디자인, 플레이는 게임 디자인에 대한 실용주의적 가이드라 할 수 있다. 게임을 세밀하게 들여다보고, 게임이 어떻게 작동하는지 식별하고, 아이디어로부터 완전히 구현된 게임까지 어떻게 디자인이 이뤄지는지 보여준다.

게임 디자인, 게임 개발, 그리고 게임 제작

게임, 디자인, 플레이는 게임 디자인의 세세한 것을 살펴보는 책이지만, 게임 개발 같은 부분은 다루지 않는다. 이것은 게임 디자인 책이지 게임 개발을 다루는 책이 아니기 때문이다. 그럼 그 차이는 무엇일까? **게임 디자인**이란 핵심 액션, 테마, 가장 중요하게는 게임의 플레이 경험을 포함하여 게임이 작동하는 방식을 구상하고 만들어내는 과정이다. 게임 디자인에는 서로 다른 종류의 게임, 이런 게임의 작동 방식, 게임 디자이너들이 게임 창작을 위해 이용하는 프로세스에 대한 이해가 필요하다.

반면 **게임 개발**은 게임 디자인, 프로그래밍, 아트 제작, 글쓰기, 사운드 디자인, 레벨 디자인, 프로듀싱, 테스팅, 마케팅, 사업 개발 등을 포함한 게임 제작의 전반을 아우른다. 이런 활동은 더 크게 볼 때 게임 개발팀의 역할에 해당하며, 독립 개발 게임일 경우에는 한 사람이나 소규모 팀에서 진행될 수도 있다. 이런 견지에서, 우리는 게임 디자인과 연관된 것을 빼고는 프로그래밍, 모델링, 애니메이팅, 음악, 기타 측면은 다루지 않겠다. 이미 제레미 깁슨 본드(Jeremy Gibson Bond)의 게임 디자인, 프로토타이핑, 개발 소개(Introduction to Game Design, Prototyping and Development)[4]를 포함한 게임 프로그래밍을 다룬 좋은 서적은 많다. 우리는 아트 제작 프로세스도 약간 다루겠지만, 포토샵과 마야 같은 애니메이션 제작 툴은 이용하지 않는다. 이런 주제에 관해서도 노몬 워크샵(The Gnomon Workshop)의 동영상 튜토리얼[5]과 크리스 솔라스키(Chris Solaski)의 드로잉의 기본과 비디오 게임 아트(Drawing Basics and Video Game Art)[6]와 폴 웰즈(Paul Wells)의 애니메이션의 이해(Understanding Animation)[7]를 포함해 다수 있다. 사운드 디자인과 제작에 대해서는 마이클 스위트(Michael Sweet)의 비디오 게임을 위한 상호작용 음악 작성: 작곡가 가이드(Writing Interactive Music for Video Games: A Composer's Guide)[8]를 추천한다.

또한 디자인과 제작 간의 차이 구분도 중요하다. 게임, 디자인, 플레이는 게임에 대한 이해와 디자인의 상세한 원칙과 프로세스를 다루고 있지만, 게임 디자인이 완료된 이후의 제작 프로세스는 그 표면만 알아본다. 아마도 건축과 건설을 비교하면 이런 구분이 이해될 것이다. 건축가는 건물을 설계하지만 직접 짓지는 않는다. 건축 과정은 엔지니어와 건설 인부들이 처리한다. 하지만 건물이 설계되기까지는 건설 자체가 불가능하거나, 적어도 매끄럽게 이루어지기는 어렵다. 게임도 마찬가지로, 제작을 위해서는 먼저 디자인이 되어야 한다. 그렇다면 **게임 제작**은 게임의 디자인에서 표시한 대로 게임을 만들어내는 과정이다. 이 책을 읽어가면서 파트 III의 '실행'에 있는 반복 적용 게임 디자인 방법론까지 도달하면 제작의 몇 가지 중요한 측면으로 들어가게 되겠지만, 게임 디자인의 컨셉 구상, 프로토타이핑, 플레이테스팅, 평가처럼 상세하게 파고들지는 않는다. 이미 말했듯이, 코드, 아트와 사운드 제작, 그리고 여러분의 게임을 제작하는 방법까지 좋은 자료와 튜토리얼이 많이 있으므로 온라인 검색만으로도 여러분이 겪고 있는 특정 문제의 해결책을 찾을 수 있다.

---

4   제레미 본드 깁슨, Introduction to Game Design, Prototyping and Development, 2014.

5   노몬 워크샵, www.thegnomonworkshop.com/

6   크리스 솔라스키, Drawing Basics and Video Game Art, 2012.

7   폴 웰즈, Understanding Animation, 1998.

8   마이클 스위트, Writing Interactive Music for Video Games: A Composer's Guide, 2014.

● 모두를 위한, 모두에 의한 게임

이 책에서 또 한 가지 중요한 것은 대부분의 예제가 소규모 팀이나 개인이 상업 작품부터 예술 작품까지 다양한 목표로 만든 게임으로 되어 있다는 점이다. 우리가 인디 게임에 집중한 데에는 몇 가지 이유가 있다. 먼저, 인디 게임은 대부분 흥미롭고 폭이 넓다. 또한 범위 역시 개인이나 소규모 팀에서 만든 것을 다루는 편이 더 어울렸다. 지난 십여 년간 배급과 마케팅 쪽에서 일어난 변화는 개인과 소규모 팀이 게임을 만들고 출시할 수 있게 해 줬다. 개인적으로 우리는 십여 년 넘게 독립 게임 커뮤니티에 관여하고 있으며, 그렇기에 인디 게임은 우리가 잘 알고 또 사랑하는 것이다. 그리고 가장 중요한 것은 이런 게임을 만들고 플레이하기를 우리가 즐기기 때문일 것이다. 이런 분류에 우리가 넣은 게임은 카드 게임에서부터 스포츠, 아이폰의 단어 게임, 실험적인 아케이드 게임까지 모두 망라한다.

비디오 게임은 플랫폼 게임, 슈터, 스포츠 시뮬레이션, 대규모 멀티플레이어 온라인(MMO), 롤플레잉 게임(RPG) 등 장르에 따라 구분되는 경우가 많다. 우리 모두 특정 장르를 즐기긴 하지만, 게임을 디자인할 때는 이런 식으로 시작하지 않는다. 장르는 우리가 플레이어에게 제공하려 하는 플레이 경험 대신 어떤 경험을 차용하거나 개선할까라는 방식으로 생각하게끔 우리의 상상력을 제한할 수 있다. 그래서 플레이의 종류에 집중하는 대신 같은 장르의 다른 게임에 집중해서 생각하게 만드는 경향이 있다. 우리는 플레이에 대한 창의적 생각을 막는 관습에 저항한다. 인디 플랫폼 게임, 스텔스 게임(stealth game), 모바일 물리 퍼즐 게임이 이렇게 많은 이유가 바로 이것이며, 우리 스스로 장르의 함정에 갇히도록 만들고 있는 것이다. 이 책에서는 장르로 구분한 게임 대신, 플레이의 종류를 생각해 보고자 한다.

그렇다고 해서 이 책에서 배울 내용이 대규모 게임 산업의 맥락에는 적용되지 않는다는 뜻은 아니다. 하지만 게임 개발에서 이런 부분은 점점 예측하기 쉬워진 라이선스된 콘텐츠, 속편, 장르로 여겨질 때가 많다. 게임, 디자인, 플레이는 게임 제작의 또 다른 방식을 보여 주고, 제품이 아니라 플레이에 중심을 둔 프로세스를 제공하고자 한다. 그 차이는 미묘해 보이겠지만, 보통 게임에 기대되는 바나 예상되는 것 말고 플레이라는 행동 자체에 초점을 둬서 게임의 경험을 만드는 것이 핵심이다. 우리가 트리플 A급 게임이 나쁘다고 말하는 것이냐고 묻는다면, 당연히 그렇지는 않다.

트리플 A급에서도 뻔한 틀을 깨는 것이 있고, 플레이의 재미도 준다. 하지만 비디오 게임이 매체로서 커나가고 성숙해지면서, 실험 정신을 유지하고 새로운 것을 시도하며 경계를 무너뜨리려는 노력은 중요하다고 믿는다.

• 당신이 플레이하는 게임이 바로 당신이다

이 책은 게임이 다양한 스타일, 형태, 메시지를 형성하는 흥미진진한 예술이라는 관점에서 쓰였다. 우리는 게임이 디지털이나 아날로그, 그 사이의 어떤 것이든 특정 플랫폼이나 콘솔에 묶여 있는 것이 아닌, 모두가 모두를 위해 만들 수 있는 것이라는 데에 관심이 있다. 게임의 모든 형태에 집중하는 이유 중 하나는 디자인적 관점에서는 다양한 종류의 게임에서 배우고 적용할 것이 많기 때문이다. 신체 활동으로 이루어지는 스포츠, 카드 게임, 보드 게임, 그리고 숨바꼭질이나 술래잡기 같은 놀이터 게임 모두 비디오 게임의 영감이 될 수 있다. 그리고 마찬가지로 비디오 게임 역시 아날로그 게임 디자인에 영감이 될 수 있다. 더 많은 종류의 게임을 플레이할수록, 우리의 아이디어에 대해 배우고 적용할 수 있는 것도 많아진다.

이 책이 플레이와 플레이 경험에 중점을 둔다는 것은 쉽게 파악할 수 있을 것이다. 사실, 책 전체에서 우리는 게임 플레이와 플레이 경험을 교차적으로 사용한다. 게임에 대한 우리 자신의 사고방식에도 도전해 보기 위해서였다. 게임을 디자인할 때의 아이디어에 집중하는 대신, 우리는 플레이를 위한 기회를 디자인하는 관점을 선호한다. 플레이라는 용어는 게임을 할 때 우리에게 떠오르는 생각과 행동을 뜻한다. 혹은 게임이 우리에게 던지는 문제에 대해 창의적인 전략을 구상하거나, 플레이어가 게임의 이미지, 사운드, 스토리에 참여하는 교차점을 즐김으로써 게임의 규칙을 통해 서로에게 관여하는 방식을 뜻한다. 그래서 이 책에서는 게임이 제공하는 주된 경험으로서 플레이를 우선시한다. 우리는 또한 이 책이 게임의 뻔한 장르와 스타일을 깨는 아주 좋은 방식이라고 생각한다. 게임을 디자인하는 대신 플레이를 디자인하는 데에 집중함으로써, 다양한 많은 접근법을 선택할 수 있기 때문이다. 우리는 이런 사고방식이 플레이어를 위한 더 낫고 흥미로운 플레이 경험을 만들어내는 데에 도움이 된다고 믿는다. 우리는 이 책을 통해 이런 관점을 탐구하고 확장해 나가려 한다.

이 책의 구성

우리는 비디오 게임 디자인의 전체 프로세스를 인도할 수 있는 게임 디자인 책을 쓰고자 했다. 게임 디자인 학과에서 강의할 때, 우리가 설계한 다양한 커리큘럼에 참여한 대학생이든 청소년이든, 게임의 규칙에서부터 목표, 피드백 시스템까지 중요한 개념에 대해 전부 배우기는 어려워하는 것을 목격했다. 비디오 게임 디자인에는 최초의 컨셉 구상으로부터 게임의 규칙과 목표 설정까지 아이디어를 논의하고 테스트하고 탄탄해질 때까지 디자인을 다듬는다는 더욱 까다로운 도전 과제가 기다리고 있다. 하지만 이런 컨셉과 기술은 모두 플레이 경험 디자인을 위해 빼놓을 수 없는 기본기다. 따라서 우리는 게임 디자인의 시작부터 끝까지 이 모든 부분을 포함하려 한다.

게임, 디자인, 플레이는 세 개의 파트로 나뉜다. 파트 I은 '컨셉', 파트 II는 '프로세스', 파트 III은 '실행'을 다룬다. 파트 I에서는 플레이를 기반으로 하는 게임 디자인 접근법의 정의를 내리고 그 원칙을 살펴본다. 파트 I의 끝에 가면 게임 디자이너의 관점에서 게임과 플레이를 이해할 수 있는 용어와 개념의 틀을 파악할 수 있을 것이다. 파트 I은 다음 장들로 구성된다.

- 1장 '게임, 디자인, 그리고 플레이'에서는 게임을 이루는 컴포넌트들을 살펴보고, 게임 디자이너들이 이를 이용하여 어떻게 플레이 경험을 만들어내는지 탐구한다.
- 2장, '기본 게임 디자인 툴'에서는 게임 디자인의 근본적인 원칙을 보다 깊이 들여다본다.
- 3장 '플레이의 종류'에서는 게임에서 제공하는 플레이의 종류를 알아본다.
- 4장 '플레이어의 경험'에서는 플레이어들이 어떻게 비디오 게임을 배우고 이해하는지, 비디오 게임이 플레이어에게 무엇을 요구하는지 고민해 본다.

파트 II '프로세스'에서는 게임 디자인의 개념에서 벗어나 반복 적용 게임 디자인 프로세스에서 펼쳐지는 핵심 프로세스와 기술들을 살펴본다. 파트 II에서는 게임 디자인 프로세스를 더 부드럽고 재미있게 만들어줄 중요한 방법과 문서들을 소개한다. 파트 II는 다음 장들로 구성된다.

- 5장 '반복적 게임 디자인 프로세스'에서는 게임 디자인 프로세스의 개요를 훑어본다.

- 6장 '디자인 가치'에서는 디자인 가치가 어떻게 게임의 디자인을 이끌어나가는지 보여주는 세 가지 사례 연구를 포함하여 반복 적용 프로세스 동안 게임 디자인을 이끌어주는 중요한 도구를 소개한다.

- 7장 '게임 디자인 문서화'에서는 게임 디자인에 쓰이는 세 가지 문서인 디자인 문서, 설계도, 관리용 스프레드시트를 알아본다.

- 8장 '협업과 팀워크'에서는 팀 협의서, 팀 내 갈등의 해결을 위한 고려 등 간과하기 쉽지만 협업 프로젝트에서 중요한 요소들을 다룬다.

파트 III '실행'에서는 게임 디자인이 실행에 옮겨지는 것을 다룬다. 이 파트에서는 반복 적용 게임 디자인 프로세스의 컨셉 구상, 프로토타이핑, 플레이테스팅, 플레이 머신으로서의 게임 디자인 평가를 다룬다. 파트 III은 다음 장들로 구성된다.

- 9장 '게임 컨셉 구상'에서는 여러 브레인스토밍 기법과 게임 제작을 위한 디자이너의 동기 등 게임 디자인을 위한 아이디어를 탐구하고 확정하는 기술에 대해 세부적으로 다룬다.

- 10장 '게임 프로토타이핑'에서는 프로토타입을 통해 게임 디자인의 아이디어를 구체화하는 의도와 접근법을 살펴본다.

- 11장 '게임 플레이테스팅'에서는 플레이테스팅의 역할을 알아보고 게임 디자인의 프로토타입을 플레이테스트하는 접근법들을 살펴본다.

- 12장 '게임 평가'에서는 플레이테스트를 반추하며 플레이테스트의 피드백을 잘 활용하여 게임의 디자인을 개선하기 위한 방법론을 정한다.

- 13장 '디자인에서 제작으로'는 게임 디자인이 언제 완료되는지 판단하는 방법을 간략히 다루고, 다양한 반복 적용 게임 디자인 방법론을 사례를 통해 살펴본다.

강의와 마찬가지로 이 책은 "먼저 규칙을 배운 다음 그 규칙을 무너뜨려라"라는 오랜 격언을 마음에 새기고 썼다. 게임, 플레이, 디자인이 무엇인지 폭넓게 이해하는 데에 집중했기에, 기본적으로 반복 재적용 프로세스에 익숙한 사람들은 자주 보던 패턴을 발견할 수 있을 것이다. 우리는 우선 기초 원칙에 숙달하는 것이 이를 응용하는 지름길이라고 믿는다. 그래서 디자이너로서, 또 교육자로서 배웠던 최선의 방법을 통해 플레이 경험을 디자인하는 검증된 길을 보여주려 한다. 이런 기본 원칙을 숙달하고 나면 프로세스를 조금이든 대폭이든 응용하고 싶어질 것이다. 이것이 우리 두 사람이 바라는 바이며, 이 책에서 제시한 원칙과 프로세스, 활용법을 어떻게 개선했는지 좋은 소식이 들려오길 고대한다.

무언가의 시작

게임을 처음 디자인하는 사람이라면, 가장 재미있는 창의적 작업에 발을 들인 것을 환영한다. 게임 디자인은 도전적인 일이지만, 사람들이 여러분의 게임을 플레이하고 즐기는 것을 보면 뿌듯할 것이다. 이미 게임을 만들어본 사람이라면 이 책에서 영감을 얻고 새로운 방식을 접할 수 있길 바란다. 또한 교사라면 교습 자료로 유용하게 쓰기를 바란다. 필자들은 이 책을 플레이테스트했으며, 그 결과에 만족했다. 여러분에게도 그렇길 바란다. 그럼 시작해보자.

존 샤프, 콜린 맥클린
뉴욕 브루클린

감사의 글

게임 디자인은 협업으로 이루어지는 경우가 많다. 이 책도 다르지 않았다. 우리 두 필자는 책의 기획과 저술, 편집 등도 함께 했지만, 다른 면에 있어서도 많은 부분을 함께 했다. 나오미 클락(Naomi Clark), 크리스 돕슨(Chris Dodson), 메릿 코파스(Merritt Kopas)는 이 책을 진행하던 당시 초본에 대한 외부 리뷰어로 참여하여 피드백 제공을 통해 책 내용의 보강에 큰 도움을 줬다. 조나단 베일린(Jonathan Beilin)은 세밀한 부분을 함께 작업했고, 책 여기저기에 슈앙슈앙 후오(Shuangshuang Huo)의 사진이 실렸다.

또한 뉴스쿨의 파슨스 디자인 스쿨 학생들도 지난 2년여 간 이 책을 위한 플레이테스트에 참여해 준 데에 대해 감사드린다. 그 전에, 지난 십여 년 간에 걸쳐 우리가 게임 디자인을 가르쳤던 애틀란타의 사바나 아트 디자인 대학의 존의 학생들, 그리고 파슨스에서 우리가 가르쳤던 학생들에게도 감사한다.

수많은 인디 게임의 놀라운 작품들이 없었다면 이 책을 쓸 자료를 모을 수 없었을 것이다. 게임 디자인에 대한 우리의 접근법에 대해 많은 시간 이야기를 나눠준 분들께도 감사한다. 친구이자 사업 파트너인 에릭 짐머만(Eric Zimmerman)은 게임에 대한 우리의 큰 그림과 작은 그림을 구상하는데 큰 영향을 줬으며, 이런 너그러움에 대해 깊이 감사한다.

마지막으로 존은 늘 즐겁게 해 주는 낸시(Nancy)에게 감사의 말을, 콜린(Colleen)은 삶이라는 게임에서 열정적인 동지가 되어 주는 르네(Renee)에게 감사를 보낸다.

저자 소개

콜린 맥클린(Colleen Macklin)은 게임 디자이너이자 상호작용 아티스트, 그리고 교육자이기도 하다. 주로 사회적 변화와 학습, 그리고 양쪽을 아우를 수 있는 플레이를 연구하고 있다.

존 샤프(John Sharp)는 게임 디자이너이자 그래픽 디자이너, 미술사가, 교육자, 그리고 큐레이터이다. 그는 게임을 만들고, 게임과 인터랙션 디자인을 가르치며 게임, 디자인, 예술, 플레이 분야에 대해 연구 및 저술 활동을 한다.

두 저자는 함께 뉴스쿨(The New School)에 있는 파슨스 디자인 스쿨(Parsons School of Design)의 아트, 미디어, 기술학교에서 부교수로 일하며 여기에서 사회적 담론(social discourse) 형식의 게임과 게임 디자인을 중점적으로 연구하는 그룹인 PETLab(프로토타이핑, 교육, 그리고 기술 연구소)를 이끌고 있다. 두 사람은 에릭 짐머만(Eric Zimmerman)과 함께 독특한 게임을 만드는 게임 디자인 협의체 로컬 넘버 12(Local No. 12)의 멤버이기도 하다.

Part I. 컨셉

- **1장: 게임, 디자인, 그리고 플레이**
- **2장: 기본 게임 디자인 툴**
- **3장: 플레이의 종류**
- **4장: 플레이어의 경험**

1장

게임, 디자인, 그리고 플레이

어떤 매체에 대해서든 배우려면 우선 그 기본 요소를 이해해야 한다. 이 장에서는 게임이 어떻게 작동하는지는 미뤄 두고 우선 게임에 대한 이야기로 시작하겠다. 플레이 디자인의 여섯 가지 기본 요소인 액션, 목표, 규칙, 오브젝트, 플레이 공간, 그리고 플레이어가 무엇인지 알아보자.

세임 플레이에 대해 이야기할 때, 우리는 종종 매스 미디어의 형태인 영화와 책, 음악과 같은 방식으로 이야기하곤 한다. 놀라울 일만도 아닌 것이, 1970년대 마그나복스 오디세이(Magnavox Odyssey), 퐁(Pong), 아타리(Atari) VCS가 큰 인기몰이를 한 이후 게임은 단지 또 다른 형태의 엔터테인먼트 미디어로 취급받아온 것이 사실이다. 그리고 비디오 게임 역시 많은 면에서 이와 똑같다. 우리는 게임에 대해 영화나 음악, 심지어 책과도 매우 비슷한 방식으로 전해 듣고, 구매하고, 경험한다. 하지만 게임이 미디어 상품과 비슷하게 포장되고 마케팅이 이루어지며 판매된다고 해서 그와 똑같은 방식으로 구상하고 디자인하며 제작된다는 뜻은 아니다.

마케팅과 배급을 넘어서, 비디오 게임이 실제로 제공하는 경험인 플레이를 살펴보자. 비디오 게임을 플레이한다는 것은 대체 무엇을 말하는 것일까? 영화를 플레이(재생)하는 것과 마찬가지일까? 영화는 미리 녹화된 일련의 이미지와 사운드를 보는 방식으로 감상한다. 그래서 영화를 여러 번 보고 나면 해석이 달라질 수도 있고, 다른 샷들이나 캐릭터, 배경, 플롯 요소를 발견하게 될 수도 있지만 그렇다고 해서 영화 자체가 변하는 것은 아니다. 하지만 게임을 플레이할 때는 그저 보고 읽고 듣는 것이 아니다. (물론 플레이 과정에서 이 모든 것을 하긴 한다.) 플레이어들이 서로 상호작용하고 관계를 이루어야만 게임이 진행된다.

그렇다면 감상하는 수준에서가 아니라 연주하는 수준의 음악과 더 비슷하지 않을까? 음악가들은 작곡가가 써 놓은 음표를 따라 음악을 연주한다.[1] 게임을 하는 플레이어도 그와 비슷하게, 게임 디자이너가 작성한 규칙을 따라가게 된다. 그러므로 음악 연주와 게임 플레이는 좀 더 비슷한 범주라 볼 수 있다. 음악을 연주할 때 음악가는 악보를 따라가며 해석하여 자신만의 것으로 만들고, 플레이어는 게임의 규칙을 해석하여 그 안에서 행동한다. 하지만 음악과 게임 사이에는 한 가지 큰 차이점이 있으니, 게임은 음악과는 달리 플레이어의 입력에 따라 변화한다는 점이다. 음악의 악보는 대개 고정되어 있지만, 게임은 플레이어가 하는 행동에 의해 변화한다. 결과적으로 게임 플레이 경험은 거의 매번 달라지는데, 때로는 그 차이를 겨우 알 수 있는 정도지만 어떨 때는 엄청나게 다른 경험을 선사하기도 한다.

---

1 애나 앤트로피는 저서 Rise of the Videogame Zinesters: How Freaks, Normals, Amateurs, Dreamers, Drop-outs, Queers, Housewives, and People Like You Are Taking Back an Art Form 3장에서 극장과 대본을 해석한 연기라는 비슷한 비유법을 든다.

게임에 대해 이야기하는 것은 플레이 경험의 내용과 질에 적극적인 역할을 하는 플레이어에 대해 이야기하는 것이나 마찬가지다. 사실, 게임은 플레이가 이루어질 때까지는 일정한 형태를 갖추지 못한다고 말할 수도 있다. 사방치기(서구에서는 hopscotch라고 부른다 – 역자 주) 게임을 한 번 보자(그림 1.1 참고). 그 자체는 바닥에 그어진 선과 돌멩이가 있을 뿐이다. 그런데 여기에 규칙을 더하고 플레이어 두 명이 들어가면 비로소 게임(플레이)을 구성하는 메커니즘으로 변하게 된다. 규칙을 통해 선과 돌이 있어야 한다는 것, 플레이어들이 어떻게 점프하고 돌을 던져 선으로 규정된 환경을 뛰어 넘어갈 수 있는지가 정해진다.

게임은 이렇게 작동하는 것이다. 게임 자체는 상호작용을 통해 플레이를 만들어내는 과정이다. 우리는 게임을 영화, 만화, 음악 같은 예술과 엔터테인먼트 미디어로 생각하지만, 동시에 게임은 주머니칼, 인쇄기, 자동차 엔진 같은 기기들과 마찬가지로 플레이어가 조작하는 것이다. 주머니칼은 누군가 집어 들어 내장된 작은 가위로 실을 자를 때까지는 그냥 존재하기만 할 뿐 별 쓸모가 없다.

게임을 기계로 생각하는 것은 게임 디자인에 있어 **시스템 역학적** 접근법으로, 게임의 개별 요소들이 어떻게 합쳐져 다른 역학을 만들어내는지에 대해 고민한다. 이해를 돕도록 우리

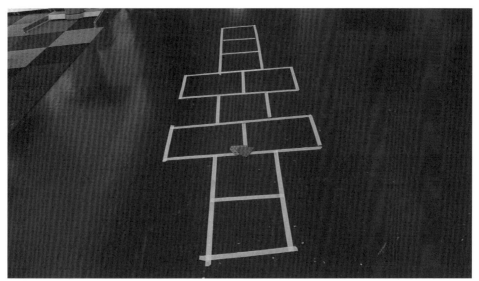

그림 1.1 사방치기 놀이판

에게 익숙한 기계인 자동차를 생각해 보자. 자동차는 물체(운전대, 지시등, 가스 페달)와 역학(조정, 신호, 가속)이 서로 연결되고 상호작용하여 작동한다. 이런 요소들 간의 관계, 즉 역학, 입력, 그리고 그 결과 나타나는 여러 가지 출력이 합쳐져서 운전이라는 경험이 만들어진다. 자동차는 다양한 방식으로 운전할 수도 있다. 운전자가 레이싱 선수인가, 운전 교습생인가, 런던의 택시 운전사(런던의 택시 운전사는 복잡한 뒷골목을 훤히 꿰뚫고, 내비게이션 없이도 어디든 데려가 주는 기억력과 운전 실력으로 유명하다 – 역자 주)인가 같은 다양한 입력을 부여할 수도 있다. 또한 환경 조건, 도로의 상태 또는 다른 자동차와 보행자 같은 요소도 입력을 만들어낸다. (예로 든 요소에 대한 충돌 체크는 상상하지 말자!) 이런 입력에 따라 자동차는 다양하게 작동되고, 다양한 종류의 출력을 낳게 된다. 경주로 위에서의 빠르고 거친 질주, 어색한 평행 주차, 러시아워의 거북이 주행. 이 모든 것이 한 개의 시스템에서 나온다. 그런데 세상에는 자동차부터 컴퓨터, 커피메이커까지 각자의 목적과 스타일, 결과가 다른 수많은 시스템이 존재한다.

시스템 역학은 세상에 있는 물건들에 초점을 맞추는 대신, 물건들 사이의 행동과 상호작용을 보도록 한다. 시스템은 각자 기능이나 목적에 따라 움직이며 서로 상호작용하는 객체들로 구성된다.[2] 게임 역시 하나의 시스템으로서, 입력을 받아들여 다양한 종류의 출력을 만들어낸다. 게임의 요소들은 서로 상호작용하며 다양한 역학을 만들어낸다. 사방치기의 경우, 게임의 디자인은 그려진 선, 플레이어들이 던지는 돌, 그리고 플레이를 가능하게 하는 규칙 간의 관계를 만들어내는데, 이런 구조는 게임의 디자이너가 만든다. (여러 디자이너들이 참여하는 경우도 많지만, 이 점은 8장 '협업과 팀워크'에서 더 자세히 살펴보자.) 게임 디자인이 없다면 돌멩이와 선들은 그저 돌과 선일 뿐이다. 규칙을 짜고 돌과 선에 대해서 설정하는 행동, 다시 말해 게임 디자인 활동을 통해 이 물건에 의미와 목적이 부여되는 것이다. 게임에 생명을 불어넣는 것은 궁극적으로 플레이어들이며, 이는 우리가 살고 있는 세상의 상황과 사건들에 우리가 상호작용을 하는 것과 마찬가지다. 시스템의 관점에서 사물을 보게 되면, 관심은 그저 사물에게가 아니라 사물과의 역동적인 관계, 그리고 상호작용할 때 무슨 일이 일어나는지에 기울여진다. 그리고 자신의 플레이 경험에 대한 목적을 결정하는 것은

---

2   시스템 역학에 대해 더 알아보려면 도넬라 메도우즈의 역작 'Thinking in Systems: A Primer'를 읽어보길 권한다.

플레이어들이다. 사방치기를 하는 플레이어들은 가장 **빠르게** 게임을 끝내기 위해, 혹은 속도보다는 스타일을 중시하여 감각 있게 플레이하려고 할 수 있다. 아니면 그저 시간을 때우려고 플레이할 수도 있다.

게임도 역동적으로 플레이를 생성해 내는 시스템이라고 생각해 볼 수 있다. **빠른** 플레이, 재미있는 플레이, 심각한 플레이, 표현적 플레이, 사색적 플레이, 경쟁적 플레이, 협동적 플레이, 플레이를 통해 특정한 물리적, 지적, 감정적 반응을 촉발하는 게임들이 존재한다. 이는 카드 게임, 보드 게임, 텍스트 어드벤처, 모바일 게임, 스포츠, 3D 게임 등 모든 종류의 게임에 해당한다.

게임은 시스템적인 사고의 시점으로 보면 시스템이지만, 경험을 표현하고 전달하고 제공하기 위해 만들어진 작품이기도 하다. 게임은 여타 매체만큼이나 풍부한 표현과 경험을 제공한다. 그렇기 때문에 주머니칼과 증기 기관이라기보다는 시, 문학, 예술에 더 가까운 표현 양식이라는 또 다른 접근법을 제시한다. 게임에는 시각, 청각, 글쓰기, 표현의 스타일이 있고, 플레이어들이 곰곰이 생각해 봐야 할 감정적 반응과 경험을 만들어낸다. 우리는 경험과 다양한 역학을 생성해 내는 것으로서, 즉 '플레이'로서 게임을 이해해 보고자 한다. 사방치기는 몇 개의 단순한 규칙, 분필, 그리고 돌멩이로 점프, 웃음, 집중, 실력을 발휘할 기회, 경쟁, 유대감, 그리고 이렇게 기초적인 재료로부터 기대하기 힘든 결과물인 특별한 경험을 만들어내는 시스템을 아주 잘 드러내 주는 훌륭한 예다.

이것이야말로 즐거움, 표현, 연결, 심사숙고, 그리고 또 다른 생각과 감정을 유발할 수 있는 플레이 경험을 만들어내는 게임 디자인의 진정한 위력이다. 게임 디자인을 정말 재미있으면서도 엄청나게 어려운 과정으로 만드는 것은 바로 자신이 디자인하는 게임을 통해 전혀 다른 것인 플레이를 제작해야 한다는 사실이다. 그리고 플레이는 물리적, 지적, 감정적 반응을 생성해낸다. 이런 반응들은 게임이란 시스템의 부품 조립이 끝나고 플레이가 시작된 후에만 볼 수 있다. 그러므로 이 책에서는 게임 디자인이 어떻게 플레이를 디자인하는 작업인지 살펴보면서 게임들이 어떻게 플레이를 생성해 내고 그 플레이는 어떻게 경험과 의미를 만들어내는지 잘 찾아보기를 부탁한다.

플레이 디자인의 기본 요소

게임이 어떻게 플레이를 생성하기 위해 디자인된 시스템으로서 작동하는지 이해하려면, 게임을 구성하는 기본 요소를 먼저 알아볼 필요가 있다. 문제는 게임마다 상당히 극단적으로 다른 요소들로 구성된다는 점이다. 더 난처한 것은, 많은 요소들이 무형이어서 우리의 눈에는 숨겨져 있다는 사실이다. 예를 들어, 자동차의 엔진(최소한 전통적인 가솔린 차의 엔진)이라면 하나씩 분해해서 부품들을 들여다보면 서로 어떻게 연관되어 작동하는지 볼 수 있다. 한편, 트랜지스터 라디오는 그냥 부품들만 들여다봐서는 원리를 알아내기가 좀 더 어렵다. 하지만 트랜지스터 라디오를 틀어보면 최소한 표면적으로는 어떻게 작동시키는지 상당히 쉽게 알아낼 수 있다. 다이얼을 돌리면 다른 주파수를 쓰는 라디오 방송국을 찾을 수 있다. 안테나를 움직이면 좀 더 깨끗하게 전파를 잡을 수 있다. 볼륨도 조절할 수 있다. 또한 다른 도시에 가면 다른 방송국이 수신된다. 라디오 안을 들여다본다고 해서 이 기계가 무엇을 하는 것인지는 잘 알 수 없지만, 조작해 보면 어떻게 작동하는 것인지 이해하는데 도움이 되고, 라디오 주파수의 속성 같은 연관된 것들을 알아낼 수도 있다.

어떤 게임은 안에 무엇이 있는지 쉽게 구분해 볼 수 있고 (자동차 엔진), 어떤 게임은 보다 알기 어렵다(라디오). 이렇게 게임들 간에 많은 차이가 있긴 하지만, 액션, 목표, 규칙, 오브젝트, 플레이 공간, 플레이어라는 여섯 가지 기본 요소가 존재한다는 것은 알 수 있다. 게임에서 눈에 보이지 않는 영역으로 더 들어가기 전에, 일단 대부분의 요소가 눈에 보이는 축구를 한 번 살펴보자(그림 1.2 참고).

가장 시작하기 좋은 요소는 **액션**으로, 이 게임에서 가장 분명하게 디자인된 측면이다. 액션은 플레이어들이 게임을 플레이하는 동안 하는 행동들이다. 축구에서 주된 액션은 공을 차고 필드를 달리는 것이다(그림 1.2 참고). 이 두 가지 핵심적 액션은 양 팀이 상대편 골대에 공을 넣으려고 시도하는 흥미로운 방식들을 조합해 낸다. 이 액션을 둘러싸고 공의 드리블과 한 플레이어에서 다른 플레이어로의 패스 같은 다른 액션들이 생겨난다.

플레이어들이 어떤 액션을 수행할 수 있는지는 무엇이 알려주는 걸까? **규칙**은 발로만 공을 움직여야 하고, 네트 안에 공을 넣어야 하고, 정해진 시간 내에 플레이를 마치는 등 플레이어들이 할 수 있는 것들을 정의한다. 게임의 규칙은 또한 플레이어들이 하면 안 되는 것들

그림 1.2 축구 게임

도 규정한다. 축구에서 가장 중요한 제한은 골키퍼를 제외하고는 모든 선수들의 손사용이 금지되는 점이다. 이런 관점에서 규칙은 게임에서 허용되고 제한되는 액션들을 관장한다. 규칙은 게임을 하나로 묶어주는 눈에 보이지 않는 구조다. 규정집을 확인하지 않고서는 축구의 규칙을 눈으로 볼 수 없지만, 규칙은 항상 존재하며 플레이 경험을 정의한다.

게임에서 규칙은 플레이어의 창의성, 선택, 그리고 표현의 원천이 된다. 대부분의 경우 우리는 규칙이 할 수 있는 일을 제한하는 것이라고 생각하기에 이는 역설적이라 느껴질 수도 있다. 하지만 플레이어들을 제약하는 규칙의 적용이 바로 게임을 재미있게 만드는 요소이기도 하다. 규칙은 새로운 것들을 시도하고, 전략을 만들며 플레이 경험에서 재미를 발견할 수 있는 기회를 준다. 당신이 보거나 뛰어 본 축구에서 놀라운 오버헤드 킥, 기막힌 타이밍으로 스코어를 막아낸 태클, 우아한 포물선을 그리며 네트에 꽂히는 골처럼 환상적이었던 순간을 떠올려보자. 이런 순간은 게임에 규칙이 있기 때문에 가능한 것이다.

이는 그 다음으로 중요한 게임의 요소, 즉 **목표**로 연결된다. 게임의 목표는 플레이어가 플레이하면서 이루려고 노력하는 것이 무엇인지를 정의한다. 액션과 게임의 규칙은 게임의 목표를 알 때에만 수긍할 수 있다. 배정된 시간 내에 가장 많은 골을 기록하는 것이 축구의 목표라고 정해져 있지 않다면, 플레이어들은 무엇을 할까? 그냥 공을 이리 저리 차고 있을까? 아마도 플레이어들은 스스로 목표를 설정하여 플레이의 구조를 만들어낼 것이다. 이것이 게임과 장난감의 차이다. 게임의 규칙이 없다면 축구공 자체는 그저 장난감일 뿐이다.[3] 원하는 대로 던지거나, 차거나, 심지어 그 위에 얼굴을 그려 넣을 수도 있다. 하지만 게임 안에서 공과 그 밖의 모든 것은 특별한 의미를 지닌다. 때로는 경쟁적인 축구 대회에서처럼 승리가 의미를 가질 수도 있지만, 때로는 친구나 가족과 뒷마당에서 축구를 할 때처럼 단지 시간을 보내는 것이 그 의의일 때도 있다. 또한 심즈(The Sims)의 캐릭터를 부유하고 유명하게 만들거나 마인크래프트(Minecraft)에서 타지마할을 똑같이 재현하는 것처럼 목표가 자명할 때도 있다. 그리고 매티 브라이스(Mattie Brice)의 일상생활을 들여다보는 게임 마이니치(Mainichi)처럼 그저 게임을 경험하는 자체가 목표인 경우도 있다.

공이 없다면 축구 선수는 그저 뛰어다닐 뿐이고, 두 개의 골대가 없다면 공을 차거나 공을 막아내야 할 곳이 없어진다. 이것은 게임의 네 번째 기본 요소인 **오브젝트**로 연결된다. 오브젝트는 플레이어들이 플레이 동안 상호작용하는 사물을 뜻한다. 축구에서는 공과 필드 양쪽 끝에 있는 두 개의 네트라는 두 가지 종류의 오브젝트가 있다. 어떤 게임에서는 자원이 게임의 오브젝트가 되기도 하는데, 모노폴리(Monopoly)의 돈이나 비디오 게임 캐릭터의 현재 체력이 이런 것이다. 이런 오브젝트들을 이용해서 물리적이고 개념적인 관계를 생성해내려면 **플레이 공간**이 필요하다. 축구의 경우 이것은 게임이 진행되고 오브젝트들이 위치하는 영역으로 정의되는 필드가 된다. 오브젝트와 플레이 공간이 합쳐져서 게임의 주된 물리적, 유형적 요소를 이룬다. 오브젝트들은 게임의 규칙에 의해 정의되며 게임이 일어나기 위해 꼭 필요하다.

게임의 마지막 기본 요소는 **플레이어**다. 플레이어 역시 게임 디자인의 일부이지 않은가? 플레이어가 없다면 공과 네트는 그저 필드 안에 덩그러니 놓여 있을 뿐이고, 규칙은 그저 종이에 써 놓은 단어에 불과하다. 플레이어는 게임의 규칙에 의해 관리되는 액션과 오브젝트를 플레이 공간 안에서 이용하여 목표를 추구함으로써 축구라는 게임을 살아 움직이게 한다. 플레이어는 게임이 진행되도록 하는 조종자이기에 어떤 게임에서든 가장 중요한 요소가 된다.

---

3 게임과 장난감의 차이는 (다른 무엇보다도) 영국 롤플레잉 잡지 *Interactive Fantasy*에 실린 그레그 코스티키안의 1994년 기고 "I Have No Words & I Must Design"에 잘 설명되어 있다.

이제 게임과 플레이 경험의 '움직이는 부분'인 액션, 목표, 규칙, 오브젝트, 플레이 공간, 그리고 플레이어가 무엇인지 배웠다. 이들이 합쳐져 게임 디자인의 기본 요소들을 구성한다.

여섯 개의 요소에서 무한한 플레이 경험으로

액션, 목표, 규칙, 오브젝트, 플레이 공간이라는 기본 요소, 그리고 이들이 어떻게 합쳐져서 플레이를 만들어내는지를 고안하는 것이 게임 디자이너의 역할이다. 당신은 플레이어들이 어떤 종류의 플레이 경험을 겪기를 원하는지 결정하고, 그 다음 플레이어들에게 이런 종류의 경험을 선사할 게임을 디자인한다.

물론 모든 게임이 똑같은 방식으로 이런 요소를 결합시키는 것은 아니다. 게임의 목표를 한 번 살펴보자. 축구에서 목표는 시간이 다 됐을 때 우리 팀이 가장 많은 점수를 올리는 것이다. 적어도 경쟁적 대회에서는 이것이 경험 전체의 동력이 되며, 게임의 나머지 요소들은 이 목표를 이루기 위해 이용될 뿐이다. 하지만 우아한 시체(Exquisite Corpse, 그림 1.3 참고) 같은 게임에서 목표는 경쟁이 아니라 경험이다. 우아한 시체는 접은 종이를 가지고 하는 게임이다. 첫 번째 플레이어가 인접한 면으로 약간 겹치도록 한쪽 표면에 그림을 그린다. 그 다음 종이를 다시 접어 다음 플레이어가 비어 있는 면에 그림을 그린다. 모든 면이 그림으로 채워질 때까지 플레이는 계속된다. 그런 다음 종이를 펼쳐서 모든 플레이어들이 함께 만들어낸 그림을 본다. 우아한 시체의 경우에는 플레이 경험을 만들어내는 목표가 있긴 하지만 확고한 것은 아니다. 이 플레이에는 점수도 없고 포인트를 올릴 수도 없으며, 목표는 다만 함께 그림을 그리는 것이다. 그렇다면 목표란 축구에서처럼 동력이 될 때도 있고, 우아한 시체처럼 그저 재미있는 경험을 위한 촉매일 수도 있다.

플레이 공간 역시 어떤 플레이 경험을 의도하냐에 따라 여러 형태를 띨 수 있다. 스포츠 경기장, 보드 게임의 재료, 3D 비디오 게임의 환상적인 환경, 테이블탑 롤플레잉 게임의 그래프 종이는 우리가 게임에서 이용할 수 있는 플레이 공간 중 몇 개일 뿐이다. 게임의 플레이 공간은 플레이어들이 갖길 원하는 플레이 경험의 종류를 유도하고 지원할 수 있도록 디자인되어야 한다. 플레이어의 상상력을 북돋워줄 플레이 공간을 원한다면 플레이어들이 함께 발견해나가는 단순하고 추상적인 맵을 고려할 수도 있다. 대신 플레이어들에게 직접 디

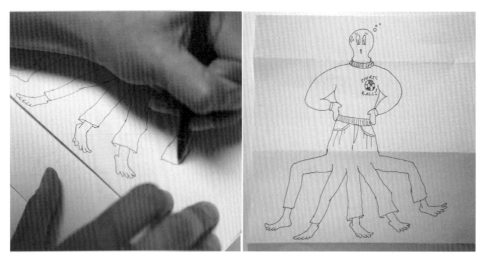

그림 1.3 우아한 시체 그리기 놀이

자인한 풍성한 이야기의 세계를 제공하고 싶다면 더욱 세밀한 3D 게임을 고려할만 하다.

게임을 플레이하는 동안 수행하는 액션 역시 게임마다 크게 차이가 난다. 비디오 게임에서 가장 전형적인 액션은 총쏘기다. 하지만 사실 자세히 살펴보면 액션들은 걷기, 달리기, 포복, 쳐다보기, 듣기, 조준과 발사 등 더 자잘한 것들이 상호 연결되는 것이다. 더 차이니즈 룸(Chinese Room)의 디어 에스더(Dear Esther, 그림 1.4 참고)는 이런 액션을 변형하면 온갖 종류의 다른 플레이 경험을 줄 수 있다는 것을 증명한다. 디어 에스더에서 플레이어는 표준형 1인칭 시점으로 게임과 상호작용하며, 웅장한 영화의 세트장과 다를 바 없게 디자인된 공간을 둘러보며 이동한다. 플레이어는 조준하듯 시점을 조정할 수는 있지만, 총은 발사할 수 없다. 이렇게 발사 액션 하나를 제거함으로써 디어 에스더의 디자이너들은 완전히 다른 느낌의 스토리 세계를 탐험하는 데에 집중하는 플레이 경험을 창조해 낸다. 단지 표준적인 액션 하나를 뺐을 뿐인데도 말이다.

게임 디자이너들은 이렇게 게임의 핵심 요소의 특성을 결정하지만, 게임을 플레이하면서 플레이어가 이런 핵심 요소로 무엇을 할지에 대해서는 거의 통제할 수 없다. 그래서 개념화, 프로토타이핑, 테스팅, 평가와 관련된 **반복적 게임 디자인 프로세스**가 중요한 것이다. 이 부분에 대해서는 Part Ⅱ와 Ⅲ에서 더 자세히 살펴보겠지만, 게임 디자인을 플레이 디자인

그림 1.4 더 차이니즈 룸의 디어 에스더 스크린샷

측면에서 접근하고, 게임이 돌아갈 때 무슨 일이 생기는지에 집중하는 것으로 게임 디자이너들은 자기 게임의 플레이 경험을 체계적으로 구성하고 다듬어 나갈 수 있다.

이 과정은 말보다 실행이 훨씬 어렵다. 게임 디자인은 플레이어들을 위한 이차적인 플레이 경험을 만들어낸다. 다시 말해, 게임을 만들어내는 것은 게임 개발자지만 이 게임을 어떻게, 언제, 왜 플레이할지는 플레이어가 정하게 된다는 뜻이다. **이차적 디자인**이란 수학과 명제 논리학에서 빌려온 개념이다. 등식은 명제이며, 변수 삽입은 일차적 로직이다. 이차적인 로직은 변수가 상호작용하기 시작할 때 발생한다. 게임 디자인의 맥락에서 이런 변수는 플레이어와 이들이 어떻게 게임을 하는가이다. 언제 플레이하는가? 플레이하는 이유는 무엇인가? 플레이 동안 무엇을 하는가? 플레이하면서 어떤 감정을 느끼는가? 플레이어가 역동적인 게임 시스템 안에서 플레이할 때는 예상치 못한 결과가 발생한다.

케이티 샐런(Katie Salen)과 에릭 짐머만(Eric Zimmerman)은 이를 게임의 **가능성 공간**(space of possibility)[4], 즉 게임 디자이너가 오브젝트, 플레이 공간, 플레이어, 규칙, 액션, 목표의 조합을 통해 창조해내는 잠재적 경험이라고 부른다. 게임의 가능성 공간은 플레이어가 하는

---

4   케이티 샐런과 에릭 짐머만, Rules of Play.

행동과 경험에 특별히 초점을 맞출 수도 있고, 보다 넓은 오픈 엔드(open-ended)일 수도 있다. 애나 앤트로피의 **세상 끝의 동성 연인들**(Queers in Love at the End of the World)은 텍스트 기반 게임으로, 플레이어들은 연인과 함께 세상의 종말을 앞둔 마지막 10초를 보내게 된다. 애나는 다시는 되돌릴 수 없을 소중한 10초 내의 시나리오와 플레이어가 택할 수 있는 옵션들을 정의해 뒀다. 시간은 정해져 있고, 선택할 수 있는 액션에도 한계가 있다. **세상 끝의...**는 애나가 플레이어들과 나누고 싶은 경험의 종류를 아주 확실히 정해뒀기에 가능성 공간이 결정되어 있다. 애나는 플레이어의 액션에 가능성 공간이 열려 있는 플레이 경험을 만들기보다는 나중에 반추해 보며 집중하는 플레이 경험을 만드는데 더 관심이 있었다.

반면, 오픈 엔드 샌드박스형 게임인 **마인크래프트**에서는 플레이어들이 재료를 수집하여 건물, 탈 것, 도구 같은 것들을 민든다. 그래시 예싱 외의 결과가 끝도 없이 나와 스타트랙의 엔터프라이즈호의 정확한 모델, 제대로 움직이는 롤러코스터, 유명한 도시 전체의 재현이 만들어지기도 한다. **마인크래프트**의 가능성 공간은 굉장히 넓어서, 플레이어들이 스스로 목표를 세울 수 있다. 하지만 이렇게 끝이 없어 보이는 가능성에도 한계는 있다. 예컨대 플레이어들은 건물과 탈 것들은 만들어내지만, 스포츠나 생물 형태는 별로 만들지 않는다.

애나 앤트로피의 텍스트 기반 게임 **세상 끝의 동성 연인들**에서는 애나가 플레이어들에게 전하고자 하는 표현이 정해져 있기에 가능성 공간이 좁다. 반면 모장(Mojang)의 **마인크래프트**에서는 가능성 공간이 너무나 넓어서 끝이 없어 보일 정도다. 궁극적으로 게임이 플레이 디자인에 대해서 어떻게 접근하는가, 즉 게임의 가능성 공간은 게임 디자인만큼이나 플레이어 경험에 의해서 정의된다는 이해가 기초가 된다. 어떤 경험을 겪기를 원하는지에 디자이너가 집중할수록 이 공간은 더 작아진다. 그리고 디자이너가 플레이어 스스로 자기의 경험을 만들어가기를 원할수록, 가능성 공간은 더 커질 것이다.

게임의 가능성 공간은 플레이어가 완성된 형태로 볼 수 있는 무언가가 아니다. 오히려, 플레이어가 게임 안에서 겪을 수 있는 수많은 플레이 경험에 대한 유사 이론적 이해라 할 수 있다. 중요한 것은, 게임의 가능성 공간에 대한 우리의 이해는 늘 변화한다는 점이다. 농구를 예로 들어보자. 1980년까지는 그 누구도 플레이어가 골대와 베이스라인 사이의 공간인 백보드 바로 밑에서 점프하는 것이 가능하다는 걸 깨닫지 못했다.[5] 하지만 닥터 제이가 바스켓의 한쪽 편에서 바로 이 공간 밑으로 뛰는 순간, 갑자기 새로운 가능성들이 농구라는 게임에 추가됐다.

플레이어가 게임의 가능성 공간을 이해하도록 해 주는 것은 바로 **게임 상태**다. 게임 상태란 플레이어와 오브젝트들이 있는 플레이 공간, 현재의 스코어와 게임의 목표에 대한 완료 정도 등 게임의 특정 순간들을 일컫는다. 게임은 플레이되는 매 순간, 플레이어들이 다양한 방식으로 플레이 경험을 이어가면서 다양한 순서의 상태를 갖게 된다. 그래서 게임의 이차적인 특성으로 다시 돌아가게 된다. 게임 디자인이란 플레이어의 입력을 기준으로 매 순간 변화하는 가능성 공간을 만들어내는 것이다. 특히 실시간 게임에서 게임 상태란 플레이가 진행되면서 계속 유동적으로 변하게 된다. 턴제 게임에서는 상태가 이보다는 덜 빈번히 변하지만, 그래도 플레이어의 관여에 따라 계속해서 변화한다. 그래서 게임이 강력한 매체가 되는 것이고, 우리 게임 디자이너들은 게임의 기본 요소들로부터 가능성 공간을 창조한다. 그리고 플레이어들은 플레이를 통해 우리가 만든 게임에 생명을 불어넣는다.

관점의 전환

특별한 종류의 플레이 경험을 만들어내는 게임을 디자인하기란 말처럼 쉽지 않다. 그러려면 플레이어로서보다는 디자이너 입장에서 게임에 접근해야만 한다. 플레이어에서 디자이너로서 입장차는 가공 식품의 소비자에서 생산자로 바뀌는 것만큼이나 큰 차이다. 생산 과정에 얼마나 복잡한 일이 얽혀있는지 본다면 상당히 불편할 것이다. Part I '컨셉'의 다음 세 개 장에서는 디자이너의 관점에서 게임을 더 자세히 살펴보자. 이 장들은 게임 디자인의 플레이 중심 접근법을 형성한다. 게임 디자인이 처음이라면 Part I의 장들은 게임 디자이너가 플레이와 게임 제작에 대해 어떻게 보고 생각하는지 이해하는 기회가 될 것이다. 그리고 이미 디자이너로서 게임을 생각하는 이들이라면 이 장들은 엔터테인먼트와 표현 양쪽에 적합한 폭넓은 매체로서 게임을 보는 우리의 시각을 알 수 있을 것이다.

2장 '기본 게임 디자인 툴'은 플레이 경험을 형성하는 기본 툴과 원칙에 집중한다. 게임 디자이너로서 플레이 경험의 범위를 어떻게 봐야 할지에 도움이 될 제약, 추상화, 의사 결정,

---

5 닥터 제이의 스쿱 샷은 유튜브(https://www.youtube.com/watch?v=NjdEP712fRA)로 볼 수 있으며, 데이브 히키의 저서 Air Guitar 속 "지역 방어의 이단(The Heresy of Zone Defense)"에도 설명되어 있다.

테마 같은 툴을 살펴보자.

3장 '플레이의 종류'에서는 플레이어들을 위해 어떤 종류의 플레이 경험을 만들어낼 수 있는 지 탐구해 본다. 이를 통해 디자이너들이 미디어 제품이라기보다는 플레이 경험으로써 게임을 생각하도록 해 준다. 경쟁성, 협동, 기회 기반, 즉흥적, 수행형, 표현적, 그리고 시뮬레이션 기반 플레이 모두를 상세히 살펴보자. 이와 함께 우리가 플레이어들에게 제공할 수 있는 플레이 경험의 범위가 끝없이 많음을 이해할 수 있도록 다양한 게임을 소개하겠다.

4장 '플레이어의 경험'에서는 플레이어들이 게임을 인식하는 방식, 플레이하는 동안 마주치는 정보가 어떻게 이해될 수 있는가, 어떤 액션을 취할지 어떻게 결정하는가, 그리고 게임 내에서 자신의 역할을 어떻게 이해하는가를 검토한다. 플레이 경험 동안 우리가 플레이어들에게 묻는 것은 바로 이 점이다.

요약

게임 디자이너들이 게임을 플레이 경험을 위한 틀로 생각할 때, 이들은 게임이 새로운 것을 생성해내는 것임을 인식하는 것이다. 게임에는 많은 종류가 있지만, 이 모두가 액션, 규칙, 목표, 오브젝트, 플레이 공간, 플레이어라는 동일한 기본 요소를 갖고 있다. 이런 부분들이 상호작용하여 플레이를 만들어낸다. 디자이너로서 플레이 경험을 만들어낸다는 도전은 이차적 디자인 문제, 즉 우리는 게임을 통해 간접적으로 플레이 경험을 디자인하는 것이기에 어렵다. 하지만 이를 달성해낼 방법들이 있으며, 이후 장들에서는 이 점을 알아보도록 하자.

게임의 기본 요소:

◆ **액션**: 플레이어가 게임의 목표를 추구하며 수행하는 활동

◆ **목표**: 측정 가능한 것이든 순전히 경험적인 것이든, 플레이어들이 플레이를 통해 이루려 노력하는 결과

- **규칙**: 게임이 어떻게 작동하는지에 대한 지시 사항

- **오브젝트**: 플레이어들이 게임의 목표를 이루기 위해 이용하는 것들

- **플레이 공간**: 규칙에 의해 정의되며 게임이 플레이되는 공간

- **플레이어**: 게임을 진행하는 이들

추가적으로 중요한 개념:

- **이차적인 디자인**: 게임을 디자인하는 것은 규칙, 액션, 목표를 조합하여 간접적으로 플레이어 경험을 생성하는 것이기에 이차적인 디자인 활동이다. 게임은 플레이어가 관여할 때 비로소 형태를 갖출 수 있다.

- **가능성 공간**: 게임은 쌍방향성이기에 플레이어들에게 다양한 가능한 액션과 해석을 제공한다. 디자이너는 플레이어가 겪을 수 있는 모든 액션과 경험을 미리 정의할 수 없지만, 게임의 액션, 규칙, 목표, 플레이 공간, 오브젝트의 조합을 통해 가능성 공간을 제한하거나 열어줄 수 있다.

- **게임 상태**: 게임 요소들의 현재 상태, 플레이어의 게임 진전, 게임의 (혹은 플레이어의) 목표를 향한 진전의 '스냅샷'이다. 게임 상태는 게임에 대한 플레이어의 관여를 기반으로 계속 변화한다.

연습 문제

1. 원하는 게임의 기본 요소들을 식별하자. (액션, 목표, 규칙, 오브젝트, 플레이 공간, 플레이어)

2. 생각하는 연습으로, 두 개의 게임에서 규칙, 하나의 액션, 목표 또는 플레이 공간 요소 하나를 서로 바꿔보자. 예를 들어, 농구에 체스의 플레이 공간을 적용하면 어떻게 될까? 이렇게 바꾸면 플레이 경험이 어떻게 달라질지 상상해 보자.

3. 어릴 때 했었던 단순한 게임을 하나 고르자. 이 게임을 플레이했을 때의 내적인 목표, 액션, 오브젝트, 규칙, 플레이 공간을 감안하여 가능성 공간을 맵핑해 보자. 이 맵은 한 개의 화면이나 게임의 순간에 대한 가능성 공간을 보여주는 시각적 플로우차트나 그림이 될 수도 있다.

4. 실시간 게임과 턴제 게임을 하나씩 고르자. 사람들이 각 게임을 하는 모습을 관찰하라. 각 게임의 모든 게임 상태를 기록하자. 게임 상태 로그를 만든 다음에는 이를 검토하여 게임의 가능성 공간과 기본 요소들의 상호작용을 어떻게 보여주는지 확인하자.

2장

기본 게임 디자인 툴

새로운 분야를 배울 때는 우선 그 분야의 툴에 익숙해져야 한다. 이 장에서는 게임 디자인의 핵심적 툴인 제약, 직간접적 상호작용, 목표, 도전, 실력과 전략 및 기회와 불확실성의 조합, 판단과 피드백, 추상화, 테마, 스토리텔링과 맥락에 대해 알아보자.

이세 게임 디자이너가 게임을 만들기 위해 필요한 기본 요소들을 알아봤으니, 다음 단계는 이런 요소들을 조합하여 플레이어의 경험을 빚어내는데 활용되는 툴을 살펴볼 차례다. 툴이라고 하면 아마도 게임 엔진, 애니메이션 툴, 프로그래밍 언어, 사운드 디자인, 3D 모델링 소프트웨어가 떠오를 것이다. 이런 것도 게임 디자인과 개발에 사용하는 툴이긴 하지만, 이 장에서 다루려는 내용은 아니다. 게임 디자인 툴이란 기계 작업에서 흔히 쓰는 렌치(wrenches)나 스크루드라이버(screwdrivers)와는 그 성격이 완전히 다르다. 대신, 게임 디자인의 기본 툴은 시각 예술의 원칙인 대칭, 대조와 계층 같은 기초 원칙에 더 가깝다. 이런 툴은 시각 예술에서 컬러, 선, 형태, 구성이 기본 변수가 되는 것과 똑같이 디자이너가 게임 디자인의 매개변수들을 이해하는데 도움을 준다.

게임 디자인에는 제약, 지간접저 상호작용, 목표, 도전, 실력과 전략 및 기회의 불확실성의 조합, 판단과 피드백, 추상화, 테마, 스토리텔링, 그리고 플레이의 맥락이라는 열 가지 기본 툴이 있다.

제약

게임을 재미있게 만드는 것은 세상과의 색다른 상호작용 방식에 있다고도 할 수 있다. 축구에서 모든 선수가 정말 원하는 것이 그저 상대팀 골대에 공을 넣는 것뿐이라면 그냥 들고 가거나 던져서 넣는 편이 더 쉽지 않을까? 그런데 축구 선수들이 그렇게 한다면 재미가 있을까? 선수들이 손을 이용하지 않고서 공을 골대에 넣도록 제한함으로써 목표는 갑자기 훨씬 더 흥미로워진다. 이것이 바로 **제약**으로, 플레이 경험을 만들어내기 위해 플레이어들의 액션과 오브젝트, 다른 플레이어들, 그리고 플레이 공간에 대한 상호작용에 제한을 두는 것이다.

잘만 디자인하면 제약은 훨씬 만족스러운 플레이 경험을 제공한다. 여기서 중요한 개념은 버나드 수츠(Bernard Suits)가 말한 **유희적 태도**(lusory attitude)[1]인데, 플레이어들은 잠재적 플레이 경험을 위해 게임에 덜 효율적이거나 논리적인 수단을 기꺼이 받아들이고 심지어 만들어내기도 한다는 이론이다. 게임의 액션이 도전과 창의적 전략, 그리고 플레이어들의 관

---

1   버나드 수츠, 베짱이: 게임, 삶, 유토피아(The Grasshopper: Games, Life and Utopia), 1978.

여를 이끌어내도록 주로 쓰는 방식 중 하나가 제약이다.

비디오 게임에서 제약의 예를 찾아보자면 메쇼프(Messhof)의 플라이렌치(Flywrench)를 꼽을 수 있다(그림 2.1 참고). 이 게임은 플랫폼 게임을 약간 비튼 것인데, 플레이어는 수평으로 된 배경에서 달리고 점프하는 대신, 구불구불하게 이어진 복도와 그 밖의 환경들을 작은 우주선을 타고 비행해 가야 한다. 우주선을 조작하지 않고 그대로 두면 낙하하는데, 벽에 부딪히면 죽는다. 계속 떠 있으려면 날아올라야 한다. 그러면서도 우주선이 벽과 여타 장애물에 부딪히지 않게끔 길을 찾는 것이 이 게임이 주는 첫 번째 제약이다.

게다가 플레이어들이 조종해 나가야 하는 환경에는 여러 색깔의 장벽과 장애물들이 가득한데, 이런 장애물을 통과하려면 장벽이나 장애물의 색깔과 우주선을 똑같이 맞춰야만 한다. 우주선은 상태에 따라 떨어질 때는 흰색, 날아오를 때는 빨강, 회전할 때는 녹색으로 색깔이 변한다. 그러므로 플레이어는 벽에 부딪치지 않으면서 환경에서 길을 찾아야 할뿐만 아니라, 우주선의 상태를 변화시켜 장벽을 통과하면서 올바른 방향으로 진행하기까지 해야 한다. 이 색상 매칭이 두 번째 제약이다. 이 두 가지 디자인적 선택이 합쳐져 게임의 핵심 도전 과제를 구성하는 다층적 제약들을 만들어낸다. (도전 과제에 대해서는 이 장 후반에서 더 다루겠다.)

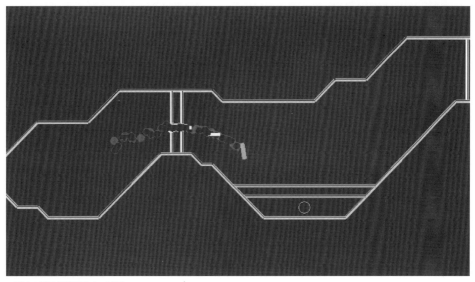

그림 2.1 플라이렌치의 스크린샷

플라이렌치의 제약은 너무 정교하게 조율되어, 플레이어들은 아주 정밀한 수준까지 조작 능력을 키우기 위해 실패를 거듭하며 도전하게 된다. 플라이렌치는 플레이어들에게 이동하며 타이밍을 빡빡하게 계산해야 하는 제약을 줌으로써, 빠르고 흥미진진한 도전적 게임 경험을 제공한다.

제약의 또 한 가지 예로 영 호시즈(Young Horses)의 옥토대드(Octodad)를 보자(그림 2.2 참고). 옥토대드에서는 단단한 스켈레톤 구조의 전형적인 인간형 캐릭터 대신, 손이 없고 축 늘어진 연체동물인 문어로 일상적인 과제를 수행해야 한다. 축 늘어진 문어 몸으로 공간을 이동하며 오브젝트와 상호작용한다는 제약 때문에 바닥을 걸레질하거나 냉장고를 청소하는 집안일이 재밌고도 까다로운 경험으로 바뀐다. 골프 역시 수츠의 유희적 태도에 아주 걸맞은 예라고 할 수 있다. 손으로 들고 기면 훨씬 쉬운데 굳이 왜 비싼 막대기로 공을 쳐서 구멍에 넣는 것일까? 옥토대드에서는 왜 일반적인 사람 대신 흐느적거리는 양복 입은 문어를 이용하는 걸까? 둘 다 특별한 경험을 제공하기 위해서다.

숀 앨런(Shawn Allen)의 트리처리 인 비트다운 시티(Treachery in Beatdown City)에서는 또 다

그림 2.2 옥토대드의 스크린샷

른 접근법을 볼 수 있다(그림 2.3 참고). 이 게임은 턴제 전투와 1990년대의 횡스크롤 격투 게임을 뒤섞어 놓은 것이다. 플레이어들은 자원을 수집하고, 이동 방향을 선택하고, 관심을 끄는 방향으로 가면서 격투기까지 즐길 수 있다. 이 모든 결정을 주어진 시간 안에 해야 한다는 것이 숀이 만든 제약 방식으로, 플레이어들은 액션의 타이밍에 맞춰 선택을 마쳐야 한다. 플레이하면서 겪게 되는 또 한 가지 제약은 두 가지 플레이 타입의 상호작용이다. (이 개념은 3장 '플레이의 종류'에서 더 깊이 들여다보겠다.) 턴제 전투와 실시간 격투 게임이라는 두 플레이 스타일을 결합함으로써 플레이어는 기대와는 다른 액션과 목표에 마주치게 된다.

많은 면에서 제약은 게임 디자인의 '비법'과도 같다. 우리가 게임을 플레이하면서 얻는 만족감은 대부분 잘 설계된 제약으로부터 나온다. 일상적인 오브젝트, 활동, 공간을 새롭고 흥미진진하게 바꿔놓음으로써 예기치 못한 만족을 주는 한에서는 이 방법이 통한다. 플라이렌치의 경우는 정확한 이동과 타이밍이 제약이 되고, 옥토대드에서는 특이하고 어색한 컨트롤이 제약이 된다. 트리처리 인 비트다운 시티의 제약은 시간제한과 예상하지 못한 플레이 타입이다.

그림 2.3 트리처리 인 비트다운 시티의 스크린샷

직간접적 액션

제약과 목표에 대해 이야기할 때, 우리는 플레이하면서 수행하는 액션은 생각하지 못하는 경향이 있다. 게임 디자이너가 플레이 경험을 구성하기 위해 사용하는 중요한 툴은 직간접적 액션이다. **직접적 액션**은 플레이어들이 오브젝트와 플레이 공간에 즉각적으로 상호작용하는 것이며, **간접적 액션**은 플레이어나 이들이 플레이 도중 주로 활용하는 오브젝트에 직접 닿지 않으면서 일어난다. 그 대표적인 예가 핀볼이다(그림 2.4 참고). 플레이어들은 튕기는 막대를 통해 공과 직접 상호작용한다. 그리고 이와 동시에, 공은 막대들에 부딪힘으로써 범퍼, 경사로, 구멍, 그 외의 장치들과 간접적으로 상호작용한다. 공이 범퍼에 맞으면 그 충격으로 유발되는 밀어내기 메커니즘을 통해, 어느 정도 예측할 수 있지만 완전히 알 수 없는 방향으로 튕겨나간다. 플레이어가 정확한 타이밍에 공을 패들로 맞히는 직접적 액션을 취할 수도 있긴 하지만, 궁극적으로는 공과 핀볼 게임기 안에 있는 다른 오브젝트들 간의 물리 법칙에 의한 다양한 간접적 상호작용 액션이 이어진다. 공이 경사로 입구에 있는 스피너 밑으로 가도록 치면 점수 배수가 붙어서, 경사로를 돌아 나올 때의 점수가 더 올라간다. 막대로 한 번 공을 침으로써 이 모든 이벤트와 연쇄 작용이 나온다. 바로 이것이 플레이어가 게임에서 예상하는 것과 예기치 못한 동작의 효과를 설정하는 한 가지 방식이다.

그림 2.4 핀볼 게임

이런 오브젝트간의 상호작용이 쌓이면, 플레이 공간 안에서 다양한 오브젝트의 상호작용 디자인이 얼마나 중요한지 드러난다. 디자이너들은 오브젝트들의 특성과 이런 속성이 게임의 가능성 공간에 어떤 일을 유발하는지 잘 생각해야 한다. 잘만 구성하면 직간접적인 관계를 통해 역동적으로 게임에 몰입하는 느낌을 선사할 수 있다. 시크릿 크러쉬(Secret Crush)의 선번!(SUNBURN!, 그림 2.5 참고)은 이런 역동적 시스템의 좋은 예다. 이 게임에서 플레이어는 지금 막 먼 외계에서 폭발한 우주선의 선장을 조종한다. 우주선의 승무원은 모두 함께 죽기로 약속했기 때문에, 선장은 승무원들과 힘을 합쳐 행성에서 행성으로 점프하며 태양으로 향한다. 그러려면 선장은 각 행성의 중력, 그리고 선장과 승무원들을 연결하는 신축성 있는 번지 줄과 상호작용해야 한다. 행성들, 태양, 줄, 승무원들의 속성은 플레이어가 제어하기 어려운 방식으로 상호작용한다. 그래서 플레이어는 직접적인 액션이 다른 오브젝트와의 상호작용에 어떤 간접적 상호작용을 불러올지 잘 생각해야만 레벨을 성공적으로 클리어할 수 있다.

에드 키(Ed Key)와 데이비드 카나가(David Kanaga)의 프로테우스(Proteus)에서는 직간접적 액션에 대한 색다른 관점을 볼 수 있다(그림 2.6 참고). 핀볼이나 선번!과 마찬가지로 이 게임에서는 연속적으로 액션이 일어나지만, 플레이어의 목표를 추구하기보다는 살아 숨 쉬는

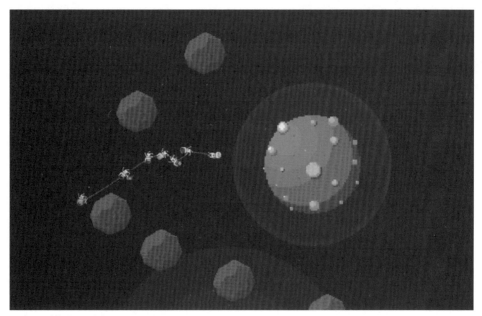

그림 2.5 선번!의 스크린샷

늦한 월드를 경험하는 것이 핵심이다. 프로테우스에서 플레이어는 픽셀로 만들어진 일인칭 시점의 섬을 탐험한다. 눈에 띄는 목표나 위협이 없어서, 플레이어는 그저 이곳저곳을 탐험하면서 무슨 일이 일어나는지 구경한다. 그런데 플레이어가 이동함에 따라 이들의 존재는 월드의 생명체들과 현상에 영향을 미친다. 조그만 개구리처럼 보이는 것에 다가가면 폴짝 뛰어가 버리면서 특이한 분위기를 만들어낸다. 플레이어가 가만히 앉아 있으면 환경에 있는 요소들이 바뀌고, 특별한 장소에 가면 새로운 사운드와 이미지를 볼 수도 있다. 이 모든 이벤트가 플레이어의 존재 때문에 간접적으로 유발되며, 플레이어가 할 수 있는 직접적 액션이란 이동하거나, 이동을 멈추고 풍경을 바라보는 것뿐이다. 결국 플레이어의 움직임 자체가 이 섬에 대한 '플레이'로, 음악가가 음을 연주하는 것처럼 시청각적 이벤트를 발동시켜 섬을 살아나게 하며, 월드에서 연속적인 효과를 만들어낸다.

그림 2.6 프로테우스의 스크린샷

직간접적 액션이라는 개념은 게임 디자이너가 게임에서 예기치 못한 결과를 만들어내는 도구다. 둘 사이의 균형이 잘 잡혀야만 직접적 액션과 간접적 액션으로 플레이하는 역동적이면서 쌍방향적인 시스템을 만들어낼 수 있다. 플레이어가 직접적인 액션을 더 많이 쓸수록, 그리고 플레이어의 컨트롤이 더 잘 조율될수록 경험 역시 강화된다. 간접적인 액션이 더 많을 때는 통제감은 적어지는 대신, 월드가 어떻게 돌아가는지 발견하는 기쁨이 커진다.

목표

1장 '게임, 디자인, 그리고 플레이'에서 논의했듯, 게임의 목표는 플레이어들이 이루려는 바를 형성하고 목표를 부여한다. 목표는 정량적이고 강력할 때도 있고, 경험적이면서 느슨할 때도 있다. 목표가 없다면 왜 게임의 규칙을 따라야 하는지 플레이어가 이해할 수 없을 지도 모른다. 축구는 정량화할 수 있기에 강력한 목표가 있는 게임의 대표적인 예다. 목표가 플레이 경험의 목적이자 원동력이다. 반대의 경우로는 제인 프레드호프(Jane Friedhoff)의 슬램 시티 오라클(Slam City Oracles)이 있다(그림 2.7 참고). 플레이어들은 간식과 동화 같은 건물, 휠 같은 희한한 오브젝트로 가득한 월드에서 두 소녀 중 하나의 역할을 맡는다. 목표는 무엇일까? 친구와 함께 환경을 이리저리 점프하며 주변 사물을 쓰러뜨리는 것이다. 다시 말해, 완벽한 장난감 세상의 무법자 꼬마 악당이 되는 것이라 할 수 있다. 플레이어는 높이 뛰어오르거나 원하는 대로 한 곳에서 주변 물건들을 때려 부숴도 된다. 점수가 있긴 하지만 말도 안 되게 높은 숫자여서, 플레이어의 실력을 측정하기보다는 유머러스한 요소로 작용한다. 슬램 시티 오라클의 플레이어에게 결과는 중요하지 않다. 그저 게임 속에서 다양한 것들을 하는 것이 목표다.

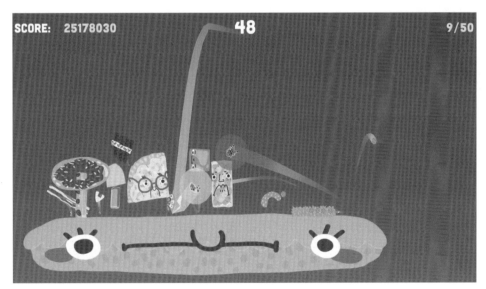

그림 2.7 슬램 시티 오라클의 스크린샷

축구와 슬램 시티 오라클의 중간 쯤에 라이엄 버크(Liam Burke)의 페이퍼 앤드 펜슬 롤플레잉 게임 도그 이트 도그(Dog Eat Dog)가 있다(그림 2.8 참고). 도그 이트 도그는 분명히 명시된 정량적 목표로 플레이 경험을 유도하는 대신, 식민지화의 과정을 탐구하며 한 문화권이 외부 문화권과 맞닥뜨릴 때 무슨 일이 일어나는지 살펴본다. 또한 느슨한 경험적 목표 대신 구조적이고 정량화된 결과를 제공하지만, 결과가 플레이의 핵심이 아니기에 좀 더 확장된 '목표'를 제공한다고 볼 수 있다. 이 게임의 목표는 스토리의 엔딩을 제공하여, 게임에서의 실력이 캐릭터와 섬의 운명을 어떻게 만들어 가는지 볼 수 있게 해 주는 것이다.

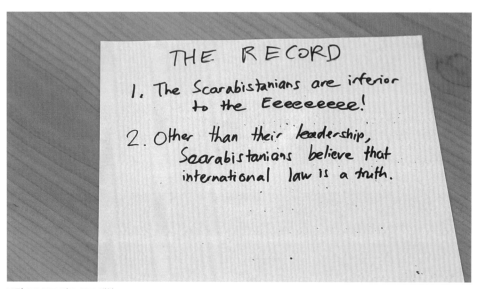

그림 2.8 도그 이트 도그 게임

플레이어들이 가상의 태평양 섬나라에 이름과 몇 가지 특성을 부여하면 플레이가 시작되며, 그 다음 식민지로 삼은 국가의 플레이어도 똑같이 이름과 특성을 부여한다. 시작할 때는

'원주민은 점령자보다 열등하다'는 단 한 가지 규칙만 주어진다.

그런 다음에는 플레이어들이 두 문화권에서 따라야 할 규칙을 목록에 추가해 나간다. 비대칭형 게임이므로 한 플레이어는 점령한 국가를, 나머지 플레이어들은 모두 점령된 국가의 원주민 역할을 한다. 플레이어들은 순서대로 상황을 만들어가며, 한 번에 둘 이상의 캐릭터들이 개입한다. 장면이 진행되면서 주어진 상황에서 무슨 일이 일어나야 할지, 어떻게 문제를 해결할지에 대해 의견이 충돌하면 규칙을 적용하여 해결한다. 장면이 끝날 때는 모두가 규칙을 지켰는지 판정하여 계정마다 각자의 행동에 맞게 토큰을 받거나 뺏긴다. 그 다음에는 원주민들이 목록에 규칙을 하나 추가하고 다음 장면이 시작된다. 이렇게 한 쪽이 토큰을 모두 잃을 때까지 플레이는 계속되고, 한 명이 다 잃고 나면 플레이어들은 각각 점령한 나라가 얼마나 잘했는지에 대해 설명하는 에필로그를 붙인다. 게임이 끝날 때 점령국이 토큰이 떨어졌다면 에필로그에서는 점령국이 원주민들에게 어떻게, 왜 권력을 되돌려줬는지 설명한다. 반대로 원주민 중 한 명이 토큰을 다 잃었다면 그 원주민은 점령이 자신에게 어떤 영향을 줬는지 말해야 한다. 모두 에필로그를 이야기하고 나서, 아직도 토큰이 남은 플레이어들이 섬들의 운명을 최종적으로 결정한다.

이렇게 플레이어들은 그룹으로 함께 이야기를 만들면서, 동시에 각각 이야기의 마지막을 어떻게 끝낼지 정의할 수 있게끔 토큰을 관리한다. 이 게임 경험의 목적은 이야기를 처음부터 끝까지 풀어나가는 것이다. 도그 이트 도그에는 토큰으로 조절하는 정량화할 수 있는 목표가 있으며 이를 통해 게임이 끝날 때의 상태를 묘사하지만, 토큰 관리가 플레이 경험의 초점이나 목적인 것은 아니다. 실제로 추진력은 경험 그 자체이고, 목표는 단순히 경험을 진행시키는 촉매일 뿐이다.

목표가 중첩되어 있는 게임도 있다. 테일 오브 테일즈의 썬셋(Sunset)을 보자(그림 2.9 참고). 플레이어들은 시민전쟁이 한창인 가상의 나라에 살고 있는 부유한 남자 집의 가정부 안젤라 번즈(Angela Burnes) 역할을 맡는다. 게임을 시작하면 하루하루가 흘러가면서, 안젤라가 해야 하는 집안일이 계속 바뀐다. 그 날의 일이라는 큰 목표의 일부를 완수하려면 창문 닦기, 박스 풀기, 설거지 같은 하위 과제를 끝내야 한다. 안젤라에게 주어진 집안일이라는 전체적인 목표는 매일 생기는 작은 목표들을 완성해야 이룰 수 있는 것이다. 썬셋에서 목표는 부여된 과제 완수, 그 날의 할 일 목록 완료, 그리고 게임 클리어라는 세 가지 층으로 구성된다. 이렇게 구조화된 목표를 통해 플레이어는 게임의 스토리를 경험하게 되며, 결국 이 다층적 목표는 안젤라의 삶이 어떤지 알아간다는 다소 막연한 경험적 목표에 기여한다.

게임 디자이너에게 목표는 굉장히 유용한 도구다. 우리가 디자인하는 액션, 오브젝트, 플레이 공간에 관여하게 하여 플레이어 경험을 이끌어갈 수 있는 유일한 방법이라고도 할 수

Hang frames in a cosy arrangement.

그림 2.9 썬셋의 스크린샷

있다. 게임의 목표는 플레이 경험의 틀을 이루고, 플레이어들에게 게임을 어떻게 진행해야
하는지 암시한다. 목표는 플레이어들에게 가능성 공간을 열어준다. 게임의 목표는 또한 플
레이어들이 플레이 공간 내에서 어떤 액션과 오브젝트를 사용할 수 있는지 알 수 있게 해
준다. 그렇다면 플레이어들은 이런 것들의 엔딩을 보기 위한 수단으로 볼까? 아니면 단지
경험을 하기 위한 수단으로 접근할까?

도전

디자이너가 플레이어로 하여금 목표를 쫓도록 경험을 유도할 때 이용하는 것 중 하나가 바
로 **도전** 과제다. 모든 게임에서는 플레이어가 스스로 정하는 것일지라도 일정 수준의 도전
이 제공된다. 도전은 심리학자 미하이 칙센트미하이(Mihaly Csikszentmihalyi)의 **몰입 이론**[2]과
연관 지어 설명될 때가 많다. 칙센트미하이에게 있어 몰입(flow)이란 고도로 집중하고 즐거

---

2   미하이 칙센트미하이, 창의력: 몰입과 발견 및 발명의 심리학(Creativity: Flow and the Psychology of Dis-
covery and Invention), 뉴욕: Harper Perennial, 1996.

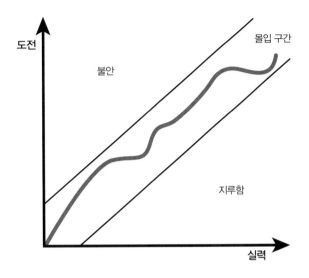

그림 2.10 몰입 상태의 도해

위하는 상태다. 아마 그의 몰입 이론에서 가장 유명한 것은 불안함과 지루함을 구분하며 실력과 도전에는 정비례 관계에 있는 '몰입 구간(flow channel)' 차트일 것이다(그림 2.10 참고). 많은 게임 디자이너가 몰입 상태라는 개념을 이용해 레벨 디자인의 이상적인 난이도를 설명하고, 플레이어의 실력이 향상될 때 불안감이 너무 커지거나 지루해지지 않게끔 적당한 정도로 도전을 늘려간다.

몰입은 물론 게임 디자이너에게 유용한 개념이겠지만, 몰입 이론에 대해서는 한 가지 주의할 점이 있다. 몰입 상태를 좋은 게임 디자인과 연관시키고 싶은 유혹은 당연히 클 것이다. 많은 영화가 일상을 벗어나는 해방감이나 해피엔딩을 보여주지만, 그렇다고 해서 모든 영화가 다 그럴 필요는 없다는 점이다. 때론 평범한 삶을 그린 영화나 결말이 행복하지 않은 영화도 걸작이 된다. 게임에서도 몰입을 통해 플레이어의 실력 수준에 걸맞은 도전을 제공하여 만족감이 높은 플레이를 만들어낼 수 있다. 하지만 플레이어의 실력이 꼭 뛰어나지 않더라도 똑같이 만족감을 주는 게임도 있다. 이런 게임은 플레이어가 실력과 상관없이 즐길 수 있게끔 섬세한 내러티브를 제공하거나 다른 경험을 선사한다. 그러므로 게임에서 몰입을 경험할 수는 있지만, 플레이어가 게임에서 경험할 수 있는 것이 꼭 몰입 단 한 가지만은 아니며, 다른 종류의 경험도 존재한다는 것을 명심하자. 몰입 상태는 게임 디자이너가 추구할 수도 추구하지 않을 수도 있는 선택 사항이다. 디자이너는 게임을 통해 얻고자 하는 가치에 따라 이를 선택하면 된다. 디자인적 가치에 대해서는 6장 '디자인 가치'에서 더 자세히 다루겠다.

도전으로부터 나오는 몰입을 대체할 수 있는 개념으로 '**몰두**'가 있다. 몰입에서 짐작할 수 있듯, 플레이어는 단 하나의 상태가 아닌 다른 방식으로도 플레이에 깊이 빠져들 수 있다. 신체놀이 닌자(ninja)를 보면 알 수 있다(그림 2.11 참고). 플레이어들이 한 팔 거리를 떼고 원을 그리며 모여서 모두 '닌자' 같은 포즈를 취하면 게임이 시작된다. 그런 다음 순서대로 끊김없이 동작 한 번으로 옆 사람의 손을 치는데, 동작이 끝날 때에도 새로 닌자 같은 포즈를 취해야 한다. 공격당하는 플레이어는 공격자가 노리는 손 하나만 움직일 수 있다. 이 게임은 닌자 같은 포즈를 취해야 한다는 전제를 지키느라 어색함 따위를 느낄 틈이 없어서 플레이어들이 게임에 몰두하게 만들어준다. 다시 말해, 플레이어들이 게임에 빠져들어 자의식을 버리고 이 장 앞부분에서 논의했던 버나드 수츠의 유희적 태도를 유지하게 된다.

그림 2.11 닌자 게임. 스콧 챔벌린(사진 제공) / 엘리엇 트리니다드. 인디케이드(IndieCade) 국제 독립 게임 페스티벌의 허가를 받아 게재.

몰입과 몰두 상태는 도전에서 생겨나는 것이 아니라 다양한 게임에 따른 경험이 발생시키는 것이며, 도전은 도구로서 몰입 정도를 변화시키고 다양한 용도로 쓰이는 것뿐이다. 아래에서 다시 다루겠지만, 게임의 목표 중 하나는 플레이어의 실력을 키우는 것이다. 게임에서 도전이 새롭고 커질수록 플레이어가 이를 극복하는 데에도 능숙해지면서, 게임의 액션이 까다로워지면서 개인의 실력도 늘어난다. 게임의 목표 달성도 도전으로 볼 수 있는데, 축구를 예로 들자면 게임 종료까지 가장 많은 점수를 올리는 것이다. 플레이어에게 성별을 맞추게 하는 내용의 게임처럼 게임의 내용에서 찾을 수 있는 도전도 있다.

레아 쉔펠더(Lea Schonfelder)와 피터 루(peter Lu)의 퍼펙트 우먼(Perfect Woman)은 실력, 목표, 내용이라는 세 종류의 도전을 모두 보여주는 대표적 게임이다(그림 2.12 참고). 퍼펙트 우먼은 컴퓨터의 시각(키넥트)을 이용하여 21세기를 사는 많은 여성들에게 기대되는 뛰어난 개인적, 사회적, 그리고 가정적 성공이라는 거의 불가능에 가까운 목표를 제시한다. 플레이어는 몸으로 게임 속 캐릭터 포즈를 정확히 따라하며, 궁극적으로 인생의 목표를 성취해야 한다. 난이도는 플레이어의 능력에 따른 레벨 클리어 뿐 아니라, 게임 속 여러 삶의 단계에서 내리는 선택에 따라서도 변한다. 예를 들어 플레이어가 게임을 시작할 때 집 없는 꼬마를 선택한다면 나이가 든 후 부자가 된다고 할 때 정확한 포즈를 취하기가 매우 어려워지는 식이다. 대신 공주로 시작하면 그리 어렵지 않다. 레아 쉔펠더는 이렇게 설명한다.

> "… 플레이어가 항상 '완벽한 삶'을 살기란 거의 불가능하다. 잠깐은 괜찮을 수 있지만, 삶이 이어져가면서 일, 가족, 친구, 개인적인 측면, 건강 등 '완벽하기 위해 필요한' 것이 자꾸만 늘어나서 갈등 상황에 부딪치게 될 것이다."[3]

평생 계속 균형을 유지한다는 게임의 목표는 신체적인 균형을 유지하는 기술과 함께 삶에서 무엇을 선택하는지도 포함한다. 퍼펙트 우먼의 도전은 다양한 층위에서 작용하며, 살면서 균형을 유지하는 것이 얼마나 어려운지 실감나게 보여준다.

이 게임의 도전 난이도 조절을 전기 포트나 오븐의 손잡이를 돌리는 것처럼 생각해 보면, 플레이어가 겪는 경험의 강도에 영향을 줌으로써 게임의 실력을 키워주는 동시에 게임의

---

3 가마수트라, "IGF 출품: 레이 쉔펠더와 피터 루의 퍼펙트 우먼" 크리스찬 너트 기자, 2013.

그림 2.12 퍼펙트 우먼

목표를 향한 의미 있는 노력을 요구하고, 다른 매체로는 표현하기 어려운 이 주제를 구체적으로 체험시켜 준다.

실력, 전략, 운, 그리고 불확실성

실력, 전략, 운, 그리고 불확실성이라는 네 가지 개념은 도전으로부터 나온다. **실력**은 플레이어가 게임에서 펼쳐지는 액션에 숙련된 정도를, **전략**은 플레이어가 목표를 달성하기 위해 게임 속 액션을 어떻게 수행할지 최선의 방법을 결정하는 능력을 일컫는다. **운**의 영향이 클수록 실력과 관계없이 전략 개발이 더 어려워진다. 얼마나 열심히 연습하든 게임에서 예측할 수 없는 사건이 발생할 **불확실성**이 작용하기 때문이다.[4] 하지만 운의 영향이 작아지면 전략을 키울 여지가 커진다. 게임 디자인의 측면에서 보자면, 플레이 경험 중 플레이어가 제어할 수 없는 것들에 비해 어느 정도가 플레이어 자신이 취하는 액션의 수준과 판단에서

---

4   그레그 코스티키안(Greg Costikyan)의 책 게임에서의 불확실성(Uncertainty in Games)은 기회와 불확실성이란 개념을 깊이 들여다본다.

그림 2.13 다트와 룰렛 게임

기인하는지 결정하는 것이다.

다트를 예로 들어보자(그림 2.13 참고). 이 게임은 다트를 보드에 던지는 실력에 크게 의존한다. 플레이어들은 어떻게 조준할지 결정하며, 자기만의 전략을 짠다.

이 게임에는 운이 거의 영향을 미치지 않는다. 하지만 상대방이 다트를 던지면 자신의 전략에도 영향이 미치므로, 이기려면 즉석에서 전략을 변경해야 한다.

룰렛은 이와 정반대의 양상을 보이는데(그림 2.13의 오른쪽), 실력은 거의 영향을 미치지 못한다. 플레이어는 단순히 색깔과 숫자, 혹은 숫자들을 선택한 다음 예측이 맞기만 바랄 뿐이다. 즉, 판단을 내리긴 해야 하지만 여기에는 논리력 같은 것은 별로 관여하지 못하고 결과는 순전히 운이나 불확실성에 의해 좌우된다. 이 게임에는 특정한 색깔, 숫자의 종류나 그룹, 혹은 각 숫자를 맞출 기본 확률을 넘어서는 판단 기준이나 과정에 대한 의미 있는 정보가 없다. 그렇다고 운을 기반으로 하는 게임이 재미없다는 것은 아니다. 다만 실력을 기반으로 하는 게임과 그 성격이 다를 뿐이다.

때로는 플레이어가 직접 취하는 액션과의 상호작용, 그리고 플레이어가 간접적으로 유발하는 플레이 공간 속 오브젝트들의 상호작용에서 불확실성이 유발되기도 한다. 일본의 아

그림 2.14 파친코(pachinko) 기계. 패션슬라이드

케이드 게임 '파친코'(그림 2.14 참고)가 그 대표적인 예로, 플레이어는 핀과 관문이 수직으로 배열된 미로에 공을 쏘아 보내며, 목표는 미로 하단으로 공이 나올 때 돈을 따는 것이다. 핀과 관문이 배치된 방식 때문에, 공이 어떤 경로로 미로를 통과하게 될지 예측하기가 어렵다. 플레이어들은 핀과 관문의 반응성을 파악하여 공이 미로를 통과하는 방식을 조정하는 전략을 키울 수는 있지만, 무슨 일이 일어나게 될지에는 일정 정도 불확실성이 존재한다.

농구(그림 2.15 참고)는 실력과 전략에 크게 의존하며, 운은 작용하지 않지만 불확실성이 상당한 게임의 좋은 예다. 농구는 큰 키와 빠른 속도, 또한 드리블, 패스, 슈팅 기술이 크게 작용하지만, 영리한 판단력과 팀워크도 그만큼 중요한 게임이다. 공격 시 플레이어들은 공을 서로 패스하면서 성공률이 높은 최적의 슈팅 기회를 노린다. 방어할 때는 상대 팀이 슈팅할 기회를 막거나 최소한 쉽게 골을 내주지는 않는 것이 목표가 된다. 플레이어들은 골이 들어가지 않았을 때 공이 림(rim)에서 어떻게 튕겨 나올지, 우리 팀이 어디로 가서 패스 받

그림 2.15 농구 게임

을 준비를 할지, 상대 팀은 공을 잡은 플레이어가 슈팅할 때 어떤 수비를 할지 많은 요소를 예측해야 한다.

농구에서는 엄격히 말해 운이 작용하지 않지만 (이 게임에서는 주사위를 굴리지도, 게임 요소가 무작위로 생겨나지도 않는다), 불확실성은 상당히 존재한다. 어떤 각도에서 공이 림을 벗어나는가? 아군이 코너에서 패스에 대기하는가? 상대 팀이 골대로 달려와 리바운드를 받을 것인가? 상대방이 하는 모든 일을 분석해서 반응해야 하며, 더 많은 점수를 올린다는 목표를 달성하기 위한 최선의 방법이 무엇인지 생각해야 한다. 농구는 플레이어들이 실력을 키우고, 시시각각 변하는 게임의 상태에 빠르게 반응함으로써 불확실성을 관리해야 하는 스포츠다.

반면 포커는 플레이어가 게임 자체에 내재된 엄청난 무작위성에 대응할 전략을 발전시킬 수 있는 실력을 요구하는 게임이다. 텍사스 홀덤(Texas hold'em)을 예로 들어보자. 대부분의 카드 게임이 그렇듯 플레이가 시작하기 전에는 덱(deck)을 섞고, 누구도 카드 순서를 볼 수 없다. 플레이가 시작되면 모두 뒷면이 보이도록 카드 두 장을 받고, 플레이어들은 손에 든 카드에 베팅한다. 아직은 운과 불확실성이 너무 커서 게임에 베팅하기 까다롭다. 다른 플레이어는 무슨 패를 들었을까? 덱 안에 아직 남아 있는 패는 무엇일까? 플레이어들은 52장의 카드 중 2장만을 보았을 뿐이다. 즉, 다른 플레이어가 어떤 패를 들었는지 전혀 알 수 없다. 그러므로 포커 패에 대한 확률을 잘 알고 있어야만 한다. 첫 번째 라운드의 베팅을 한 다음, 딜러는 테이블 중앙에 3장의 카드를 앞면이 보이게 놓는다. 이 카드는 모두 함께 보기 때문에 서로가 어떤 패를 들었는지 추측할 수 있다. 게임이 끝날 때까지도 각 플레이어가 정확히 무엇인지 알 수 있는 패는 52장의 카드 중에서 7장뿐이다. 7장이면 덱의 15%이며, 플레이에는 아직도 큰 불확실성과 운이 존재한다. 그러므로 플레이어들은 포 카드, 풀하우스, 투 페어 등 다른 패가 나올 확률에 대한 나름의 지식에만 의지할 뿐이다. 따라서 상대방이 실제 어떤 패를 들고 있는지 뿐만 아니라 추리력도 그만큼 중요해진다. 다른 플레이어가 이미 이전 핸드에 두 장의 에이스가 돌려졌다는 것을 기억할까? 상대방은 좋은 패를 손에 들고도 블러핑을 하고 있는 것일까? 일찍 포기를 선언한 다른 플레이어에게는 장기적인 전략이 있는 것일까?

플레이어의 실력과 전략의 상호작용은 게임 디자이너가 게임의 가능성 공간 안에서 운과 불확실성을 허용하는 방식에 따라, 혹은 다른 플레이어나 플레이어 자신의 목표 추구를 통해서 영향을 받는다. 이 사이의 균형점을 찾는 것이 게임 디자인에서 가장 까다로운 부분 중 하나다.

판단과 피드백

플레이어들이 게임의 상태를 이해하는 방식을 생각할 때 고려해야 할 두 가지 게임 디자인 도구는 플레이를 계속 진행하게 하는 원동력이 되는 **판단과 피드백**이다. 자전거를 예로 들어보자. 자전거가 앞으로 나가려면 페달을 밟아야 한다. 그런데 페달을 밟으면서도 매 순간 수백 가지 결정을 내려야 한다. 얼마나 빠르게 가야 할까? 어떤 방향으로 가야 할까? 신경을 기울여야 할 차나 보행자, 다른 자전거가 있는가? 자전거를 탈 때는 이렇게 많은 결정을 내려야 한다.

게임 역시 플레이어들이 게임 속 액션을 수행해 나가면서 계속해서 무슨 일이 일어나는지 평가하게끔 요구한다. 케이티 샐런(Katie Salen)과 에릭 짐머만(Eric Zimmerman)이 '액션의 성과 유닛(action-outcome unit)'[5]이라고 부르는 것이 바로 이것이다. 모든 플레이어 경험은 액션의 시퀀스로 이루어지는데, 자전거의 페달을 밟으면 그 성과로 자전거가 앞으로 나가며, 이로 인해 다음 액션인 핸들 돌리기로 이어지고, 그 다음 성과인 좌회전이라는 결과가 생긴다. 궁극적으로 게임 플레이에서는 이런 수십, 수백, 수천 가지의 작은 선택들이 각각 게임의 상태 변화를 만들어낸다. 목표와 하위 목표가 얼마나 강력히, 아니면 느슨히 연결되어 있든 이 과정을 통해 게임 경험이 구축된다.

체스 게임을 살펴보자(그림 2.16 참고). 체스는 턴제 게임이다. 한 플레이어가 수를 두고 나면 상대방이 한 수를 두고, 이렇게 계속 이어진다. 따라서 결정에 따른 게임의 상태를 분석할 때 어느 정도 시간의 여유가 있다. 예를 들어 한 플레이어가 나이트를 상대방 킹의 몇 칸 앞으로 이동시켜서 체크!를 외친다고 가정하자. 두 번째 플레이어는 곤경에 처했으므로, 묘수를 내지 않으면 첫 번째 플레이어가 이긴다. 첫 번째 플레이어의 행동이 승리에 얼마나 가까워질지에 영향을 주고, 그 때문에 두 번째 플레이어가 패배에 얼마나 가까워지는지가 변하는 것이다. 이제 두 번째 플레이어는 받은 영향에 따라 반응해야 한다. 비숍으로 들어온 나이트를 잡아서 킹에 대한 위협을 줄이는 선택을 할 수도 있다.

그림 2.16 체스 게임

---

5   케이티 샐런과 에릭 짐머만, 플레이의 규칙(Rules of Play), 2003, p.62

다음 수를 어디에 둬야 할지 생각해 볼 시간이 주어지기 때문에 이 게임은 '사색하는 사람의 소일거리'라는 명성을 얻기도 했다. 게임의 상태를 이해하고 가능한 옵션들을 따져보고 나서야 어떤 말을 어디에 둘지 결정하는데, 그러려면 플레이어는 게임을 '읽을' 수 있어야만 한다. 그리고 상대방 역시 그 수가 게임의 상태에 미친 영향을 이해할 수 있어야 한다.

턴제 플레이는 이렇게 깊이 고민하는 의사 결정을 유도한다. 그런데 체스를 실시간 게임으로 만든다면 어떻게 될까? 베넷 포디의 스피드 체스(Speed Chess)가 바로 이런 게임으로(그림 2.17 참고), 16명의 플레이어가 있어야 시작할 수 있다. 스피드 체스에서는 여덟 명의 플레이어가 한편이 되어 NES 스타일의 컨트롤러를 이용해 가능한 빠르게 말을 이동시킨다. 30초 안에 킹에게로 질주하는 게임이므로 자기 턴을 기다릴 필요는 없다. 모든 말이 동시에 움직이므로 이 게임은 체스와는 완전히 딜라진다. 스피드 체스는 아군 산의 협력을 시도하긴 하지만 게임 자체의 속도가 너무 빨라서 늘 성공을 거둘 수 없는 혼란스러운 스포츠라고 보는 편이 맞다. 하지만 몇 초 후에 바로 다음 게임이 시작되므로 이기든 지든 결과는 크게 상관이 없다. 스피드 체스는 플레이어의 모든 움직임이 동시에 일어나는 실시간 게

그림 2.17 스피드 체스, 베넷 포디(사진 제공)

임으로, 보드 위에 펼쳐지는 게임의 상태는 계속 변한다. 사실 이 게임의 묘미는 여기에 있다. 일이 너무 빠르게 벌어지므로 전체적인 게임 상태를 이해하거나 좀 더 미묘한 액션을 취하여 게임의 상태에 영향을 줄 수 있는 플레이어는 아무도 없다.

잘 디자인된 게임은 플레이어의 액션에 대해 피드백을 제공한다. 예를 들어 플레이어가 컨트롤러의 왼쪽 스틱을 움직이면 오브젝트도 왼쪽으로 움직인다. 하지만 게임에는 이런 것만이 아니라, 플레이어가 어떤 일이 벌어지고 있는지 이해하려면 꼭 필요한 다른 종류의 피드백도 있다. 메쇼프(Meshoff)의 니드호그(Nidhogg)가 바로 이런 것을 보여준다(그림 2.18 참고). 니드호그에서는 두 명의 플레이어가 칼싸움을 하면서 펜싱 스타일로 찌르거나 주먹으로 때리거나, 칼을 던져 맞춤으로써 상대와 대결한다. 이 게임의 목표는 게임 월드의 다른 쪽으로 가는 것으로, 먼저 가는 쪽이 승리한다. 플레이어는 막고, 달리고, 점프하고, 상대를 때릴 수 있다. 게임은 플레이어의 입력을 계속 받아들이고 액션을 확인하여 해당 액션의 결과를 보여줌으로써 피드백을 제공한다. 플레이어가 캐릭터를 양쪽으로 움직이고, 걷도록 조작하면 화면에서는 컨트롤러의 조작에 맞춘 피드백으로 캐릭터의 동작을 보여준다. 또한 X 버튼을 눌러 칼을 찌르면, 작은 캐릭터는 당연히 이에 반응하는 액션을 취한다. 이 게임에서는 목표에 더 가까워지는 쪽에 가까이 화면을 이동함으로써 플레이어의 우열을 진척률

그림 2.18 니드호그의 스크린샷

로 알려주고, 화면 상단에는 화살표 모양의 그래픽으로 이들이 달려가야 하는 방향이 표시된다. 마지막으로, 플레이어가 목표에 도달하면 거대한 뱀에게 먹히는 세레모니가 펼쳐지면서 게임의 결과와 승자를 알려주는 피드백도 제공된다.

목표가 덜 뚜렷하고 플레이 경험에 중점을 두는 게임도 이런 판단과 피드백 순환으로 구성되어 있다. 포르펜틴(Porpentine)의 하울링 도그즈(Howling Dogs)가 (그림 2.19 참고) 바로 이런 게임이다. 플레이어는 텍스트 기반 게임의 환경 속에서 어떤 움직임을 취할 것인지 결정해야 한다. 텍스트 기반 게임이기 때문에, 여러 텍스트 중에 한 가지 분기를 선택하면 그 결과로 이에 따른 텍스트가 나온다. 텍스트 중 다른 색깔로 되어 있는 링크를 클릭하면 새로운 텍스트가 뜬다. 플레이어는 '유닛에게 물 먹이기'와 '음식 나눠주기' 중 하나를 선택하고, 그러고 나면 선택의 결과가 무엇인지 알게 되며 이 지점에서 여러 신택지를 받아서 다시 선택한다. 이런 결정들은 측정 가능하거나 경쟁적인 결과 쪽으로 이끄는 대신, 스토리가 나아갈 방향을 알려준다. 그러므로 포르펜틴의 게임을 진행하며 내리는 결정에서는 점수를 얻는 대신 스토리의 변화에 따라 서정적인 플레이 경험을 하게 된다.

게임은 작은 결정들에 따른 피드백 순환으로 구성되며, 플레이어는 결정과 피드백의 순환을 통해 게임 상태에 대한 정보를 얻는다. 결국 플레이어의 고민과 상호작용에 의해 플레이 경험을 만드는 것, 바로 이것이 게임 디자인이다. 체스에서 턴제 구조는 플레이어가 깊이

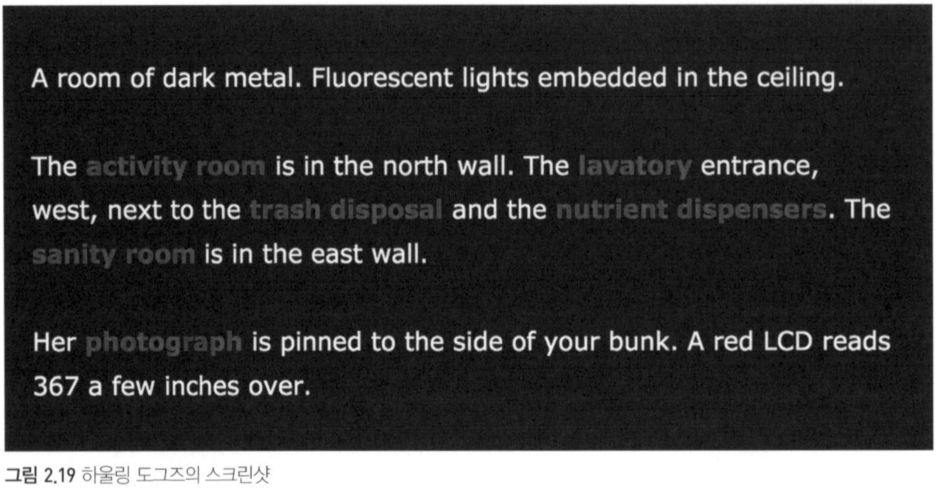

A room of dark metal. Fluorescent lights embedded in the ceiling.

The activity room is in the north wall. The lavatory entrance, west, next to the trash disposal and the nutrient dispensers. The sanity room is in the east wall.

Her photograph is pinned to the side of your bunk. A red LCD reads 367 a few inches over.

그림 2.19 하울링 도그즈의 스크린샷

숙고할 수 있는 구조를 만들어주고, 정신없는 실시간의 스피드 체스는 직관적인 반응을 이끌어낸다. 또한 하울링 도그즈 같은 게임에서는 플레이어의 조작보다는 선택을 통한 경험이 우선시된다. 게임 디자이너가 플레이어로 하여금 게임 상태를 잘 파악하고 자신이 하는 행동에 따른 영향을 더 이해하게 만들수록, 플레이어는 게임을 진행하면서 더욱 자신이 자율적이라는 느낌을 받을 수 있다.

추상화

디자인에서 중요한 또 다른 도구, **추상화**를 살펴보자. 게임에서 추상화가 활용되는 대표적인 방식은 추상적 전략 게임 바둑에서 볼 수 있다(그림 2.20 참고). 보드는 그리드 형태이고, 말은 단순한 검은색과 흰색 돌을 사용한다. 이 게임에서 추상화는 게임이 특정한 사물을 표현하는 것이 아니라는 점을 일컫는다. 작은 자동차와 행인, 도로와 다리, 건물, 돈까지 모든 것이 현실을 반영하는 인생 게임(The Game of Life)이라는 보드 게임(그림 2.20 참고)과 비교해 보자. 바둑이 보여주는 형태의 추상화도 있지만, 게임 디자이너들이 플레이 경험을 만드는 데 활용하는 추상화에는 실제 세계의 활동 추상화와 시스템 추상화 두 가지 종류가 있다.

실제 세계의 활동을 추상화한 전형적인 예는 테니스와 아타리의 퐁(Pong) 관계에서 찾아볼

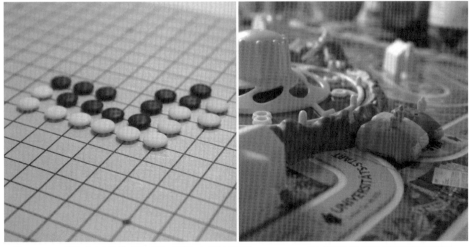

그림 2.20 보드 게임 바둑과 인생 게임. 인생 게임은 파비안 브로만(Fabian Bromann)의 사진을 CC 2.0에 의거하여 활용했다.

수 있다(그림 2.21 참고). 테니스에서 플레이어는 자기 쪽 네트의 어디로든 이동할 수 있고, 상대방의 코트 안 어디로든 할 수 있는 곳으로 공을 칠 수 있으며, 높은 공이나 낮은 공, 스핀이 있거나 없는 공 등 많은 것을 시도할 수 있다. 하지만 퐁에서는 테니스가 대폭 단순화되어, 플레이어는 기본 선을 따라 직선으로만 이동할 수 있고, 공은 평면 위에서만 이동할 수 있으며, 공을 쳤을 때 공이 이동할 방향을 조종할 기회도 제한된다.

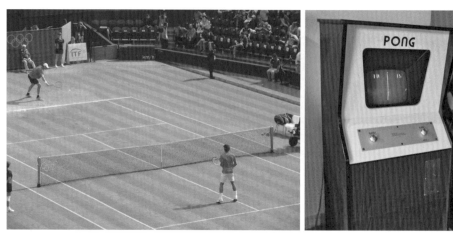

그림 2.21 테니스와 퐁. 테니스는 매드체스터가 찍은 런던 2012 페더러 대 아이스너의 4강전 워밍업 모습. CC 3.0 SA Unported 에 의거 게재. 퐁은 롭 보우든의 사진을 CC 2.0 일반 라이선스에 의거 게재.

다시 말해, 퐁은 테니스의 추상화라고 할 수 있다. 즉, 실제 세계의 게임을 가져와서 비디오 게임으로 해석한 것이다. 추상화를 통해 실제의 게임을 새로운 매체에 적합한 (그리고 당시 기술적으로 가능한 수준에 맞춰) 근본적인 형식으로 줄였다. 테니스 코트는 평면이 되었고, 플레이는 직선 위에서만 일어나며, 플레이어와 라켓은 한 개의 직선 위에서만 움직일 수 있는 패들로 대체되었으며, 라켓을 스윙하는 힘은 완전히 제거됐다. 그 결과 새로운 플레이 경험이 탄생했다.

추상화의 또 다른 접근법은 매트 리콕의 판데믹(Pandemic)에서 찾아볼 수 있다(그림 2.22 참고). 플레이어는 네 가지 치명적인 질병으로부터 세상을 구하기 위해 협력한다. 이 게임은 세상을 나타내는 게임보드, 플레이어를 표시하는 토큰과 신분증, 병을 표시하는 색색의 큐브와 국제적 도시들을 나타내는 카드 텍, 질병의 발생을 표시하는 카드들로 단순화된다. 플레이어들은 조사원, 의료진과 과학자 역할을 맡는데, 각자 고유한 능력이 있다. 플레이어들은 함께 게임보드를 돌면서 도시들을 치료하고 퍼져간 바이러스를 치료하면서 네 가지 질병을 치료하기 위해 돕는다.

판데믹은 풍과는 다른 방식의 추상화를 사용한다. 기존의 세상에 있는 무언가의 플레이 구조를 추상화하는 대신, 실제 세계에 있는 현상인 바이러스의 전파를 게임 시스템에 모형화한 것이다. 이것은 실제 세계의 시스템과 액션을 추상화함으로써 이루어진다. 자동차, 비행기, 보트로 이동하는 대신 플레이어는 게임의 규칙에 따라 도시에서 다른 도시로 말을 이동시킨다. 판데믹은 전염병의 역할 역시 추상화한다. 질병은 도시에 큐브를 올려놓음으로써 전파되고, 큐브를 제거하면 바이러스가 치료된다. 이것은 게임이라는 구조를 통해 바이러스의 확산과 절멸을 재현한 것이며, 이를 통해 플레이와 재미가 생겨난다.

추상화에 이용할 수 있는 디자인 툴에는 게임 요소의 디자인에 대한 비표상적 접근법 (바둑), 매체에 적합한 방식으로 일상 활동을 재구상하는 방식 (풍), 실제 세계의 시스템을 게임의 형태로 단순화하는 (판데믹) 세 가지 방식이 있다. 추상화는 방대한 세부 사항을 생략하고 게임의 목표, 플레이어가 이런 목표에 도달하기 위해 취할 수 있는 행동, 그리고 오브젝트와 플레이 공간에 대한 상호작용에서 어떤 것이 재미를 주는지에 게임 디자이너가 집중할 수 있게 도와준다.

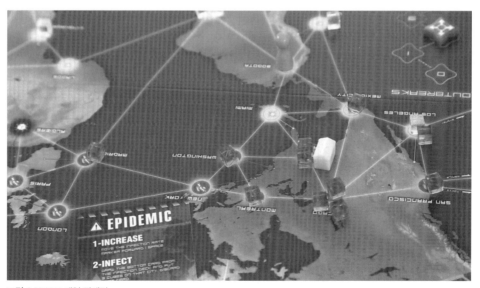

그림 2.22 보드 게임 판데믹

테마

그 다음으로 기본적인 게임 디자인 툴은 바로 **테마**다. 게임의 테마는 게임이 어떻게 표현되는지에 대한 논리적인 틀이다. 디자이너는 테마를 이용해 플레이어의 경험을 구성하고, 게임을 더욱 **빠르고** 직관적으로 이해할 수 있도록 돕는다.

이번에도 체스를 예로 들어보자. 체스에는 최소한 내재된 스토리는 없다. 사실, 많은 사람들이 체스를 추상적 전략 게임이라고 부른다. ('추상적 전략 게임'이라는 용어에서의 '추상'이라는 것은 이 게임이 바둑과 마찬가지로 구체적인 무언가를 표시하는 측면이 없다는 뜻이다.) 하지만 말의 이동과 보드의 생김새를 통해 영토 확보라는 것을 표현하기는 한다. 킹은 통치자이며, 강력한 퀸이 곁에 있다. 조언자인 비숍이 근처에 있고, 군대인 나이트는 비숍 바로 곁에 있다. 그리고 나이트의 바깥쪽으로는 밖으로부터의 공격을 수비하는 루크가 있다. 이들의 앞에는 보병인 폰이 대열을 짓고 있다. 보드의 반대편에는 상대 진영이 똑같은 대열로 포진한다.

체스는 상대방의 킹을 잡아 그의 영토를 정복하고 통치한다는 목표에 따라 벌이는 전략적 전투다. 그리고 여섯 종류의 말로 표시되는 게임 속 각 오브젝트는 각각 역할에 맞는 이동 방식이 있다. 킹은 약하고 느리지만 반드시 보호해야 하는 존재이고, 퀸은 강력하고 빠르며, 두 루크는 가장자리에서 시작하여 외곽선을 정의하는 직선으로 이동하고, 폰(Pawn)은 숫자는 많지만 느리다. 이렇게 체스 같이 추상적인 전략 게임에도 게임과 플레이에 대해 우리가 생각하는 방식에 큰 영향을 미치는 테마가 있다. 테마는 플레이어들에게 세계가 어떻게 작동하는지 파악하게 해 주는 개념적 문고리라고 할 수 있다. 또한 플레이를 펼쳐나가면서 게임의 확률 공간에서 행하는 판단과 그 결과를 해석할 수 있게 해 준다.

2인용 협력 게임 웨이(Way)는 테마에 대한 다른 접근법을 보여준다(그림 2.23 참고). 웨이는 서로 다른 문화권과 환경을 보여주는 아주 다른 옷차림의 두 플레이어가 서로 말이나 글이 통하지 않는 상황에서 소통할 방법을 찾는다는 보다 뚜렷한 테마를 담고 있다. 목표를 달성하기 위해 플레이어가 수행하는 모든 액션은 서로 소통할 언어를 만들어낸다는 아이디어를 구체화하게끔 디자인되어 있다. 플레이어들은 감정 상태를 보여주고 제스처를 이용해 속도와 방향을 제시할 수 있고, 그 외에는 단순한 제스처 시스템을 통해 의사를 전달할 수 있다. 퍼즐 기반의 플랫폼 형태 레벨을 통과하는 이 게임의 목표는 커뮤니케이션이라는 테마

그림 2.23 웨이의 스크린샷

를 상당히 잘 표현해 낸다. 이 게임을 처음 접하는 플레이어라 해도 다른 플레이어의 도움 없이 대부분의 레벨을 풀어낼 수 있다. 웨이는 디자인과 시각적 표현의 혼합을 통해 테마를 처리하는 법을 보여줌으로써 커뮤니케이션과 협력에 대해 생각해 볼 기회를 준다. 그렇다면 웨이는 게임의 디자인 전체가 테마라는 틀 안에서 제공되는 무언가에 '대한' 게임이며, 이것이 바로 플레이 경험을 이룬다.

카드보드 컴퓨터(Cardboard Computer)의 켄터키 루트 제로(Kentucky Route Zero)는 게임에서 테마의 또 다른 활용법을 보여준다(그림 2.24 참고). 이 게임은 무드, 아트 스타일, 상호작용 모두에서 테마가 아주 두드러진다. 플레이어는 작품의 제목과 똑같은 '켄터키 루트 제로'를 따라 여행하는 트럭 운전사 콘웨이를 중심으로 펼쳐지는 스토리를 관찰한다. 이 게임은 옛날 그래픽 텍스처 어드벤처와 마우스를 사용하는 어드벤처 게임을 깔끔하고 미니멀한 일러스트레이션 스타일과 시네마틱 애니메이션에 잘 융합시켰다. 켄터키 루트 제로의 상호작용과 스토리는 웨이만큼 테마에 강하게 연결되어 있진 않지만, 함께 어우러져 분위기 있는 플레이 경험을 엮어낸다. 이 게임의 감각적 요소는 모두 게임 속의 울적하고 마법 같은 스토리를 받쳐준다. 켄터키 루트 제로는 분위기와 내러티브에 집중하는 가능성 공간이 플레이어를 감싸는, 미적 요소를 탐험하는 게임이다.

이렇게 테마는 게임의 목표, 액션, 센서 스타일, 스토리, 월드가 연결되는 온갖 방식을 통해 디자이너가 어떤 종류의 플레이 경험을 제공하고자 하는지에 영향을 미친다. 가끔 디자이너는 체스처럼 가벼운 주제에 강력한 게임 디자인과 추상에 가까운 표현을 결합하여 플레이어가 자신의 역할을 이해하고 판단과 결과를 해석할 맥락을 제공할 수도 있다. 또한 웨이에서 볼 수 있듯이 개념적 테마를 게임의 목표와 액션에 강력하게 결속시키고, 비주얼과 사운드는 약하게 결합하기도 한다. 그리고 켄터키 루트 제로처럼 특별한 종류의 느낌을 표현하는 테마를 추구할 수도 있다.

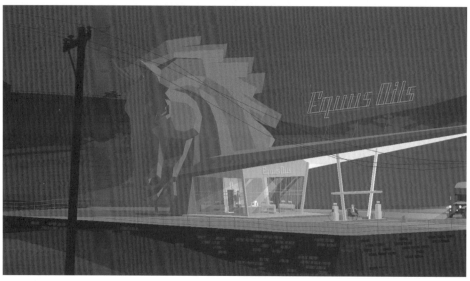

그림 2.24 켄터키 루트 제로의 스크린샷

스토리텔링

이제 다음 게임 디자인 도구인 **스토리텔링**을 살펴보자. 영화, 만화, 문학 등과 마찬가지로 게임의 테마 역시 스토리에 심어져 있을 때가 많다. 많은 게임은 캐릭터가 거주하고 아바타를 통해 액션을 수행하는 **스토리 세계**를 중심으로 구성된다. 캐릭터들이 내리는 결정은 스토리가 펼쳐지는 방향을 이끌어나간다. 물론 스포츠에서도 스토리는 펼쳐질 수 있다. 경기가 끝나기 바로 몇 초 전에 승리의 한 골을 기록하는 이야기나 판데믹 같은 보드 게임에서 네 가지 바이러스를 거의 다 격퇴하는 이야기도 흥미롭긴 하다. 하지만 많은 비디오 게임에서 스토리는 경험을 구성하는 더 커다란 조각이다. 다양한 층으로 이루어지는 액션은 스토리 진행에 긴밀히 연관되어 있을 때가 많다. 게임에서 역할에 대한 통제력이 적을수록 더 많은 스토리가 펼쳐지며, 우리가 어떻게 이야기를 진행시킬 수 있는지 더 잘 알 수 있다.

게임 브레이드(Braid)에서(그림 2.25 참고) 플레이어는 공주를 잃어버린 메인 캐릭터 팀을 조종한다. 공주를 찾게 하려고 플레이어는 팀을 퍼즐형 플랫폼 게임 속에서 이끌어 간다.

팀은 마음대로 조종할 수 있어서, 플레이어는 팀을 플랫폼을 따라 이동시키고, 사다리를 위아래로 이동하고 점프도 시킬 수 있다. 이게 전부다. 이런 제한된 액션에도 불구하고 플

그림 2.25 브레이드의 세 가지 스토리텔링: (위 왼쪽부터 시계 방향으로): 메뉴, 레벨 소개 텍스트, 게임 플레이 자체

레이어들은 스토리 세계와 상호작용하며 공주를 구하기 위한 팀의 여정을 펼쳐나간다. 팀은 게임의 또 다른 측면인 시간도 어느 정도 제어할 수 있다. 플레이어는 시간을 되돌려서 팀으로 플레이했던 것들을 취소할 수 있다. 그러면 게임과 브레이드의 스토리 세계에 완전히 새로운 시점이 열린다. 그래서 월드에서 시간과 관계된 상호작용을 할 때는 우리의 액션과 우리를 둘러싼 세계에 이 액션이 미치는 영향에 대한 여러 가지를 고민하게 된다.

브레이드는 플레이를 이루는 요소 중 하나로 스토리를 이용한 게임이다. 브레이드의 스토리는 각 레벨을 시작할 때 읽게 되는 스토리 요소, 플레이어가 각 레벨을 이동하면서 수행하는 액션, 그리고 팀의 집을 단면으로 보여주는 게임 메뉴를 통한 전체적인 이야기라는 여러 통로로 펼쳐진다. 이런 요소들이 합쳐져서 브레이드의 스토리가 구성된다.

풀브라이트 컴퍼니(Fullbright Company)의 곤 홈(Gone Home, 그림 2.26 참고)에서는 마찬가지로 해설, 플레이어의 액션, 맥락적 정보에 의해 스토리텔링이 이루어진다. 하지만 곤 홈에서 전체적인 게임의 중점은 환경과의 상호작용을 통해 스토리를 경험하는 데에 있다. 곤홈은 여느 3D 게임에나 있는 슈팅, 적을 무찌르기, 점수나 '승리' 같은 많은 요소가 빠져 있다. 대신 플레이어들은 공간을 이동하면서 케이티의 여동생 샘에 대한 이야기를 알아나가며, 점차 케이티와 샘의 부모에 대해서도 알게 된다. 그렇다면 곤 홈의 목표는 스토리 자체

그림 2.26 곤 홈의 스크린샷(풀브라이트 컴퍼니-화면 제공)

를 경험하는 것이다. 이 목표를 달성하기 위해 풀브라이트 컴퍼니는 게임의 주된 액션을 이 동과 살펴보기로 만들었다. 플레이어는 집을 보고, 집 안에 있는 물건들을 보고, 이 액션과 오디오 정보를 통해 스토리를 짜 맞추게 된다.

리엄 버크(Liam Burke)의 도그 이트 도그(Dog Eat Dog)는 플레이 경험을 통해 발생하는 또 다른 방식의 스토리텔링을 보여준다. 이 게임은 구조와 맥락을 제공하지만, 플레이어 자신 의 결정과 서로 간의 상호작용을 통해 스토리가 만들어진다. 그 결과, 플레이어들이 이 테 이블탑 롤플레잉 게임을 통해 만들어내는 이야기는 일반적으로 큰 주제는 공통되지만 각각 의 세부적인 내용은 상당한 차이를 보이게 된다.

때로는 게임의 스토리 자체가 완전한 플레이 경험이 되기도 한다. 디트리히 스퀸키퍼(Diet- rich Squinkifer)의 머릿속의 대화(Conversations We Have in My Head, 그림 2.27 참고)는 스토 리 주도형 게임으로, 한 캐릭터가 기억하는 두 번째 캐릭터와의 관계를 그린다. 둘이 걸어 가는데 첫 번째 캐릭터인 쿼키는 둘의 어린 시절 관계를 회상한다. 가끔 쿼키가 독백할 때, 플레이어는 두 번째 캐릭터의 반응을 선택할 수 있다. 이러면 쿼키의 생각이 조금 가지를 뻗어나가지만, 계속해서 어린 시절을 다시 생각한다. 플레이어가 선택을 하지 않으면 스토 리는 계속 진행된다. 즉, 스토리 자체가 머릿속의 대화 게임 그 자체인 것이다.

그림 2.27 머릿속의 대화의 스크린샷

이런 예늘을 살펴보면, 스토리는 텍스트 상호작용, 플레이어의 액션, 그리고 게임의 도전과 목표(브레이드)를 통해서도, 플레이 공간을 탐험하며 오브젝트와의 상호작용을 통해서도 (곤 홈), 게임의 구조를 통해서도 (도그 이트 도그), 주된 활동과 게임의 내용을 통해서도 (머릿속의 대화) 생겨날 수 있다.

플레이의 맥락

게임 디자인의 마지막 기본 도구는 게임이 플레이되는 **맥락**이다. 게임을 플레이하는 장소와 누가 하는지를 생각하면 경험에 정말 큰 영향을 미치는 것이 당연하다. 플레이어들이 폰이나 태블릿에서 게임을 하는가? 공개된 공간에서? 혼자서, 아니면 친구나 가족과 함께 하는가? 물론 게임 디자이너들이 항상 이를 예측하긴 어렵지만, 이 점을 감안하면 커다란 차이를 가져올 수 있다. 휴대전화로 플레이 세션이 오래 유지되는 게임을 한다고 상상해 보면, 왜 대부분의 모바일 게임이 교통수단을 이용할 때나 회의 사이에 짬이 날 때, 커피숍에서 친구를 기다리는 동안 플레이할 수 있도록 짧은 세션으로 구성되어 있는지 금세 알 수 있을 것이다.

모바일 게임에 대한 이야기가 나왔으니 하이드 앤 시크(Hide and Seek)의 아이폰 앱 타이니 게임즈(Tiny Games, 그림 2.28 참고)를 한 번 살펴보자. 타이니 게임즈는 언제든 짧은 세션을 즐길 수 있도록 만든, 여러 작은 물리 게임들이 합쳐진 게임이다. 플레이어가 앱을 열면 첫 번째 질문, "지금 계신 곳은 어디인가요?"가 뜬다. 플레이어는 집, 도보, 도로, 바, 줄, 직장 중 하나를 선택할 수 있다. '집'과 '2인용'을 선택하면 토스터에서 빵이 구워지는 동안 플레이할 가위바위보 게임 '나이프 포크 스푼(Knife Fork Spoon)'이 시작되는 식이다. 매 라운드마다 승자는 다른 플레이어가 낸 나이프, 포크, 스푼을 가져간다. 게임이 끝날 때 (토스트가 다 익었을 때) 플레이어는 자기에게 남은 식기로 식사를 해야 한다. 이 게임은 부엌에서 친구와 함께 플레이하도록 구성되어 있으며, 타이니 게임즈의 나머지 게임처럼 상황의 맥락이 중요하다.

그림 2.28 타이니 게임즈의 스크린샷

맥락에 따른 디자인의 또 다른 예로는 레슬리 스코트의 고전 게임 젠가를 기반으로 한 젠가 클래식, 젠가 자이언트, 드렁크 젠가가 있다. 젠가에서 플레이어들은 54개의 블록으로 지어진 탑에서 블록을 하나씩 빼서 맨 위에 얹는다. 시간이 지날수록 구조물은 점점 위태로워지며, 블록이 와르르 무너지는 스릴 넘치는 클라이맥스에 다가가게 된다. 여담이지만, 젠가는 마지막에 승자가 아니라 패자가 (탑이 흔들리게 만드는 사람) 부각되는 몇 안 되는 게임 중 하나다.

큰 인기를 끌기도 했고 게임의 재료가 간단해서 (54개의 나무 블록) 다양한 맥락에서 플레이어들이 디자인을 바꿀 수 있다. 젠가 자이언트는 훨씬 큰 블록으로 게임을 만들어서 탑이 흔들릴 때 장관이 연출된다. 그래서 바나 뒤뜰에서 흔히 하지만, 클래식 젠가는 집의 책상이나 탁자 위에서 더 흔히 플레이한다. 서로 다른 상황에서 게임이 재밌어지도록 만드는 것이 바로 맥락 디자인이다. 젠가 자이언트는 블록이 커서 많은 수의 플레이어와 관중도 쉽게 구경할 수 있는 게임이 된다. 젠가의 블록을 키우고 나니, 드렁크 젠가나 드링킹 젠가 같이 친한 친구들과 즐길 수 있는 DIY 변형도 생겨나게 됐다. 이 게임에서는 각 블록마다 '여자는 마신다', '비밀을 털어놓자', 혹은 '입은 옷을 하나 벗는다'와 같은 장난기 넘치는 지시문이 적혀 있다.

타이니 게임즈는 게임을 어디에서 플레이하는지, 언제 플레이하는지, 얼마나 많은 플레이어가 있는지 메인 설정에서 입력하면 다양한 상황에 맞는 게임이 시작된다. 위에서 설명한 젠가의 변형들은 똑같은 게임을 다양한 맥락(가정, 바, 야외)에 맞도록 다양한 형태와 기능을 조금씩 더한 것이다. 맥락은 게임의 설정도 제공하지만 게임 플레이의 특성에도 영향을 줘서 새로운 형식과 변형을 일으키기도 한다.

요약

게임 디자인에서는 시각 예술의 기본 원칙과 그리 다를 바 없는 기본 도구들을 이용한다. 이 기본 도구들은 액션, 목표, 규칙, 오브젝트, 플레이 공간, 플레이어라는 여섯 가지 요소를 조합하여 무한한 플레이어 경험의 가능성을 만들어낸다.

게임 디자인에는 제약, 직접 및 간접적 상호작용, 목표, 도전, 스킬 상호작용, 전략, 기회와 불확실성, 의사 결정과 피드백, 추상화, 테마, 스토리텔링, 그리고 플레이의 맥락이라는 열 가지 기본 툴이 있다. 각각은 단독으로도, 조합해서도 사용될 수 있으며, 새로운 게임을 디자인하게도 된다.

- **제약**: 게임의 액션, 오브젝트, 플레이 공간의 디자인을 통해 플레이어에게 주는 제한이다.

- **직간접적인 액션**: 직접적인 액션은 플레이어들이 오브젝트와 플레이 공간에 바로 상호작용할 수 있도록 되어 있는 것이다. 간접적 액션은 플레이 도중 주로 활용하는 오브젝트에 직접 닿지 않으면서 액션을 수행하는 것이다.

- **목표**: 게임의 목표는 플레이어들에게 목적을 부여함으로써 플레이 경험의 이유를 구성한다.

- **도전**: 게임이 플레이어에게 대항하는 방식이다. 가끔 도전은 게임의 목표를 달성하는 난이도에서 오기도 하고, 게임에 내재된 개념에서 오기도 한다.

- **실력, 전략, 운, 그리고 불확실성**: 실력은 게임의 액션을 숙련하는 것인 반면, 전략은 플레이어가 게임의 (혹은 자신의) 목표를 달성하기 위한 방식을 판단하는 능력이다. 운은 게임의

무작위화에 활용되며, 불확실성은 게임을 플레이하면서 무슨 일이 일어날지 예측하기 어렵도록 한다.

- **판단과 피드백**: 게임 상태와 게임에서 플레이어가 추구하는 목표에 따라, 플레이어들은 다음 액션이 무엇이 될지 결정한다. 게임 상태를 이해하려면 플레이어는 게임이 마지막 액션에 대해 제공한 피드백과 해당 액션으로 인해 일어난 게임 상태의 변화를 해석해야 한다.

- **추상화**: 복잡한 현상을 게임 형태로 모델링하는 것이다.

- **테마**: 게임이 어떻게 제시되는지에 대한 논리적인 틀이다.

- **스토리텔링**: 전통적인 내러티브 구조로부터 차용한 플레이어 경험을 형성하는 일련의 도구이다.

- **플레이 맥락**: 플레이어가 게임을 언제, 어디서, 누구와 함께 하는지 등에 대해 고려한다.

연습 문제

1. 제일 좋아하는 게임을 하나 택하여 무엇이 게임의 목표 달성을 쉽게 해 주는지 생각해 보고, 그 다음 게임 디자이너가 제약을 어떻게 활용하여 목표를 재미있고 추구할만하게 했는지 생각해 보자.

2. 플레이어들이 공을 직접 다루는 스포츠처럼 직접적인 액션이 일어나는 게임을 골라서, 이 상호작용을 간접적인 것으로 바꿔보자. 이제 간접적인 액션을 직접적인 액션으로 바꿔보자. 게임의 성질이 어떻게 바뀌었는가?

3. 체스 같은 순수한 전략 게임에 확률 요소를 추가해 보자. 이런 변경이 플레이 경험에 어떤 영향을 주는가?

4. 전략적 플레이를 허용하는 게임을 구경하자. 게임 상태에 대한 로그를 기록하여 불확실성이 플레이 경험에 어떤 역할을 하는지 확인해 보자.

5. 추상화를 통해 실제 세계를 모델링한 게임의 예를 찾아보자. 게임 시스템이 실제 세계의 시스템에 얼마나 가까운가? 실제 세계의 시스템과 달라지는 부분은 어떤 것인가?

6. 좋아하는 게임을 하나 골라서 테마와 스토리텔링을 어떻게 활용했는지 생각해 보자. 테마와 스토리는 플레이어가 게임을 하는 데에 어떤 관련이 있는가?

7. 집에서 플레이하는 게임을 하나 선택하자. 이 게임을 야외 공원에서 한다면 플레이 경험이 어떨지 생각해 보자.

3장

플레이의 종류

이 장에서는 게임 디자이너들이 기본적인 게임 디자인 도구를 이용하여 만들어내는 다양한 플레이 경험의 종류를 다룬다. 플레이 경험에는 경쟁이나 협동 플레이, 실력 기반의 플레이, 경험이나 기회, 그때그때의 기분에 따른 플레이, 롤플레잉, 수행이나 표현적 플레이, 그리고 시뮬레이션 기반의 플레이가 있다.

비디오 게임은 보통 일인칭 슈터, 퍼즐 플랫폼, 서바이벌, 공포와 같이 장르에 따라 구분되는 것이 일반적이다. 이런 구분은 플레이어에게는 어떤 것을 다루는 게임인지, 개발자에게는 기대하는 플레이 경험이 어떤 것인지 쉽게 이해할 수 있게 해 준다. 하지만 한편으로는 게임을 생생한 경험이라기보다는 진열대에 놓인 공산품처럼 생각하게 만들고, 게임 디자이너가 어떤 것을 만들지에 생각할 때도 잠재적인 제약을 가한다는 부작용도 있다. 그래서 장르로 생각하는 대신, 우리는 게임이 플레이어에게 어떤 플레이를 제공하는지의 측면에서 접근하려 한다. 이런 발상의 전환만으로도 게임에 대한 구상을 마케팅적인 틈새시장 공략에 묶어두지 않고 자유롭게 상상의 나래를 펼 수 있다.

다시 말해, 우리가 플레이어에게 선사하고자 하는 플레이가 어떤 것인지에 초점을 맞춰 더 폭넓게 생각할 수 있는 것이다. 많은 고민이 필요 없이 빠르게 선택할 수 있는 요소들을 풍성히 넣을까? 선택지를 줄여 전략적이고 분석적인 게임으로 만들까? 아니면 시각적, 분위기적, 감정적 경험으로 이끌 수 있는 단순한 상호작용을 다양하게 넣을까? 스토리를 강화할까? 스토리를 완전히 배제할까? 치열한 경쟁을 부각시킬까? 그보다는 협동이라는 요소를 강조할까? 디자이너의 표현을 조명하는 게임으로 만들까? 아니면 플레이어의 실력을 최전방에 넣을까? 이 모두는 플레이 경험을 구성하는 몇 가지 요소에 불과하다.

이 장에서는 일인칭 슈터나 퍼즐 게임, 플랫폼 게임 같은 장르를 뛰어넘어, 플레이어의 취향을 우선으로 더 기초적인 플레이 타입을 기준으로 게임을 나눠보겠다. 이 책에서는 플레이의 종류를 경쟁형과 협동 플레이, 실력 기반의 플레이, 경험이나 기회, 그때그때의 기분에 따른 플레이, 롤플레잉, 수행이나 표현적 플레이, 그리고 시뮬레이션 기반의 플레이로 나눈다.

들어가기 전에 먼저 한 가지 짚어야 할 점이 있다. 음식에 대한 취향과 마찬가지로, 플레이의 종류에 대한 취향도 상호 배타적이지는 않다. 마늘, 양파, 허브가 골고루 들어가야 하는 요리처럼, 게임 디자인에서도 경쟁과 플레이어의 표현, 변덕을 혼합해야 할 때도 있다. 이 점을 염두에 두고 4장을 읽어주길 바란다. 플레이의 종류를 하나하나 설명하며 어떻게 작용하는지에 초점을 맞추는 대신, 이런 종류가 어떻게 조합되어 결과적으로 플레이어에게 선사되는지를 중심으로 살펴보겠다.

경쟁 플레이

경쟁 플레이에서는 승자와 패자가 생길 수밖에 없다. 그래서 플레이어들은 서로, 혹은 팀을 이뤄 상대를 앞서려 하게 된다. 예를 들어 축구에서는 게임의 제한 시간 내에 가장 많은 점수를 올린 팀이 승자가 되는데, 스포츠와 대부분의 멀티 플레이어 게임이 이런 식이다.

메쇼프의 니드호그(그림 3.1 참고)는 둘 이상의 플레이어가 한 공간에 모여서 화면 하나로 즐기는 **로컬 멀티플레이어** 비디오 게임이다. 니드호그에서 플레이어가 수행하는 달리기, 점프와 몸 굽혀 피하기, 검 찌르기와 던지기 같은 모든 행동이 이들의 실력을 판가름하는데, 상대보다 더 멀리 세상 끝에 도달하는 것이 목표다. 간발이라도 우위를 확보하기 위해서는 앞지르려는 상대방을 공격해야 하기 때문에 엄청난 집중력을 요한다. 게임 디자인의 모든 요소가 상대방과의 경쟁을 유도하며, 이 게임의 가능성 공간에서는 경쟁 외에 할 수 있는 일이 별로 없다.

경쟁형 게임에서 자주 볼 수 있는 것 중 하나가 바로 간파다. 일본어로는 '**요미**(読み)'에 해당하는데, 상대의 수를 내다보는 것을 뜻한다. 보통은 일대일 경쟁 상황에 적용되지만, 스

그림 3.1 니드호그의 스크린샷

포츠에서도 볼 수 있듯 한 팀이 상대 팀의 지난 플레이를 분석하여 앞으로 일어날 액션을 예측해 전략적 이득을 취하는 것이 모두 간파에 해당한다. 니드호그 같은 게임에서는 상대방이 무엇을 할지 예측하여 그 전략적 성향의 약점을 활용하는 것을 바로 간파라고 할 수 있다. 간파는 여러 층으로 이루어질 때가 많다. 니드호그에서 플레이어 1은 상대가 칼을 쳐내리라고 생각할 수 있다. 하지만 플레이어 2는 상대방이 이렇게 짐작하리라는 것을 미리 간파하고 대신 점프를 하려고 작정한다. 그런데 플레이어 1은 플레이어 2가 막기를 할 것이라 생각한다는 걸 알고 있다고 판단하여, 이와 다른 액션을 취할 것에 대비한다. 이 예제만 봐도 간파가 얼마나 반복적인 판단 구조인지와 함께, 전략과 이에 대한 대비는 모두 상대방의 수 파악에 있다는 것을 알 수 있다.

바로 이것이 일부 경쟁성 게임에 빠져들 수밖에 없게 만드는 요인이며, 자신의 판단뿐 아니라 상대의 판단까지 고민해야 하는 확률 공간이 설계된다. 간파는 한 플레이어의 실력과 전략이 다른 플레이어의 실력과 전략의 불확실성에 맞서 엮이는 데에서 발생한다. 이를 이끌어내는 추진력은 두 플레이어의 게임에 대한 목표 추구에서 온다. 그러므로 한 플레이어나 팀이 이기고 다른 쪽은 진다는 명백한 목표가 있는 게임에서는 상대방의 수읽기가 발생한다.

경쟁이라고 해서 늘 정면으로 맞서는 것만은 아니다. 비디오 게임에서는 싱글 플레이어 게임이라 해도 경쟁이 일어날 때가 많다. 세미 시크릿 소프트웨어의 **카나발트**(Canabalt, 그림 3.2 참고)는 횡스크롤 환경에서 조그만 주자를 조작하는 싱글 플레이용 '끝없는 러너(endless runner)' 게임이다. 플레이어가 할 수 있는 액션은 점프 하나뿐인데, 점프로 플레이어 캐릭

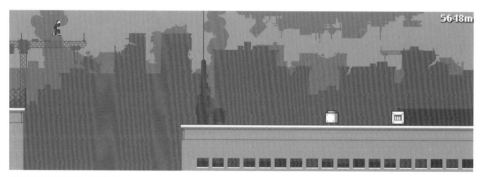

그림 3.2 카나발트의 스크린샷

터를 지붕 위로 띄워 장애물을 피하고, 하늘에서 떨어지는 오브젝트를 피하며, 건물에서 건물로 넘어가야 한다. 플레이가 계속될수록 게임의 속도가 빨라져서 최대 속도에 도달하게 된다. 지붕 위 장애물에 부딪히지 않는 한 속도는 줄어들지 않는다.

스코어는 떨어지는 오브젝트에 깔리거나 지붕에서 떨어질 때까지 진행한 거리에 따라 계산된다. 게임이 끝나면 스코어보드에 점수가 게시되며, 이 점수를 트위터에 올려서 공유할 수 있다. 이 때문에 플레이어끼리 서로 점수를 보고 비교하는 경쟁 심리가 생겨난다. 가끔 카나발트 토너먼트가 열리는데 게임을 큰 화면에 영사하고, 플레이어들이 차례대로 플레이하면서 가장 오래 달린 플레이어가 우승한다. 이렇게 플레이어들이 서로를 알게 되며, 관객 앞에서 플레이하는 **비동기성 경쟁** 형태가 생겨난다.

게임 자체에서 플레이어끼리 겨루는 것 역시 경쟁의 또 다른 기본 형태로, 다시 말해 게임의 목표 달성 자체가 도전이라고 할 수 있다. 대표적인 예로는 캡틴 게임의 데저트 골핑(Desert Golfing, 그림 3.3 참고)이 있다. 이름 자체에서 알 수 있듯, 앵그리버드 류의 제스처를 이용해 사막에 있는 홀 쪽으로 골프공을 겨냥해서 치는 게임이다. 플레이어들이 서로 경쟁하는 핵심 방식은 두 가지로, 첫 번째는 지형 여기저기로 공을 조종해 가는 것이고 두 번째는 조준해서 샷을 날리는 액션을 숙련하는 것이다. 이런 식의 플레이어와 게임의 경쟁은 도전에 대한 또 다른 방식을 가능하게 해 준다. 데저트 골핑 같은 게임은 플레이어에게 저항과 도전을 제공함으로써 숙련을 추구하는 즐거움을 준다. 플레이어들은 게임에 도전하면서 게임이 여기저기 배치해 둔 장애물을 피하려고 최선을 다한다.

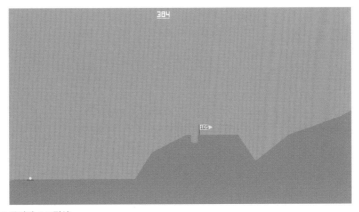

그림 3.3 데저트 골핑의 스크린샷

니드호그, 카나발트, 데저트 골핑에서 우리는 경쟁을 설계하는 세 가지 접근법을 볼 수 있다. **직접 상대하는 경쟁**에서는 플레이어들이 판단을 내릴 때 복잡성이란 요소를 추가하고, **비동기성 경쟁**에서는 플레이어들이 서로 경쟁하되, 서로 맞대결을 펼치기보다는 얼마나 잘 해냈는지를 측정하며, **기계와의 경쟁**에서는 게임의 목표를 추구하기 위한 액션을 숙련하는 도전을 강조한다.

플레이어들이 직접 서로를 상대하는 경쟁형 게임에서는 대칭적 경쟁인가 비대칭적 경쟁인가라는 또 하나의 요소를 고려해야 한다. 디 구트 파브릭(Die Gute Fabrik)의 요한 세바스찬 저스트(Johann Sebastian Joust, 그림 3.4 참고)가 대표적 **대칭적 경쟁** 게임이다. 플레이어들은 플레이 공간에서 움직이며 플레이스테이션 모션 컨트롤러를 높이 들고, 몸을 이용하여 상대의 컨트롤러를 쳐낼 수 있다. 플레이어들이 경쟁하는 상대와 공통된 목표를 추구하면서 서로 같은 액션으로 겨루기 때문에 대칭적 경쟁이라 부를 수 있는 것이다. JS 저스트는 마지막 플레이어의 컨트롤러만 살아남을 때까지 진행된다. 이런 플레이는 경쟁 플레이에 대한 가장 흔한 접근법으로, 대부분의 경쟁 게임이 이런 식이다.

그림 3.4 요한 세바스찬 저스트, 브렌트 네퍼(사진 제공).

비대칭적 경쟁은 플레이어마다 액션, 오브젝트, 목표가 서로 다른 게임에서 발견된다. 대표적인 예로는 크리스 헤커의 스파이 파티(Spy Party, 그림 3.5 참고)가 있다. 이 게임은 한 플레이어가 저격수로, 또 다른 플레이어는 스파이로서 서로 대결을 펼친다. 스파이는 파티에 참석한 십여 명의 캐릭터 중 하나를 플레이하며, 다른 캐릭터들은 모두 NPC(컴퓨터가 제어하는 캐릭터)다. 스파이는 방을 돌아다니면서 다른 게스트들과 '대화'를 하고, 정체를 숨긴 채 일련의 미션을 수행해야 한다. 저격수의 목표는 붐비는 파티장을 돌아다니면서 스파이의 조종을 받는 캐릭터가 누군지 알아내는 것이다. 저격수는 방 안을 줌인해서 더 자세히 살펴볼 수 있으며, 스파이가 누군지 알아냈다고 판단되면 쏘도록 총알이 하나 있다. 게임 제한 시

그림 3.5 저격수 관점(위)과 스파이 관점(아래)의 스크린샷

간이 끝날 때까지 들키지 않으면 스파이가 승리한다. 하지만 시간이 다 되기 전에 저격수가 스파이를 쏘면 저격수의 승리로 끝난다. 저격수가 엉뚱한 캐릭터를 쏠 경우에도 스파이가 이긴다. 이 게임은 '숨바꼭질' 같은 비대칭성을 훌륭하게 활용하여, 아직 출시 전인데도 팬 WIKI 페이지가 생성되고 '함께 플레이해요' 동영상이 수도 없이 퍼져 나가고 있다.

협동 플레이

경쟁은 지금까지 가장 널리 퍼진 게임의 형태긴 하지만, 이것만이 다른 플레이어와의 유일한 상호작용은 아니다. 가끔 사람들은 서로 협동하고 싶어 한다. 그래서 플레이어들이 서로 힘을 합쳐 게임의 목표를 달성하는 플레이 경험이 생겨난다. 협동 플레이가 잘 이루어질 때 그 재미는 무엇과도 비교할 수 없는 최고의 경험이 되기도 한다. 혼자라면 절대 이루지 못할 일들을 동료와 함께 해 내는 느낌을 상상해 보자. 축구에서 멋진 패스 한 번이 골로 이어지는 것처럼, 다른 이와 힘을 합쳐 공통의 목표를 이루는 것이 이런 게임의 묘미다.

인기 협동 게임 중 하나로 밸브의 포털 2(그림 3.6 참고)가 있다. 싱글 플레이어 캠페인 모드도 있긴 하지만 가장 재미있는 플레이 경험은 2인 협동 캠페인일 것이다. 플레이어들은 애

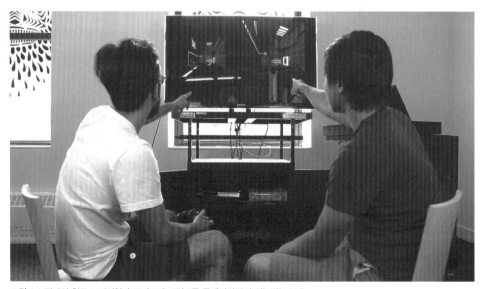

그림 3.6 필자의 친구 브라이언과 로버트가 포털 2를 플레이하면서 의논하는 모습

퍼처 연구소의 실험 센터에 있는 두 로봇 아틀라스와 피바디의 몸에 들어간다. 둘은 협력해서 게임의 공간 퍼즐을 풀어간다. 둘이 액션의 타이밍을 맞춰야 할 때도 있고, 한 플레이어가 다른 플레이어에게 포털을 열어줘야 할 때도 있다. 게임 내내 레벨 디자인과 퍼즐 디자인이 협동 플레이의 경험을 만들어낸다.

포털 2는 **대칭적 협동 플레이**의 대표적 예라고 할 수 있다. 즉, 협력하는 플레이어들이 똑같은 액션을 하고 같은 기본 속성을 갖는 게임이라는 뜻이다. 포털 2에서 두 플레이어 캐릭터의 생김새는 다르지만, 포털을 발사하고 달리고 점프하는 것은 똑같다. 둘 중 누구에게도 협동에서 맡아야 할 '역할'이 따로 정해져 있지 않다. 그래서 플레이어 하나는 일정한 행동을 하고, 다른 플레이어는 다른 행동을 하기로 하며 액션의 전략을 짤 수 있는 확률 공간이 생긴다. 여기서 중요한 점은 두 플레이어 간의 이런 결정이 디자이너가 의도대로 이루어지는 것이 아니라 플레이어들이 스스로 내리는 판단이라는 점이다.

비대칭적 협동 플레이의 예로는 매트 리콕의 보드 게임 판데믹이 있다. 판데믹에서 플레이어들은 함께 네 가지 치명적인 질병으로부터 세상을 구하기 위해 협력한다. 협력하지 않으면 게임에 금방 져버린다. 플레이어들은 함께 게임보드를 돌면서 도시들을 치료하고 퍼져간 바이러스를 치료하면서 각 질병을 치료하기 위해 서로 돕는다. 플레이어들은 조사원, 의료진과 과학자 역할을 맡는데, 저마다 특별한 능력이 있다. 이런 서로 다른 역할 때문에 비대칭성이 만들어진다. 의료진은 질병을 더 빠르게 해소할 수 있고, 배치원은 다른 플레이어들이 보드를 도는 이동을 도울 수 있다. 이로 인해 플레이어들이 어떻게 하면 캐릭터들의 차이를 활용해서 게임의 목표에 가장 잘 도달할 수 있을지 생각하는 비대칭적 협동이 구성된다.

코코 앤 코의 비디오 게임 웨이(그림 3.7 참고)는 흥미로운 방식으로 대칭적 협력을 그려내는 협동 플레이의 또 다른 예다. 웨이는 2인용 퍼즐 플랫폼 게임으로, 플레이어들은 차례대로 인터넷에서 퍼즐을 풀어나간다. 활동하는 플레이어는 플레이 공간을 전부 볼 수 없기 때문에 정확히 어떻게 퍼즐을 풀어야 하는지 모르지만, 활동하지 못하는 플레이어는 퍼즐 공간을 전부 볼 수 있다. 그래서 웨이는 비언어적인 신호를 통해 다른 플레이어에게 퍼즐을 풀 수 있는 신호를 전해주는 소통 수단을 찾는 게임이 된다. 활동하는 플레이어는 특정 방향으로 이동하거나 특정 과제를 수행하고, 활동하지 못하는 플레이어는 바디 랭귀지로 활동하

그림 3.7 웨이의 스크린샷

는 플레이어가 해결 방법에 가까워지고 있는지 멀어지고 있는지 알려준다. 웨이는 이렇게 **공생적 협동**이라는 세 번째 종류의 협동 플레이를 보여준다. 즉, 플레이어들이 게임 플레이에 있어서 서로에게 의존하는데, 다른 플레이어의 도움 없이는 플랫폼이 전부 보이지 않는 이 게임을 풀어나가기가 거의 불가능하기 때문이다.

협동 플레이에서는 이렇게 플레이어들이 진정으로 협력하지 않고서는 혼자서 게임의 목표에 도달하기 불가능하도록 도전을 디자인하며, 플레이어들은 성공하기 위해선 서로 도와야 한다는 것을 알 수 있다. 대칭적이든 비대칭적이든 공생적이든, 협동 플레이는 플레이의 중요한 한 유형을 이룬다.

실력 기반의 플레이

경쟁과 협동 플레이 모두 플레이어들은 게임의 목표를 추구하는 과정에서 수행해야 하는 액션의 기술을 키워야 한다. 축구에서는 달리기, 출발, 정지, 방향 전환에 관련한 기술도 키워야 하지만, 발, 무릎, 정수리, 가슴으로 공을 다루는 실력도 요구된다. 바로 이런 **실력 기반의 플레이**가 핵심 플레이 종류 중 하나다. 실력은 더 나아가 물리적 기량과 정신적 기량으로 나눌 수 있다.

팀 미트의 슈퍼 미트 보이(Super Meat Boy)는 **물리적 기량**을 요구하는 게임이다. 이 게임은 정확한 이동과 타이밍 중심의 실력이 상당히 요구되는 '마조코어(masocore: 마조히즘과 하드코어의 합성어로, 복잡한 논리와 고난이도로 디자인되어 클리어하기 쉽지 않은 게임 - 역자 주)' 범주에 딱 들어맞는다. 플레이어들은 A 지점에서 밴디지 걸이 기다리고 있는 B 지점으로 간다는 목표대로 미트 보이를 조종한다. 그러려면 미트 보이를 양쪽으로 이동하며 점프시켜야 한다. 많은 플랫폼 게임처럼 슈퍼 미트 보이는 미세한 반응과 타이밍 감각을 요구한다. 하지만 다른 SMB(슈퍼 마리오 브라더스)류와는 달리, 슈퍼 미트 보이는 플레이어들이 속도와 아주 정확한 타이밍을 이용해야만 벽을 오를 수 있다. 이 게임을 플레이하려면 점프와 벽타기의 거리와 타이밍을 정확히 측정하는 능력을 길러야 한다. 또한, 다른 고난이도 게임처럼 이런 기술을 키우려면 실패를 거듭하면서 수백 번, 때론 수천 번 실패를 감수해야 한다.

정신적 기량을 요구하는 게임의 대표적인 예로는 테클라 주식회사의 더 위트니스(The Witness, 그림 3.8 참고)가 있다. 플레이어는 텅 빈 섬에서 일련의 길찾기 퍼즐을 따라가며 건물을 발견하고 기계를 켜면서 섬에 다시 생명을 불어넣는다. 플레이어는 월드를 이동하면서 퍼즐을 풀어야 하지만, 이들이 맞닥뜨리는 도전은 대부분 두뇌를 쓰는 것이다. 예를 들어, 어떤 퍼즐에서는 인접한 퍼즐의 경로를 기억해서 그 반대로 눈에 보이지 않는 퍼즐 공간을 진행해야 한다. 수행하기가 그리 어렵진 않지만, 기억력과 순서를 거꾸로 적용해 가는 두뇌 게임이 실력을 판가름하는 것이다.

이런 특성을 이용해서 물리적인 실력과 두뇌 회전을 모두 플레이 경험에 넣는 게임들도 있다. 포털이 바로 그런 게임이다. 이 게임의 디자이너 킴 스위프트는 플레이어가 퍼즐의 해결책에 도달하는 과정에 압박을 넣고 싶었다. 그래서 킴은 시간제한이라는 요소를 넣었다.

플레이어는 고성능 총알을 피하면서 정확하게 타이밍을 맞춰 포털을 발사하고, 점프해 통과하고, 몸을 피하고, 그 다음 또 다른 포털을 발사해야 한다. 언제 이런 액션을 수행해야 할지 판단하려면 플레이어는 공간 퍼즐을 생각하며 정확한 타이밍으로 포털을 발사한 다음, 이 포털을 통과하며 총알을 피해야 한다. 그러므로 게임은 손과 눈의 협응(hand-eye coordination)과 타이밍이 다 필요할 뿐 아니라, 그에 더해 퍼즐의 해답을 풀어내는 두뇌 회전까지 요구한다.

슈퍼 미트 보이, 더 위트니스, 포털 세 게임의 연결 고리는 서로 다른 종류의 실력을 조합하며 압박하는 도전 방식의 디자인이다. 더 정확하고 실력이 뛰어나야 하는 게임일수록 플레이어들이 적정한 수준의 실력을 갖추기까지 오랜 시간이 걸린다. 그래서 기꺼이 실력을 쌓아가면서 플레이할 이들의 숫자에는 제한이 생기지만, 그만큼 승리를 거뒀을 때 느끼는 보상감도 커진다.

그림 3.8 더 위트니스의 스크린샷

경험 기반의 플레이

플레이어들에게 실력 기반의 도전을 극복하는 대신, 다른 플레이 경험 측면에 초점을 맞춘 경험을 선사하길 원한다면 어떨까? 이런 게임의 대표적 예가 더 차이니즈 룸의 디어 에스더(Dear Esther, 그림 3.9 참고)다. 플레이어는 섬을 탐험하면서 한 남자가 세상을 떠난 아내에게 쓴 일련의 편지를 찾아 나간다. 섬을 돌아다니면서 건물 안을 살펴보고 편지를 읽으면서 플레이어는 이 남자와 아내에 대한 이야기를 알아간다. 플레이어는 3D 일인칭 게임의 기본 메커니즘만 이해하고 있으면 (4장 '플레이어의 경험'에서 다시 논의하겠지만, 이것을 꼭 당연하게 받아들일 수만은 없다) 개발자들이 만들어낸 이 이야기를 감상할 수 있다. 경험의 핵심은 탐험과 공간 디자인을 감상하는 것, 그리고 물론 남자와 아내에 관한 이야기를 알아가는 것이다.

그림 3.9 디어 에스더의 스크린샷

크리스틴 러브의 텍스트 기반 게임 아날로그: 헤이트 스토리(그림 3.10 참고)에서 플레이어는 텍스트, 이미지, 상호작용 프롬프트의 조합을 통해 스토리를 경험하게 된다. 플레이어는 훗날 부서진 컴퓨터 시스템을 발견하게 된 사람의 역할을 맡는다. 가끔 플레이어들은 명령어 줄 프롬프트에 뭔가를 입력하도록 요구 받고, 그저 옵션 중 하나를 택해야 할 때도 있다. 물론 결정을 내려야 하긴 하지만 게임이 경쟁적이거나 실력 기반이 아니므로 플레이어

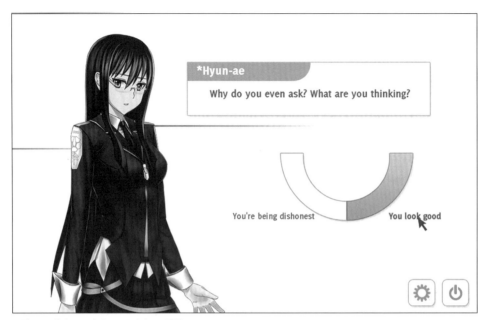

그림 3.10 아날로그: 헤이트 스토리의 스크린샷

는 텍스트와 이미지에 집중하고, 스토리의 의미를 곰곰이 생각하게 된다.

표면적으로는 경쟁이 부각되는 게임에서도 플레이어들은 다른 형태의 경험을 찾을 수 있다. 신체 놀이 닌자가 그 좋은 예다. 플레이어들은 원형으로 서서 돌아가며 '닌자' 같은 포즈로 끝나는 한 번의 동작을 취할 수 있다. 기본적인 목표는 손으로 옆에 있는 플레이어를 치면서 자기 손은 맞지 않도록 피하는 것이다. 경쟁이라는 전제가 있고 신체적 전략적 기술이 필요하긴 하지만, 대부분의 닌자 게임은 그룹으로써 닌자 같이 행동하는 데에 중점을 두지, 이기고 지는 것이 중요하진 않다. 닌자에서 알 수 있듯, 많은 게임은 게임의 디자이너가 확률 공간에 여지를 남겨둔 한은 경쟁이나 실력 배양을 위해서보다는 경험 그 자체를 위해 플레이할 수 있다.

위에서 예로 든 세 개의 게임에서 우리는 경험에 중점을 둔 플레이, 즉 3D 공간의 탐험과 스토리의 발견(디어 에스더), 텍스트와 이미지를 조합하여 스토리를 맞춰가는 것(아날로그: 헤이트 스토리), 이기는 것보다는 신체 활동과 공동체로서의 경험을 중시하는 것(닌자)과 같은 접근법을 확인할 수 있다.

기회와 불확실성 게임

이 장에서 지금까지 살펴본 게임은 구조와 경험의 결과가 플레이어나 게임 디자이너에게 달려 있는 플레이 스타일에 중점을 뒀다. 그런데 여기에 기회라는 요소를 넣으면 어떤 일이 일어날까? 포커나 블랙잭 같은 많은 카드 게임들의 기본이 바로 이것이다. 하지만 다른 게임에서도 이런 요소를 찾아볼 수 있다.

기회와 실력을 흥미로운 방식으로 합친 서보 LLC의 **쓰리즈**(Threes, 그림 3.11 참고)는 플레이어들이 타일을 끌어서 3의 배수로 합치는 모바일 퍼즐 게임이다. 1이라는 타일과 2라는 타일을 합치면 3이라는 타일이 생기고, 3을 다른 3과 합치면 6이 되며, 6 두 개는 12, 24, 48과 같이 덧셈 합으로 커진다. 타일을 한 번 움직일 때마다 무작위로 선정된 타일이 그리드에 로딩되므로, 플레이어는 다음에 어떻게 진행될지 정확히 예측할 수가 없다. 그리드가 타일로 꽉 차고 더 이상 가능한 합이 없을 때 게임이 끝난다.

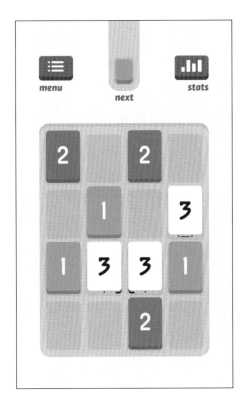

그림 3.11 쓰리즈의 스크린샷

플레이어들은 매번 가능한 한 많은 타일을 합칠 수 있는 전략을 구상해야 한다. 그래서 쓰리즈는 불확실성을 관리하는 전략 게임이 되는데, 플레이어는 어떤 종류의 타일이 나올지 모르므로 다양한 결과가 가능하도록 타일을 이동하는 것이 전략의 일부가 된다. 하지만 게임에서 플레이어에게 약간의 정보를 제공하기도 하는데, 즉 바로 다음에 떨어질 타일의 색깔을 보여주는 것이다. 타일의 배치를 구상할 때, 특히 보드가 거의 다 채워졌을 때는 이 힌트가 도움이 된다. 그런 점에서 쓰리즈는 플레이어에게 게임의 불확실성을 헤쳐 나갈 실력을 키우고, 다음번 액션을 계획하고, 게임의 목표에 도달하기 위해 장기적인 전략을 배양하게 한다.

루카스 리츠싱어가 리차드 가필드의 넷러너를 리부트한 안드로이드 넷러너(Android: Netrunner, 그림 3.12 참고)는 한 플레이어인 러너기 디른 플레이이인 기업을 공격하여 기업의 아젠다 점수를 훔쳐내는 비대칭적 카드 게임이다. 기업은 비밀리에 러너가 훔쳐내기 전에 아젠다 점수를 올리며 자신을 방어한다.

이 게임은 전략, 실력, 운, 불확실성을 흥미로운 방식으로 섞어 놓았다. 게임이 시작되기 전에 두 명의 플레이어는 플레이를 위한 카드 덱을 구성한다. 그런 다음 각자 덱을 섞어서 카드가 플레이 도중 무작위적인 순서로 나오도록 만든다. 플레이어들이 미리 짜놓은 덱이

그림 3.12 안드로이드: 넷러너

있을 때에도, 아젠다를 플레이할 (기업 역할일 때) 전략이 있을 것이고, 러너의 경우에는 아젠다를 훔칠 전략이 있을 것이다. 플레이어들은 게임 도중 특정 카드가 나올 확률을 저울질해야 한다. 그 결과, 플레이어가 정말 쓰고 싶은 카드가 있으면 해당 카드를 세 장(최대 세 장까지 허용됨) 넣어야 한다. 45장으로 구성된 덱이라면 플레이어의 덱에서 특정 카드가 나올 확률은 1/15가 되어, 게임 도중 적절한 타이밍에 이 카드를 뽑을 공정한 운이 주어진다.

하지만 특별한 종류의 카드 한 장을 뽑는다고 해서 반드시 이기게 되는 것은 아니다. 플레이어들은 다양한 종류의 카드를 활용할 전략을 구상해야 하며, 도중에 이런 카드가 나와서 함께 작용할 수 있도록 할 가능성을 궁리해야 한다. 그러므로 플레이어들은 '엔진', 혹은 연속되는 카드처럼 해당 덱에서 선택한 액션의 이득을 볼 전략을 개발해서 아젠다를 쫓아가거나 보호하고, 덱에 어떤 카드가 있는지 기억하여 어떤 카드를 이미 플레이했고 어떤 카드가 곧 나올 것 같은지 생각해야 한다. 그리고 섞은 카드에서 상대방의 전략과 자신의 전략의 불확실성 하에 이런 전략의 균형감도 유지해야 한다. 안드로이드: 넷러너는 플레이어들이 상대방이 쓸 전략과 자기의 전략을 직감하여 가능한 정보를 이해하고 덱에서 무엇이 나올지 추측하도록 하고, 기업의 입장에서는 레즈되지 않은 카드(기업이 플레이에 뒷면으로 놓은 카드)를 추측해야 한다.

전략, 실력, 운, 불확실성이 어느 정도 역할을 하게 할지는 디자이너로서 여러분이 내려야 할 판단 중 하나다. 요리를 하면서 단맛, 짠맛, 신맛, 매운맛 중 무엇을 선택할지, 혹은 이 네 가지 맛을 어떤 비율로 넣을 것인지 결정하는 것이나 마찬가지다. 게임 디자인의 많은 요소와 마찬가지로, 운은 맛있는 향신료와 같다. 적당한 양을 넣으면 맛있지만, 너무 많이 넣으면 과해지고 너무 적게 넣으면 밋밋해진다. 또한 취향은 우리가 살아가면서 계속 바뀐다. 어린이들에게는 캔디 랜드(Candy Land, 그림 3.13 참고)가 아마 최고의 게임일 것이다. (네 살짜리 아이와 잠깐 플레이해 보면 금방 알 수 있다.) 하지만 어떤 정도가 되면 선택권이 없고 운에만 모든 것이 달려 있는 게임은 지겨워진다. 이 게임에서는 어떤 플레이어도 판단하고 결정하는 과정이 없다. 플레이어들은 그저 스피너를 돌려서 (구식 버전을 사용한다면 카드를 뽑아서) 나온 결과에 따라 움직이기만 한다. 어린이들에게는 캔디 랜드의 그림과 상상력의 세계만으로도 게임이 재미있지만, 조금만 더 자라도 이것만으로는 충분하지 않다.

순수하게 운에 기반한 게임은 플레이어 경험에서 판단과 결정을 제거한다. 쓰리즈는 전략

그림 3.13 캔디 랜드

과 운을 영리하게 접목하여 플레이어들에게 다양한 판단을 강화해 준다. 안드로이드: 넷러 너는 게임을 여러 번 하면서 (또 지면서) 전략, 운, 실력을 길러 독특한 플레이 경험을 창출한다. 안드로이드: 넷러너는 운 기반의 맥락 속에서 두뇌 회전을 요구하는 게임의 훌륭한 예다. 그리고 캔디 랜드는 플레이어들의 몰입을 위해서는 운을 조심스럽게 관리해야 한다는 점을 알려준다.

즉흥적인 플레이

이제 완전히 다른 종류의 플레이를 살펴보자. 전략, 운, 불확실성을 중심으로 디자인된 게임들은 대부분 상당히 진지한 편이지만, 재미와 그때의 기분에 따라 즐기는 스타일의 플레이도 있다. 이런 종류의 플레이로는 놀이 공원의 놀이기구(그림 3.14 참고)나 아이들이 언덕에서 굴러 내려오는 것을 들 수 있다. 즉흥적인 플레이는 실없는 액션, 예상치 못한 결과, 어지럼증에 의한 희열과 감각을 통한 플레이 경험을 강조한다. 이런 종류의 경험을 실현한 비디오 게임에는 카호 에이브의 히트 미(Hit Me), 베넷 포디의 QWOP, 케이타 타카하시의 테냐 와냐 틴즈(Tenya Wanya Teens)가 있다.

그림 3.14 코니 아일랜드의 놀이 기구

히트 미(그림 3.15 참고)는 비디오 게임으로 (사실 디지털/신체 게임의 하이브리드라 할 수 있다), 두 명의 플레이어가 커다란 빨간 버튼이 달린 안전모를 쓰고 다른 플레이어의 버튼을 누른다. 그것으로 끝이다. 두 플레이어는 동시에 서로의 머리에 쓴 헬멧의 버튼을 누르려 손을 뻗고, 자기 헬멧에는 손이 안 닿도록 기를 쓴다. 게임을 진행하는 구역은 원 안으로 한정되어 있기 때문에 두 플레이어는 가까이에 있어야 하며, 그래서 우스꽝스럽게 힘을 겨루는 정신없는 액션이 펼쳐진다. 이 게임은 둘러싸고 구경하는 관중이 중요한데, 플레이어들이 서로의 버튼을 누르려 할 때 이들이 웃고 환호하며 감탄하는 요소에서 실없는 재미가 더해지기 때문이다. 히트 미는 어린이 만화 같은 대결이 되곤 한다. 플레이어가 상대방의 버튼을 누르면 그 순간 사진이 찍히며 스타일 점수를 획득한다. (버튼에 상대방을 찍는 카메라가 장착되어 있다.) 심판과 관중은 최고의 사진을 선정하여 스타일 점수 상을 준다. 이 때문에 게임의 역동성이 변화한다. 즉, 물리적 상호작용뿐 아니라 사진을 찍히는 포즈도 그만큼 중요해지는 것이다. 모자부터 액션과, 상대방의 버튼을 누르며 창의적인 포즈를 취한다는 목표까지의 모든 디자인이 목표를 쫓는 플레이어들의 우스꽝스러운 행동을 즉흥적인 경험의 틀에 녹여낸다.

그림 3.15 히트 미

즉흥성의 요소가 강한 또 다른 게임으로 베넷 포디의 QWOP(그림 3.16 참고)도 있다. 이 게임은 플레이어가 쿼티 키보드의 Q, W, O, P 키를 눌러서 트랙 위의 주자를 달리게 만드는 상당히 직관적인 게임이다. 그런데 주자의 뼈대 시스템에 키가 맵핑되어 있는 방식 때문에 도전이 생기며 재미있어진다. 대부분의 비디오 게임에서처럼 걷는 것이 단순하지 않고, Q와 W는 주자의 허벅지에, O와 P는 주자의 종아리에 맵핑되어 있다. 그래서 플레이어가 똑바로 서서 앞으로 달리도록 유지하는 것이 매우 어려운 도전이 된다. 상체는 두 다리의 위치에 따라 완전히 제멋대로 움직여 앞뒤로 넘어가기 일쑤라서 주자가 몇 걸음 뗄 때마다 넘어지게 된다. QWOP를 디자인하면서 포디는 즉흥적이며 짜증나는 플레이 경험을 개발하기 위해 플레이어가 인간형 캐릭터를 달리게 하는 데에 제약을 적용했다.

QWOP는 히트 미와는 다른 방식으로 즉흥성을 넣는다. 플레이어들이 신체를 이용해 재미를 찾게 하는 대신, QWOP는 화면에 나오는 캐릭터의 어색하고 의도적으로 어렵게 만들어진

그림 3.16 QWOP의 스크린샷

뼈대 리깅과 버튼 컨트롤에 의존한다. 대부분의 게임은 그저 올바른 키를 누르거나 스틱을 밀기만 하면 화면의 캐릭터가 이동하도록 하여 플레이어의 이동을 대단치 않은 일로 처리한다. 그런데 QWOP는 이런 독특한 이동 체계로 정말 즉흥적인 플레이 경험을 만들어낸다.

개념적으로 즉흥적인 게임의 예로는 케이타 타카시와 우불라가 와일드 럼퍼스와 비너스 패트롤의 도움으로 만든 **테냐 와냐 틴즈**(그림 3.17 참고)가 대표적이다. 이 게임은 컨트롤러부터가 조이스틱 옆에 라벨도 붙어 있지 않은 16개나 되는 버튼으로 되어 있어 우스꽝스럽다. 플레이어는 컨트롤러의 정확한 버튼을 눌러 화면의 남자 아이가 적절한 과제를 수행하도록 해야 한다. 가끔 플레이어는 목욕하는 캐릭터를 울게 만들고, 캐릭터가 자야 할 때는 기타를 쳐줘야 한다. 게임은 플레이어에게 신체적인 동작이나 우스꽝스러운 일을 시키진 않지만, 모든 버튼이 화면에서 우스운 일들을 벌어지게 만든다. 게다가 게임의 환경과 과제가 거의 10초에 한 번씩 바뀌고 캐릭터는 새로운 활동을 해야 하므로, 플레이어는 빠른 속도로 과제를 수행할 올바른 버튼을 찾아야 한다.

즉흥적 플레이에서는 신체적으로 우스꽝스러운 행동을 하도록 하는 경우가 잦다. 빙글빙

그림 3.17 테냐 와냐 틴즈

글 돈 다음 똑바로 걷게 하는 것도 즉흥적 플레이의 하나다. 빙빙 돈 다음 플레이어에게 다른 플레이어들 주위를 돌라고 하는 것도 즉흥적 플레이다. 히트 미에서 볼 수 있듯, 액션과 목표의 주의 깊은 짜임새만으로도 우스꽝스러운 상호작용을 만들 수 있다. QWOP에서는 플레이어의 액션에 주의 깊게 제약을 가함으로써 즉흥적 플레이가 만들어진다. 히트 미와 QWOP 같은 즉흥적 플레이는 신체의 역할을 강조하며, 스포츠와는 달리 우아한 기량보다는 신체적 약점에 초점을 맞춘다. 테냐 와냐 틴즈에서는 플레이어가 올바른 버튼을 누르려고 할 때 설정과는 맞지 않는 행동을 수행하는 결과를 만들어냄으로써 개념적으로 우스꽝스러움을 만든다. 이를 통해 디자이너는 액션, 목표, 테마의 상호작용에서 즉흥성을 유발한다.

롤플레잉

많은 사람들에 있어 게임이란 스토리텔링의 한 형태다. 아마도 스토리를 경험하는 한 형태라고 말하는 편이 더 정확할 텐데, 플레이어가 게임에 몰입해서 액션을 수행하며 스토리가 진행되기 때문이다. 게임을 통해 진행되는 스토리텔링에는 캐릭터 중심으로 경험하는 테이블탑 롤플레잉 게임으로부터 많은 트리플 A급 타이틀의 영화 식의 전개 같은 여러 가지 방식이 쓰여 왔다. 그럼 레아 길리엄의 롤플레잉 게임 레즈버레이션: 트러블 인 파라다이스 (Lesberation: Trouble in Paradise)와 테일 오브 테일즈의 음산한 일인칭 이야기 더패스(The Path) 두 가지 게임을 예제로 살펴보자.

레아 길리엄의 롤플레잉 게임 레즈버레이션: 트러블 인 파라다이스(그림 3.18 참고)에서 플레이어들은 유토피아적 사회를 만들기 위해 노력하는 레즈비언 활동가의 역할을 맡는다. 게임의 구조는 보통의 RPG보다 훨씬 단순하다. 플레이어들에게는 커피잔, 폭스바겐 미니밴, 마이크, 밧줄 등과 같은 오브젝트와 흔들기, 사랑, 외치기, 알기 같은 동사 카드 세트가 주어진다. 플레이어들은 이 카드를 윗면이 보이게 놓아서 다른 이들이 모두 볼 수 있게 한다. 그 다음 순서대로 각자의 카드를 플레이하면서 게임 진행자가 설정하는 스토리 씬을 따라 나아간다. 플레이어들은 그룹으로 결정을 내려야 하며, 다른 플레이어의 카드를 허락을 받고서 사용할 수 있다. 이 게임은 정치 사회적인 시나리오 속에서 토론과 합의를 권장한다.

레즈버레이션: 트러블 인 파라다이스는 롤플레잉 게임의 기본 개념과 구조를 빌려왔지만, 더 많은 이들이 즐길 수 있도록 되어 있다. 캐릭터 시트도 없고, 기나긴 규칙집도 없으며,

그림 3.18 레즈버레이션: 트러블 인 파라다이스 레아 길리엄(사진 제공).

게임을 플레이하기 위한 몬스터 매뉴얼 같은 것도 필요 없다. 그저 가까운 미래를 무대로 한 활동가 그룹이라는 설정 안에서 롤플레잉을 위한 간단한 몇 가지 규칙만 있을 뿐이다. 게임이 아니더라도 이런 역할을 할 수는 있지만, 레즈비언 해방이라는 밝은 구조를 가져와서 이 경험을 더 즐겁게 만들고, 캐릭터의 창조와 서로와의 상호작용을 권장하는 것이다.

즉, 롤플레잉을 통해 풀어져나가는 스토리라는 구조를 제공하는 것이 이 게임의 주된 요소다. 재스퍼 줄은 이를 **창발적 게임**[1]이라는 용어로 불렀다. 줄이 말하는 창발적 게임은 플레이어가 액션, 오브젝트, 플레이 공간을 스스로 만들어내는 확률 공간을 일컫는다. 레즈버레이션에서는 플레이어들이 느슨하게 짜인 규칙 안에서 플레이어 자신의 상상력에 의해서만 제한되는 스스로 발생하는 온갖 종류의 가능성이 출현할 수 있다.

테일 오브 테일즈의 더 패스(그림 3.19 참고)는 이와는 아주 다른 종류의 롤플레잉 게임이다. 캐릭터와 이벤트가 플레이어들에 의해 생성되기보다는 게임을 만든 이들에 의해 디자인되어 있고, 플레이어는 이를 경험하게 된다. 더 패스의 스토리 세계는 동화 빨간 모자를 기초로 한다. 9살에서 19살의 여섯 자매가 숲 외곽에 살고 있다. 소녀들의 엄마는 한 명이 숲 속에 있는 할머니 댁으로 가라고 부탁한다. 플레이어는 여섯 자매 중 하나를 맡아서 여정을 떠난다. 게임이 진행되면서, 플레이어들은 여섯 명의 캐릭터를 번갈아가며 이들의 눈으로 세상을 경험하게 된다. 이런 종류의 롤플레잉 경험은 사전에 정해진 스토리 세계에서 일어나며, 이는 게임 제작자가 쓰고 플레이어는 그대로 움직여 나간다.

이런 접근법은 캐릭터와 상황이 플레이어 자신보다는 게임 제작자에 의해 설계되어 탄탄한 스토리 세계가 구축되기에 영화에 가깝다고 볼 수 있다. 결과의 폭이 좁기는 하지만, 풍성하고 잘 짜인 스토리 세계를 탐험할 수 있다는 장점이 있다. 재스퍼 줄은 이런 게임을 **진행형 게임**이라고 부르는데, 플레이어들이 결정을 내리지만 가능한 모든 결과는 이미 게임의 제작자들이 정해뒀다는 뜻이다. 더 패스에서 플레이어들은 숲 속을 방황하기로 할 수도 있지만, 보거나 마주치는 것들은 모두 게임 제작자들이 미리 만들어놓은 것뿐이다.

이와 비슷한 사례가 포펜타인의 텍스트 어드벤처 하울링 도그즈다. 3D로 공간을 나타내는

---

1   재스퍼 줄, "열림과 닫힘: 창발적 게임과 진행형 게임(The Open and the Closed: Games of Emergence and Games of Progression)" www.jesperjuul.net/text/openandtheclosed.html. 2002.

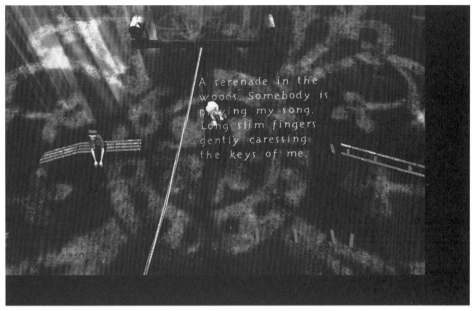

그림 3.19 더 패스의 스크린샷

대신, 이 게임은 완전히 텍스트로만 구성되어 있다. 플레이어들은 포펜타인의 초현실적인 스토리 세계를 게임에 존재하는 텍스트 링크들을 클릭하여 이동한다. 스토리는 디스토피아 세계의 감옥에서 플레이어가 가상현실 기기를 조작하며 진행된다. 이 경험은 소설이 우리에게 이야기 속 세계를 상상할 기회를 제공하는 것과 마찬가지로, 텍스트 위주의 내러티브를 통해 생생히 부각된다. 게임의 스토리가 조각조각 진행되기 때문에, 플레이어들은 전반적으로 받은 인상에 따라 공간을 이동하게 되며, 구조를 찾으면서 자신의 캐릭터는 누구인지, 왜 여기에 있는지, 이곳은 어디인지 차차 이해해 나간다. 하울링 도그즈는 플레이를 다 해야만 그제야 이해할 수 있는 역할에 툭 던져놓는다. 전통적인 스토리 전개를 찾으려고 해봐야 좌절만 맛보게 될 뿐이고, 이런 쌍방향 소설이라는 형식과 스토리 공간이 결합된 실험적인 특성 때문에 더욱 강렬한 경험을 하게 된다.

레즈버레이션, 더 패스, 하울링 도그즈에서 우리는 게임에서 경험할 수 있는 롤플레잉에도 각기 다른 종류가 있다는 걸 볼 수 있다. 레즈버레이션에서는 플레이어에게 구조와 절차만 주고서 함께 스토리를 엮어갈 수 있도록 스토리 생성의 기회를 준다. 스토리텔링의 기본 규칙만 세워놓고 플레이어가 이런 규칙 안에서 자연 발생적인 플레이를 경험하며 직접 자신만의 스토리를 만들어가는 것이다. 반면 더 패스는 이미 정해진 이야기 속에서 플레이어들이 게임 월드를 탐험하며 스토리를 경험한다. 더 패스에서 플레이어들은 여섯 자매를 차례대로 플레이하며 역할에 따라 게임에서 정한 각기 다른 이야기를 경험한다. 이것은 스토리의 가닥들을 담고 있는 기계와 같은 시스템으로, 플레이어가 각 캐릭터를 맡을 때 각각의 타래가 풀려가며 점차적으로 플레이 경험을 이어가는 것이다. 하울링 도그즈 역시 비슷한 구조지만 텍스트의 분기 구조로 스토리 경험을 풀어가며, 플레이어가 스토리의 단편들을 겪으면서 자신이 누군지 알게 된다. 플레이어는 선택을 하고, 그럼으로써 스토리의 한 경로를 경험하게 된다. 이런 세 가지 예제는 자연 발생형 게임과 진행형 게임이라는 두 가지다른 롤플레잉의 스토리 접근법을 대표한다. 그 외에도 여러 가지 방식이 있다.

수행형 플레이

몸짓이 플레이 경험의 핵심이 되는 게임도 있다. 이런 게임에서는 드라마틱한 액션과 연기를 수행하는 것을 지켜보는 것만도 재미있을 때가 많다. '몸으로 말해요' 게임은 플레이어의 몸짓이 기본이며, 말은 할 수 없고 제스처를 통해서만 팀에게 힌트를 줄 수 있어 도전이 배가 된다. 해스브로의 트위스터는 스피너를 이용해서 무작위의 색깔이 선택되며 플레이어는 바닥 매트에 찍힌 같은 색의 점 위에 발이나 손을 대야 하도록 하는 또 다른 형태의 신체 게임 형태를 보여준다. 이 때문에 현대 무용 같은 동작을 취하게 되며, 희한한 온갖 몸짓에서 재미가 생긴다. 디 구트 파브릭의 요한 세바스찬 저스트와 디트리히 스퀸키퍼의 커피: 오해 (Coffee: A Misunderstanding) 같은 비디오 게임도 색다른 수행형 플레이를 보여준다.

신체 놀이/디지털 게임의 하이브리드인 요한 세바스찬 저스트(그림 3.20 참고)는 플레이어들이 서로의 컨트롤러를 치려는 과정에서 신체적 상호작용이 즉흥적으로 생성된다. 플레이어는 게임에서 흘러나오는 클래식 음악을 들으며 어떤 속도로 움직여야 하는지도 신경 써야 한다. 음악이 느릴 때는 플레이어 역시 천천히 움직이며 컨트롤러를 보호한다. 그리고 음악이 빨라지면 플레이도 급격해지며 빠르게 큰 동작으로 플레이어들이 움직인다. 관객의 눈에는 플레이어들의 동작이 클래식 음악이 흐르는 무도회장에 있는 암살자처럼 보이게 된다.

그림 3.20 요한 세바스찬 저스트. 엘리엇 트리니다드(사진 제공). 인디케이드(IndieCade) 국제 독립 게임 페스티벌의 허가를 받아 게재.

놀이터에서 하는 게임처럼 요한 세바스찬 저스트 역시 유연하며, 개인이나 팀 플레이 모두 허용된다. 하지만 플레이스테이션 모션 컨트롤러를 이용해 **위스포츠** 비디오 게임의 전통을 계승한 게임이어서 게임의 피드백과 입력에 따라 서로 다른 스타일과 속도의 음악이 나온다. 요한 세바스찬 저스트에서 강조되는 것은 플레이어의 민첩함, 전략 같은 수행력이지만, 참여하는 모두가 함께 춤을 추는 것 같은 느낌도 있다. 흥미로운 것은 플레이어들이 다른 사람의 균형을 깨뜨리려 하면서 자기는 균형을 유지하는데 완전히 집중해서, 지금 얼마나 우스꽝스러운 행동을 하고 있는지, 남들의 눈에는 얼마나 희한하게 보일지 생각할 겨를은 없다는 점이다. 그래서 요한 세바스찬 저스트는 플레이어들이 깨닫는 것보다 훨씬 관객들의 시선에 신경을 쓰지 않는 일종의 공연이 된다. 몰입은 플레이어가 일상 속에서처럼 자신이 어떻게 보일지에 집중하는 대신 신체적 놀이 경험에 마음을 열게 만듦으로 해서, 남의 눈을 신경 쓰지 않는 플레이를 만들어낼 때 중요한 디자인 툴이다.

이와는 아주 다른 예가 디트리히 스퀸키퍼의 커피: 오해(그림 3.21 참고)다. 이 연극적인 게임에서는 두 명의 플레이어가 팬 행사장에서 처음 얼굴을 보게 된 온라인 친구의 역할을 한다. 플레이어들은 게임의 중재자로부터 전화를 통해 서로에게 어떻게 접촉해야 할지 지시

받는다. 이런 지시를 어떻게 해석하여 연기할지는 플레이어가 스스로 정하는데, 이게 조화롭게 이루어져서 즐거운 경험이 될까? 이상하고 긴장감 흐르는 대화가 될 것인가? 대화가 그저 어색하기만 할까? 대화를 계속할 때 조금 더 힘들게끔, 두 명의 관객이 자원하여 대화의 중요한 순간과 주제를 정할 수 있는 휴대 장치의 역할을 맡는다. 디트리히는 "이것은 나만의 모험 선택(Choose Your Own Adventure) 멀티플레이어판과 즉석 연극을 합쳐 전달하려는 스토리가 펼쳐지며, 모든 면에서 조금 어색한 플레이 경험을 만들어내는 게임이다"라고 설명한다.[2] 디트리히는 이런 종류의 수행형 플레이에서 중요한 면은 고심하며 자의식을 느끼는 것으로, 이 점이 플레이어와 관객 양쪽 모두에게 게임이 주는 영향을 더 크게 만들어준다고 강조한다.

이런 게임은 플레이어의 수행에 따라 점수를 주기도 하고, 춤과 연기를 만들어낼 때도 많으며, 게임 플레이 도중에 묘기가 튀어나오기도 한다. 요한 세바스찬 저스트에서 우리는 플

그림 3.21 커피: 오해

---

2   디트리히 스퀸키퍼의 웹사이트에 있는 게임의 설명 (http://squinky.me/my-games/coffee-a-misunder-standing/)

레이어가 자의식을 버리고 게임에 참여한 사람과 구경한 사람들 앞에서 우스꽝스러운 행동을 할 수 있어야 하는 게임의 형태를 찾아볼 수 있다. 게임에 더 집중할수록 플레이어들의 행동은 더욱 과도해진다. 하지만 커피: 오해는 아주 다른 접근법을 사용하여 플레이어들이 자신의 행동과 어색하고 민망해질 수 있는 상황에 예민해지게 만든다. 이 게임은 플레이어들에게 미리 설계된 맥락과 지시에 따라 연기하도록 요구하지만, 플레이어들이 대사를 하는 방식과 자원한 관객의 선택에 따라 예측하기 어려운 경험의 재미가 더해진다.

표현적 플레이

또 한 가지 연관된 형태로 **표현적 플레이**, 즉 느낌이나 컨셉을 디자이너의 의도대로 혹은 플레이어가 만들어낸 대로 표현하는 플레이가 있다. 예술적 표현이라는 아이디어는 보통 음악, 영화, 문학, 회화와 결합되기 마련이며, 게임에 이런 면을 기대하는 일은 드물다. 하지만 점점 더 아이디어나 느낌을 표현하는 도구로 게임을 이용하는 게임 개발자들이 늘어나고 있다. 대표적인 예를 둘만 들자면 애나 앤트로피의 세상 끝의 동성 연인들과 엘리자베스 샘팻의 데드볼트(Deadbolt)가 있다.

세상 끝의 동성 연인들(그림 3.22 참고)은 텍스트 기반의 게임으로, 액션은 하이퍼링크 형태로 제시된다. 플레이어에게는 게임 전체를 플레이할 시간이 단 10초밖에 주어지지 않는다. 세상이 종말을 맞는 그 찰나의 순간, 플레이어는 입을 맞추고, 뭔가 이야기를 하려하고, 하늘을 볼 수도 있지만 그러는 데엔 단 10초만 주어질 뿐이다. 그리곤 게임이 끝나 버린다. 플레이어는 게임을 재시작하여 선택하지 않은 경로를 보고 싶어진다. 이런 짧은 시간 내에 걱정, 욕망, 후회를 집약한 순간의 게임 플레이를 얼마나 진행할 수 있는지 궁금해지기 때문이다. 텍스트와 카운트다운 타이머만을 이용하지만, 모든 선택지를 다 읽고 선택을 내리는 것은 게임 플레이와 세상의 종말이라는 내러티브의 급박함을 더욱 부각시킨다. 세상 끝의 동성 연인들은 이 짧은 시간 동안 우리가 연인에게 느끼는 감정을 표현하기가 얼마나 어려운 일인가, 아직 못한 말과 하지 못한 일을 남겨두고 삶이 끝을 맞을 때의 느낌은 어떤가, 그리고 눈 깜박할 사이에 지나가버리는 순간이 얼마나 소중한가 같은 많은 것을 표현한다. 그래서 게임은 애나에게도 플레이어에게도 결정을 내리고 그 의미를 되새겨보는 표현의 한 형식이 된다.

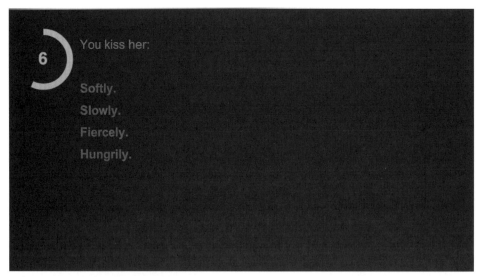

그림 3.22 세상 끝의 동성 연인들의 스크린샷

엘리자베스 샘팻의 데드볼트는 개인의 회상과 대화로 구성된 테이블탑 롤플레잉 게임이다. 플레이어 중 누가 가장 험악한지, 가장 아름다운지, 가장 유명한지, 아는 사람이 없는지 등을 평가하는 단순한 키를 채워나가면서 플레이가 시작된다. 모두가 키를 채우고 나면 플레이어들은 표식과 질문 두 개의 봉투를 받는다. 표식은 어떤 플레이어에게 처음 말을 걸어야 하는지 알려준다. 두 번째 봉투는 플레이어에게 어떤 질문을 할지를 알려준다. 그런 다음 프롬프트에 따라 대화가 시작된다.

플레이어들은 먼저 자신에 대한 질문을 받고, 그런 다음 다른 플레이어에게 질문을 한다. 세 번째 라운드에서는 플레이어들에게 메모를 적거나 다른 플레이어 중 하나에게 질문을 적을 백지 카드를 준다. 이 카드는 게임이 끝날 때까지 다른 플레이어는 볼 수 없다. 이 시점에서는 게임의 구조가 자유로우며, 플레이어는 메모나 질문을 준 다른 플레이어를 선택해서 상호작용할 수 있다. 플레이어가 마지막 카드에 마음이 상했지만 이 점을 말하고 싶지 않다면, 그 카드를 준 플레이어에게 데드볼트 버튼을 줄 수 있다.

표현적 플레이는 인간적인 경험에 대해서 분명히 표현하거나 공유할 수 있도록 플레이어의 선택을 촉발하는 형태일 때가 많다. 세상 끝의 동성 연인들의 경우, 우리의 선택은 절대 멈출 수 없는 10초라는 타이머에 의해 제한된다. 하지만 이 게임에서의 표현이란 선택을 내리는 데에 있는 것은 아니다. 오히려 애나의 추측에서 발생한다. 그리고 데드볼트에서는 플레이어들에게 다른 이들과 자신에 대해 곰곰이 생각하고 느낌을 표현할 틀이 주어진다. 이 게임은 이기고 지는 것이 아니라, 단지 솔직하게 잘 생각해 보고 이런 생각을 공유할 수 있도록 하는 데에 중점을 둔다.

시뮬레이션 기반 플레이

마지막으로 논의할 플레이의 종류는 시뮬레이션 기반의 플레이다. 심 시티(Sim City)와 롤러코스터 타이쿤(Rollercoaster Tycoon)은 이런 종류의 대표적인 게임이다. 실제 세계의 면을 게임에 추상화해 내고, 플레이어들은 추상화된 상호작용 모델 속에서 '시장'이나 '업계 거물'의 역할을 맡는다. 우리가 즐기는 모노폴리(Monopoly)는 원래 엘리자베스 매기가 디자인한 지주 게임(Landlord's Game)을 차용한 것인데, 이 역시 시뮬레이션 기반 플레이의 예로 꼽을 수 있다. 매기는 게임에서 헨리 조지가 제안한 경제 시스템인 지공주의(Georgism: 모든 사람은 토지에 대한 권리를 평등하게 가지고 있다는 사상 – 역자 주)를 보여준다. 지주 게임의 주된 초점은 임차료를 통해 부동산 소유자가 어떻게 부를 축적하고 임차인들은 가난해지는지를 보여주는데 맞춰져 있다. 우리 대부분은 모노폴리에서 욕심 많은 상대방에게 가차 없이 지거나 주사위 굴리기에서 운이 좋아서 얻은 토지와 잘 선택해서 구입한 부동산을 통해 탐욕스러운 부동산 소유주가 되는 과정에서 이런 느낌을 받게 된다.

두 편의 독립 시뮬레이션 기반 비디오 게임인 몰린더스트리아의 맥도날드 비디오 게임(The McDonald's Videogame)과 루카스 포프의 페이퍼 플리즈(Paper, Please)는 실제 세계 시스템의 복잡성이 게임을 통해 플레이하면서 느낄 수 있도록 단순화하는 **추상화**라는 디자인 툴을 이용한 시뮬레이션 기반 게임의 훌륭한 예다.

맥도날드 비디오 게임(그림 3.23 참고)은 패스트푸드 체인인 맥도날드와 이 체인에 관련되는 사람, 동물, 환경을 풍자적으로 모델링한다. 이 게임은 맥도날드의 에코 시스템으로 연결된 네 가지 플레이 모델로 구성된다. 우선 콩이나 소를 키우는 농장 시뮬레이터, 육류 처리 공장, 맥도날드 체인점, 맥도날드 본사의 중역실이 여기에 해당된다.

이 게임은 각 레벨에서 플레이하는 복잡한 시스템을 추상화하여 맥도날드라는 공급망과 서

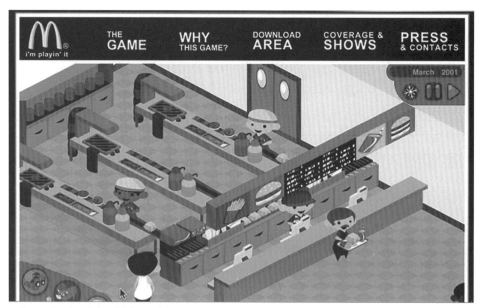

그림 3.23 맥도날드 비디오 게임의 스크린샷

로 연결된 회사의 사업적 성격이 주는 영향력을 강조한다. 농장은 도살장에 소를 공급하고, 도살장에서는 식당에 고기 패티를 제공하며, 여기서 벌어들인 수익으로 본사가 돌아가는 것이다. 이 게임은 플레이어들이 이런 프로세스를 경험하며 패스트푸드 체인점의 시스템적인 상징을 플레이하도록 해 준다. 여기에는 정치적인 목적이 있는데, 바로 게임과 플레이를 통해 해당 산업 자체에 대한 의견을 전달하는 것이다.

페이퍼 플리즈(그림 3.24 참고)에서는 색다른 방식의 시뮬레이션 기반 플레이를 볼 수 있다. 페이퍼 플리즈는 표면적으로는 정치적인 게임처럼 보인다. 플레이어는 가상의 나라 알스토츠카에서 여권을 심사하는 출입국 관리소 직원 역할을 맡는다. 이 직원은 매일 지원 서류를 처리할 때 무엇을 주의해야 할지에 대해 통보를 받는다. 예를 들어, 어떤 날에는 알스토츠카 국민만 입국시켜야 하고, 어떤 날은 유효한 비자를 소지하면 입국을 허가해야 한다. 각 여권을 검사하고 스탬프를 찍어주는 반복적인 행동을 통해, 게임은 이런 직업을 가진 이들의 경험을 모델링한다. 또한 언뜻 보기에는 임의적으로 보이는 입국에 관련된 정부 정책이 사람들의 삶에 얼마나 깊은 영향을 미치는지에 대해 생각할 거리를 남긴다. 페이퍼 플리즈는 커다란 시스템의 모델링에 초점을 맞추는 대신 전체 중 작은 일부에 특히 집중해서 새로

그림 3.24 페이퍼 플리즈의 스크린샷

운 견지에서 전체적인 과정을 볼 수 있게 해 준다.

이 두 개의 예는 다양한 규모의 시뮬레이션을 만들 수 있다는 점을 잘 보여준다. 맥도날드 비디오 게임은 전체적이지만 단순화된 상황을 시뮬레이션하고, 많은 요인을 감안하여 단순화한 하향식 모델로 표현한다. 페이퍼 플리즈는 플레이어에게 더 직접적인 개인의 역할을 맡김으로써 사물을 좀 더 인간적인 규모로 파악할 수 있게 해 준다. 전체를 경험하고 고민하게 하지만, 보다 자잘한 방식으로 제시하는 것이다. 두 게임 다 하향식, 혹은 상향식의 관점을 보이며, 게임 디자인 툴로서 추상화를 사용해 복잡한 시스템의 메커니즘을 이해할 수 있게 해 준다.

요약

지금까지 다양한 플레이 스타일을 살펴봤다. 경쟁, 협동, 실력, 운, 전략, 즉흥성, 롤플레이, 수행, 표현, 시뮬레이션을 만들어낼 수 있도록 게임을 디자인하는 데에는 여러 가지 방식이 있다. 디자이너의 관점에서, 위와 같은 것들은 플레이어가 경험할 수 있도록 만들어낼 수 있는 게임의 종류가 된다.

궁극적으로, 게임 디자이너는 자기 취향과는 별개로 온갖 종류의 게임을 플레이해 봐야 한다. 협동형 롤플레잉 게임에서 무료 퍼즐 게임의 무작위화라는 전략이 언제 편리하게 활용될 수 있는지는 모르기 때문이다. 운, 전략, 실력, 시뮬레이션, 표현, 수행, 즉흥성, 롤플레잉, 경쟁, 그리고 협동을 다양한 방식으로 조합하면, 요리사가 다양한 재료와 요리법을 사용해서 새로운 요리와 퓨전 음식을 만드는 것처럼 새로운 플레이 경험이 탄생한다. 비결은 게임 디자이너의 입장에서 게임에 대해 생각하는 것이다. 자기 자신의 경험 차원이 아니라 경쟁과 협동, 운과 기술, 롤플레잉과 시뮬레이션이 어떻게 섞여서 경험을 만들어내며, 이런 것을 어떻게 활용해서 게임 디자인에 녹여낼 것인지 그 '만들어지는' 경험에 대해 고민해야 한다.

- **경쟁 플레이**: 이기고 지는 플레이어가 생거나는 종류의 플레이. 경쟁 플레이에는 플레이어대 플레이어, 플레이어대 게임, 비동기성 경쟁, 대칭형 경쟁, 비대칭형 경쟁이 있다.

- **협동 플레이**: 플레이어들이 서로 힘을 합쳐 게임의 목표를 달성하는 플레이 경험. 협동 플레이에는 대칭형 협동, 비대칭형 협동, 그리고 공생형 협동이 있을 수 있다.

- **실력 기반의 플레이**: 플레이어가 게임의 목표를 추구하는 과정에서 실력을 키우는 것을 강조하는 플레이. 실력 기반의 플레이에는 활동적 실력과 정신적 실력이 있다.

- **경험 기반의 플레이**: 플레이어들이 게임을 통해 모험을 하고 스토리를 풀어나가거나 커뮤니티 활동을 하는 데에 초점을 맞춘다.

- **기회와 불확실성 게임**: 예측 불가능한 순간과 측면을 허용하며 플레이어들에게 이에 대한 전략을 키우도록 요구하는 게임. 순수하게 운에만 기반한 게임은 플레이어 경험에서 판단과 결정을 제거한다.

- **즉흥적인 플레이**: 실없는 액션, 예상치 못한 결과, 어지럼증에 의한 희열과 느낌을 통한 플레이 경험을 강조하는 플레이. 즉흥적인 플레이는 우스꽝스러운 상호작용, 즉흥적인 제약, 말도 안 되는 컨셉을 기반으로 하는 경우가 많다.

- **롤플레잉**: 플레이어들이 다양한 역할을 하면서 느슨하게 짜인 규칙 안에서 플레이어 자신의 상상력에 의해서만 제한되는 스스로 발생하는 온갖 종류의 가능성이 출현할 수 있는 게임.

롤플레잉 게임에서 생성되는 스토리에는 창의 발생형과 진행형 스토리텔링이 있다.

◆ **수행형 플레이:** 공연 형태의 플레이로 드라마틱한 액션과 연기를 만들어내며, 플레이어가 즉석에서 지어내는 부분이 많이 필요하다. 수행형 플레이에는 비의도적 수행과 의식적 연기가 있다.

◆ **표현적 플레이:** 인간적인 경험에 대해서 분명히 표현하거나 공유할 수 있도록 플레이어의 선택을 촉발하는 형태의 플레이. 표현적 플레이에는 작가의 표현이나 플레이어의 표현이 연관될 수 있다.

◆ **시뮬레이션 기반 플레이:** 실제 세계의 시스템을 모델링하고 플레이어에게 해당 시스템이 플레이어에게 미치는 영향에 대해 때로는 정치적인 관점을, 때로는 플레이어가 세상을 보는 방식을 제시하는 플레이 형태. 플레이어들은 하향식 시뮬레이션이나 상향식 시뮬레이션을 경험하게 된다.

연습 문제

1. 좋아하는 게임 하나를 골라 이 장에서 설명한 경쟁과 협동 플레이, 실력 기반의 플레이, 경험 중심의 플레이, 운에 의한 플레이, 즉흥적 플레이, 롤플레잉, 수행형 플레이, 표현적 플레이, 시뮬레이션 기반 플레이 중 어떤 종류를 사용했는지 설명해 보자.

2. [문제 1]에서 설명한 게임에 어떤 종류의 다른 플레이를 적용할 수 있는지 생각해 보자. 실력 기반의 게임을 더 즉흥적으로 바꾸면 어떤 일이 일어날까? 시뮬레이션 기반으로 바꾸면?

3. 경쟁형 게임을 협동형으로 바꿔보자. 게임의 규칙은 어떻게 바뀔까? 목표는 어떻게 될까?

4. 실력 기반의 게임을 선택하여 경험 중심으로, 혹은 경험 중심을 실력 기반으로 바꿔보자. 다른 유형의 게임으로 바꾸려면 어떻게 해야 하는가?

5. 주로 운과 불확실성을 기반으로 하는 게임을 (캔디 랜드, 룰렛) 운에 덜 기대고 플레이어의 선택과 전략이 더 필요해지도록 다시 디자인해 보자. 그리고 친구들과 함께 플레이해 보자. 플레이 경험이 어떻게 달라지는가?

4장

플레이어의 경험

이 장에서는 플레이어들이 게임을 플레이할 때 알아야 하는 지식을 살펴본다. 플레이어 경험의 다섯 가지 계층을 이루는 감각, 정보, 상호작용, 틀, 목적에 대해 알아보자.

앞의 3장에서는 플레이어를 위해 만들 수 있는 다양한 게임의 종류를 알아봤다. 하지만 게임 플레이에서는 오브젝트, 또는 다른 플레이어들과의 상호작용에 플레이 공간 안에서의 액션 이상의 무언가가 요구되게 마련이다. 게임 디자이너, 특히 비디오 게임 디자이너들은 인지, 손과 눈의 협응, 정보와 인터페이스 디자인에 대해 어느 정도 알아야 하며, 사람을 위한 디자인에 관련된 여러 가지 주제 역시 섭렵해야 한다. 게임 디자이너라면 인터페이스 디자이너 제프 라스킨이 '인간의 나약함(human frailties)'이라고 부르는 것이 무엇인지 잘 새겨야 하며, 사람이 이해할 수 있는 것과 할 수 없는 것의 한계에 대해서도 알아야 하고, 사람이 잘 못하는 것은 무엇인지도 알아야 한다.[1] 이 장에서는 바로 이런 것들을 다루면서, 우리가 반드시 알아야 하는 '플레이어의 약점'이라는 개념을 배워보겠다. 이 모든 아이디어와 접근법을 플레이어 중심 디자인으로 풀어 보자. 플레이어는 플레이 공간을 어떻게 인지하는가, 게임은 얼마만큼의 정보를 제공해야 하며 플레이어들은 이런 정보를 어떻게 처리하는가, 도전은 어떤 식으로 플레이를 계속하고 실력을 키우도록 작용하는가, 게임은 어떤 곳을 배경으로 일어나며, 플레이하는 이와 구경하는 이는 누구인가 등의 맥락이 플레이어의 경험에 어떤 영향을 주는지 모두 짚어보자.

틀로서의 행위 이론

게임이 플레이어에게 무엇을 요구하는지 이해하는 가장 기본적인 방식은 **행위 이론**(action theory)이다. 행위 이론은 사회학적 개념으로서, 원래는 탤코트 파슨스[2]가 사람들이 어떤 상황에 마주칠 때는 어떤 일이 벌어지는지 그 역학을 이해하기 위해 구상한 것이었다. 행위 이론은 다음과 같은 상호작용 사이클을 제시한다.

• 신념: 사람에게는 세계에 대해 이해하는 틀을 구성하는 지금까지 쌓아온 경험과 믿음의 체계가 있다. 그런 예를 세 가지만 들자면 배고픔, 친구를 만남, 슈퍼 마리오 브라더스 플레이가 있다.

---

1   휴먼 인터페이스: 상호작용 시스템 디자인의 새로운 방향(*The Humane Interface: New Directions for Designing Interactive Systems*), 2000.

2   탤코트 파슨스, 사회적 행동의 구조(*The Structure of Social Action*), 1937.

- **반응:** 이런 신념이 있기에, 우리는 어떤 상황을 마주칠 때 '배고파 죽겠다', '어라, 친구가 있네', '안돼, 굼바다' 같은 반응을 보이게 된다.

- **욕구:** 이 반응은 '먹고 싶다', '인사해야지', '저 굼바는 뛰어넘어가야지' 같은 욕구로 이어진다.

- **의도:** 이런 욕구는 '샌드위치랑 마실 걸 사야겠다', '어서 가서 말을 걸자', '굼바에게 달려가서 점프하자' 같은 행동 계획을 형성하게 된다.

- **행동:** 사람은 의도가 생기고 나면 웨이터에게 샌드위치와 마실 것을 주문하거나, 친구의 이름을 부르고 손을 흔들며 그 쪽으로 걸어가거나, 굼바를 넘어갈 점프 동작을 실행하는 등 계획을 실행한다.

- **반복:** 행동을 마치고 나면 우리는 이런 행동의 결과로 생겨난 상황에서 한 번 더 반응하고, 욕구를 형성하고, 계획을 세우고, 그 다음 행동으로 옮기는 새로운 사이클을 시작한다.

행위 이론의 주기 안에서 플레이어들이 상황을 어떻게 이해하는가, 이들이 원하는 것은 무엇인가, 할 수 있다고 생각하는 것들은 무엇인가, 할 수 있는 것은 무엇인가, 자신의 행동의 결과를 어떻게 해석하는가 등, 플레이어에 대해 우리가 고려해야 하는 수많은 중요한 것들을 발견할 수 있다. 그래서 플레이어들이 게임을 할 때 우리가 무엇을 요구하는지에 대해 생각해 볼 수 있고, 3장 '플레이의 종류'에서 논의했던 것처럼 플레이어들이 게임에 대해 '조감도'처럼 배우기를 원하는지, 플레이 경험을 통해 무엇을 얻기를 기대하는지, 그리고 이들이 실제로 경험하는 것이 무엇인지 행동에 따른 결과에도 들어맞으며, 게임을 플레이하면서 내리는 결정에 대해 더 상세한 과정을 제공하는 완벽한 모델이 될 수 있다.

여기에 대한 가장 좋은 사고방식은 플레이어들이 비디오 게임과 상호작용하는 다층적 과정으로 보는 것이다. 제시 제임스 개럿은 저서 "사용자 경험의 요소(The Elements of User Experience)"[3]에서 사용자 경험을 다섯 가지 측면으로 정리한다. 우리가 듣고 보는 표면, 표면 안에 존재하는 정보인 뼈대, 정보가 어떻게 조직되는지를 정하는 구조, 경험에 무엇이 포함되고 무엇이 포함되지 않는지를 정하는 범위, 그리고 경험의 목적이 되는 전략이 그것이다.

3　제시 제임스 개럿, 사용자 경험의 요소, 2002.

이 모델을 비디오 게임에서 플레이어가 어떻게 경험을 쌓는지에 옮겨보자(그림 4.1 참고).

- **감각(표면)**: 플레이어가 게임을 플레이하면서 보고, 듣고, 느끼고, 냄새 맡고, 맛보는 것.
- **정보(뼈대)**: 감각 층 내부에서 플레이어가 게임에 대해 파악하는 정보.
- **상호작용(구조)**: 감각과 정보 층 안에서, 플레이어가 게임을 플레이하면서 무엇을 할 수 있는지 이해하는 것.
- **틀(범위)**: 플레이어들이 게임의 플레이어, 그리고 폭넓게는 한 사람으로써 경험해서 알고 있는 게임의 가능성 공간에 대한 이해.
- **목적(전략)**: 한 게임에서 플레이어가 가진 목표.

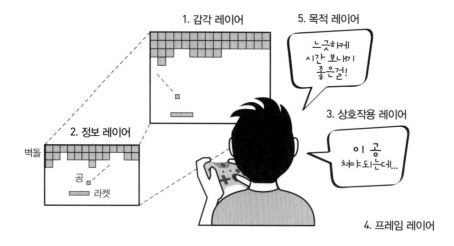

그림 4.1 플레이어 경험의 층위

플레이 경험의 층위

이 다섯 가지 층은 게임 디자이너가 플레이어들에게 무엇을 요구하는지 생각해 볼 모형을 제공한다. 이 책에서는 층위 대신 레이어라는 표현을 쓰겠다. 이 용어가 게임에서 플레이어 들이 상호작용하는 순서대로, 또한 반복되는 과정에서 서로에 대한 관계를 더 잘 보여준다.

감각 레이어

인간이 겪는 여느 경험과 마찬가지로, 플레이는 오감으로부터 시작된다. 플레이 경험의 가장 근원적인 측면에서 비디오 게임을 보고, 듣고, 느낀다. 그러므로 게임을 보고, 듣고, 느낀다는 것이 무엇을 의미하는지 이해하는 것이 상당히 중요하다.

비디오 게임에서 가장 자주 사용되는 컴포넌트, 즉 플레이어의 관점에서부터 시작해 보자. 트리플 A급 게임들의 주된 접근법은 플레이어의 눈을 통해서나 (일인칭 시점) 플레이어의 바로 뒤에서 (삼인칭 어깨 뒤 관점) 보여지는 삼차원 세상이다.[4] 이런 접근법이 너무 흔해서 플레이어가 게임을 보는 시점에는 다른 선택의 여지가 없는 것처럼 생각될 정도다. 하지만 비디오 게임 디자인에서 가장 중요한 일 중 하나가 바로 플레이어들이 보는 게임 월드를 2D 횡스크롤, 3D 일인칭, 3D 삼인칭 등으로 결정하는 것이다.

이와 버금가게 중요한 것은 월드를 어떻게 묘사할 것인가다. 몇 개의 픽셀로 줄여 극도로 단순하게 처리한 그래픽인가? 아니면 모든 그림자와 질감이 정의되고 정제되어 사진처럼 극사실적으로 할 것인가? 아니면 이미지는 전혀 없이 텍스트나 사운드만으로 이루어졌는가? 플레이어가 세계를 보는 방식과 월드가 묘사된 방식이 어우러져 플레이어가 게임 속에서 자신의 역할을 인식하고, 무엇을 하고 싶은지 결정하고, 게임이나 자신의 목표에 다다르기 위한 진척도를 해석하는데 활용된다.

이런 예를 보려면 알라바스터(Alabaster)를 살펴보면 된다(그림 4.2 참고). 에밀리 쇼트가 구상하고 존 카터, 롭 더빈, 에릭 이브, 엘리자베스 헬러, 제이지, 카즈키 미시마, 사라 모레야티, 마크 무산테, 아담 손튼, 지브 위티스가 협업하고 다니엘 알링턴 크리즈토피아크가

---

4 가능한 모든 시점을 다 확인하고 싶은가? 시점에 대해 존이 쓴 글 '비디오 게임 연구 루틀리지 컴패니언(*The Routledge Companion to Video Game Studies*), 2013을 읽어보자.

일러스트레이션을 그린 일송의 '파편화된 동화'다. 알라바스터는 전형적인 책이나 인포콤의 조크(Zork), 혹은 **인터랙티브 픽션**(interactive fiction)이라는 분야로 통칭되는 초기 텍스트 어드벤처물 같은 텍스트 기반 게임이다. 텍스트와 가끔씩 보여지는 이미지와 함께 플레이할 수 있는 스토리로 구성되어 있다. 플레이어는 이름 없는 나무꾼이 되어 백설공주의 심장을 여왕에게 가져다 줘야 한다. 이렇게 어리고 아름다우며 순수해 보이는 소녀를 죽일 수는 없던 나무꾼은 사슴을 죽여서 그 심장을 꺼낸다. 그런데 이 백설공주는 어딘지 심상치가 않다. 나무꾼은 백설공주의 정체를 의심하기 시작하며, 어쩌면 보이는 것만큼 순수하지만은 않을 수도 있다는 생각을 품게 된다. 나무꾼이 정말 어떻게 해야 하는지 판단하기 위해 플레이어는 백설공주에 대해 더 알아봐야 한다. 그래서 게임의 시작 부분에서 플레이어는 백설공주에게 질문을 한다.

"He left when the moon was full - the rest is surmise," she replies flatly.

You could now ask if she is the King's daughter or ask what exactly she surmises.

> ask what she surmises
"And what do you surmise?" You are close to something here: you can sense it.

She makes a face. "I have difficulty being sure."

"But what do you think happened?" you ask. "Whether you're sure or not."

She answers slowly. "There is an old magic, blood-sundering. By it daughters are made not-daughters, and sons not-sons; husbands and wives no longer know one another. Family is negated. Family members become strangers.

"I don't think that the king died, or went into exile. I think he was made not to be the king any longer. But I *can't remember*. Nothing about that night save the red ring around the moon, and the drumming of the dwarrows that went silent by dawn."

You could now ask if she is the King's daughter or ask what became of the King.

> ask what became of the king
"What would have become of the King after this blood-sundering, if he became not-himself?"

"I doubt he would have gone far," she says. "He might still live nearby - in the village, in the palace itself. Who knows? The Queen might not even know him for who he is."

You wait. "Did anyone new come to the village around the time of the King's departure?" she asks.

You can answer questions with YES, NO, and MAYBE – though of course sometimes not all of those answers are appropriate.

>|

그림 4.2 알라바스터

게임 월드로 더 깊이 더 들어가서 백설공주나 게임 속 오브젝트와 상호작용을 하려면 텍스트 프롬프트에서 '묻기', '말하기', '북쪽', '차기' 같은 간단한 명령어를 입력해야 하는데, 그러면 이 단어들은 "안전한 피난처가 어딘지 물어본다"와 같은 문장으로 변한다. 이 프로젝트는 많은 작가들의 협업으로 이루어진 덕분에, 백설공주가 보여주는 여러 가지 반응이 그야말로 엄청나게 풍부하다.

알라바스터는 전체적인 스토리가 일련의 정지된 이미지와 텍스트를 통해 풀려나간다. 이런 정지된 이미지[5] 외에, 내러티브를 설명해 주는 텍스트를 읽을 때 플레이어의 마음속에서 진행되는 중요한 **스토리 지점**도 있다. 플레이어는 동서남북으로 이동할 수 있어서 자연히 공간적으로 생각하게 되고, 액션도 이런 설정에 따라 일어난다. 하지만 게임 플레이의 대부분은 대화를 통해 이루어지며, 이를 통해 플레이어들은 캐릭터들과 그 동기, 스토리가 어떻게 끝날 것인지를 파악한다.

메리트 커파스의 허그펑크스(Hugpunx, 그림 4.3 참고)는 단순한 시점과 거의 좌우로만 움직이는 공간 컨트롤 상호작용으로 2D 게임이 플레이어에게 어떤 경험을 선사할 수 있는지 잘 보여준다. 이 게임은 왼쪽에서 오른쪽으로 걸어가 녹색 사람과 고양이들을 '끌어안는' 지극히 단순한 게임이다. 끌어안는 데 성공하면 행복해 하며 팔짝팔짝 뛰는 게 전부다. 허그펑크스의 카메라는 플레이 공간 바로 앞 삼각대에 놓은 것처럼 플레이 공간을 횡으로만 잡는다. 심도도 없고, 모든 액션은 단면에서 이루어진다. 그래서 플레이어가 할 수 있는 행동도 왼쪽으로 이동, 오른쪽으로 이동, 끌어안기 밖에 없다.

이동만 제한된 것이 아니라 게임 월드 역시 단순하고 정형화되어 있다. 허그펑크스는 거의 추상적이라 할 만한 픽셀 아트 스타일로 사람, 고양이, 환경을 묘사한다. 전경도 없고, 당연히 배경도 없다. 모든 이미지는 액션이 일어나는 단면에서만 존재한다. 그래서 플레이어들은 게임의 상호작용과 목표에만 집중하여 단순하게 행동한다. 허그펑크스는 플레이어의 관점을 활용해 사물을 단순하고 가볍게, 그리고 집중할 수 있게 도와준다. 이 게임의 결정 공간은 환경에 있는 식물들을 제외하고는 그다지 많은 정보를 주지 않고 본질만 남겨둔 모습이다. 하지만 이것도 역시 게임이 펼쳐지면서 흥분과 혼란이 커지도록 의도적으로 디자인된 것이다.

---

5 일러스트레이션은 실제로 절차적으로 배치되어 있는데, 코드로 되어 있어 플레이어에게 매우 독특하고 다양한 경험을 준다.

그림 4.3 허그펑크스

게임 디자이너가 여러 가지 시점으로 게임 월드를 탐험하고 볼 수 있게끔 더 많은 옵션을
제공하고 싶다면 어떻게 할 수 있을까? 보통, 이런 종류의 경험은 3D 게임 엔진과 게임 월
드의 3D 시각화에서 온다. 블렌도 게임즈의 서티 플라이츠 오브 러빙(Thirty Flights of Lov-
ing, 그림 4.4 참고)을 보자. 이 게임은 블록 형태의 밋밋한 색깔로 된 스타일의 삼인칭 환경
과 일인칭 시점의 월드를 활용해 독특한 플레이 경험을 이끌어낸다. 플레이어는 이름 없는
삼인조 공범이 되는데, 게임을 해 보면 알겠지만 이들의 정체는 베일에 싸여 있다.

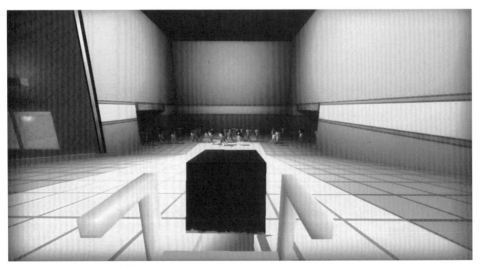

그림 4.4 서티 플라이츠 오브 러빙

모든 3D 게임이 그렇듯, 게임 월드를 파악하기 위한 주된 행동은 둘러보고 이동하는 것이다. 서티 플라이츠 오브 러빙에서 그 외의 액션은 대부분 수행한다기보다 저절로 이끌려 가도록 되어 있어서 흥미롭다. 플레이어들은 문을 열고 오브젝트를 집을 수는 있지만, 게임의 초점은 스토리 중심의 경험을 이끌어내는 내비게이션과 주위를 살피는 액션 중심으로 진행된다. 플레이어는 x축(왼쪽/오른쪽), y축(위/아래), z축(전방/후방)으로 자유로이 이동할 수 있는 삼차원 공간에서 활동한다. 이 안에서 플레이어가 취할 수 있는 온갖 종류의 새로운 정보가 열린다. 하지만 서티 플라이츠 오브 러빙은 공간이 단순하게 디자인되어, 플레이어는 열고 들어왔던 문을 다시 열고 나가거나 다른 문을 통과해 다음 공간으로 가는 두 가지 옵션 이상의 선택지가 없다고 해도 과언이 아니다. 그래서 플레이어들은 자신이 있는 환경에 더 집중하며, 나가고 들어갈 때 장면은 자연스럽게 변한다.

서티 플라이츠 오브 러빙에서 플레이어들이 탐험할 수 있는 공간은 작아서 빠르게 조사해 볼 수 있거나, 넓을 때는 그다지 많은 정보가 들어 있지 않다. 그래서 플레이어들은 빠르게 공간을 '읽어내고' 어떻게 진행해야 할지 판단할 수 있다. 게임에서 블록화되고 단순화된 사람, 동물, 사물, 공간 같은 시각적 스타일은 플레이어가 게임 월드와 상호작용하며 이동하는 전체적인 접근법과 어울린다. 즉, 이 두 가지가 서로 밀접하게 연관되어 있는 것이다.

디자이너들이 플레이 공간을 표현하고 플레이어들이 공간 안에서 이동할 수 있는 방법을 어떻게 정하느냐에 따라 플레이어가 하는 행동과 게임을 인지하는 방식에, 그리고 무엇을 하고 싶은가라는 선택에 영향이 미친다. 플레이어가 보고 움직이는 방식에 더 큰 여지를 줄수록 시각 정보를 해석할 때 복잡성이 더 커진다.

그래서 플레이어의 시점과 플레이어의 인식에 대한 마지막 예로 댓게임컴퍼니의 저니(Journey, 그림 4.5 참고)를 살펴볼 필요가 있다. 이 게임은 단면으로 제한되거나 이동할 공간이 정해져 있는 것이 아니라, 플레이어가 광활한 공간을 원하는 대로 탐험할 수 있다.[6] 아름답게 렌더링된 월드는 저 멀리 보이는 산까지 가 보겠다는 게임의 목표가 된다. 그러려면 플레이어는 점프해 넘어가기에는 너무 먼 거리까지도 떠 갈 수 있도록 해주는 스카프 조각들

---

6 이 게임은 완전한 오픈 월드가 아니며, 산에는 플레이어들이 따라가야 하는 경로가 있고 월드의 경계도 존재한다. 하지만 이전에 예로 든 게임들에 비해서는 훨씬 이동의 자유가 주어진다.

을 보아야 한다. 이런 도전을 분명히 함으로써 플레이어는 마치 놀이터처럼 언덕을 미끄러져 내려가고 틈새를 뛰어넘으며 탐험과 환경을 즐기는 데에 집중하게 된다.

게임에는 모래 언덕과 눈 쌓인 산맥, 고대의 룬, 디테일이 살아있는 카펫과 옷들이 독특한 스타일로 세밀하게 묘사되어 있다. 저니에서는 플레이어 캐릭터가 즐길 수 있는 생동감 넘치는 세계가 경험의 큰 축을 담당한다. 세밀하면서도 다채로운 환경이 펼쳐지지만 플레이어는 어느 단계에서나 저 멀리에 있는 산꼭대기를 볼 수 있어서 길을 잃을 염려도 없다. 어깨 뒤에서 잡는 삼인칭 카메라는 플레이어에게 실제로 게임 월드 속에 있다는 느낌을 주며, 이 월드 안에서 자신이 얼마나 작은지 알 수 있고, 게임의 요소들로부터 얼마나 떨어져 있는지 가늠할 수 있으며, 지나온 길에는 스카프가 깔려서 진척도도 알 수 있다.

저니와 서티 플라이츠 오브 러빙은 둘 다 도전을 놓고 보면 비교적 쉬운 게임이지만, 많은 이들이 상당히 어렵다고 느낀다. 3D 게임에서 내장 카메라와 자연스러운 인터페이스는 아직 실현되지 않았으며, WASD 키와 마우스의 조합이나 15개가 넘는 버튼, 혹은 콘솔 컨트롤러를 이용해 내비게이션이 이루어지기 때문이다. 머릿속에서 자연스럽게 삼차원 공간을 시뮬레이션하기는 복잡하며, 컨트롤 메커니즘을 익히기는 더욱 어렵다. 단순해 보이는 텍스트 인터페이스를 사용하는 알라바스터조차 기본적인 쌍방향 픽션의 상호작용 설계를 알고 있다는 가정을 기반으로 한다. 반면, 허그펑크스 같은 단순한 2D 게임의 맵핑은 3D 게

그림 4.5 저니

임에 익숙하지 않은 더 폭넓은 대상층을 확보할 수 있다.

알라바스터, 허그펑크스, 서티 플라이츠 오브 러빙, 저니는 모두 플레이어의 관점과 게임의 시점이 플레이 경험에 어떤 영향을 주는지 보여준다. 또한 비주얼 스타일이 경험 측면에서나 관심을 집중시키고 선택을 내리는 데에 어떻게 관련되는지도 알려준다.

그렇다면 디자이너들은 작품을 만들 때 플레이어의 관점과 인식을 어떻게 이끌어야 할지에 대해 다음과 같은 질문을 해야 할 것이다. 플레이어들이 게임 월드에 대한 정보를 어떤 식으로 얻기를 원하는가? 그리고 이것은 플레이어의 월드 자체에 대한 경험과 어떻게 결부되는가? 신경을 분산시키는 요소가 없이 모든 것이 분명하고 집중할 수 있게 되어 있길 바라는가? 아니면 플레이어들이 월드를 둘러보는데 더욱 집중했으면 하는가? 아니면 목표에 집중하게 해야 할까? 목표 자체를 월드 탐험에 두고 싶은가? 이 모든 사항들이 플레이어들이 게임 속에서 보고, 느끼고, 이동하는 방법을 결정할 때 고려해야 하는 것들이다.

정보 레이어

자, 질문을 하나 하겠다. 비디오 게임의 감각적 레이어에 대해 우리가 너무 성급하게 가정하는 것은 무엇일까? 정답은 플레이어가 자신이 지금 보고 있는 것이 무엇인지 알고 있다고 짐작하는 것이다. 보는 것과 이해한다는 것은 분명 차이가 있으며, 그래서 플레이 경험에 정보의 레이어가 필요해진다. 정보 과학 분야에서는 사람들이 사물에 대해 이해하는 모형을 DIKW라고 부르는데, 먼저 데이터(Data)를 입수하고, 여기에서 정보(Information)를 구축하며, 이것이 쌓여서 이용할 수 있는 지식(Knowledge)이 되고, 결국 더 깊은 통찰을 가능케 하는 지혜(Wisdom)가 된다는 것이다.

데이터를 정보로 바꾸려면 먼저 연관된 조각들을 이해하는데 집중하며 여기에 **관심**을 기울여야 한다. 이런 개념과 관련된 것이 인지 심리학의 집중력 연구로, 우리가 어떻게 감각적 자극에 반응하고 처리하는가에 대해 연구하는 학문이다. 게임 디자이너 리처드 레마찬드는 2011년 GDC 강연 "몰입이 아닌 주의력: 심리학과 플레이테스팅을 통한 새로운 방식으로 더 좋은 게임 만들기"[7]에서 **반사 주의력**(reflexive attention)과 **실행 주의력**(executive attention)을 플레이어가 게임에서 현재 진행 중인 상황의 이해도를 정의하는 두 가지 형태의 주의력이라고 발표했다. 반사 주의력이란 두뇌 후두엽과 측두엽이 관장하며 시끄러운 소리, 빠르게 움직이는 물체, 혹은 신기한 것이 제시되었을 때 활성화된다. 가끔 **자발적 주의**(voluntary attention)라고도 불리는 실행 주의력은 예를 들어 체력 게이지를 볼 때나 도로의 표지판을 볼 때처럼 자발적으로 주의를 기울이기로 결정하는 것을 이른다. 이 둘이 함께, 우리가 플레이어에게 게임에 어떤 종류의 주의를 기울이길 원하는지, 플레이어에게 주의를 기울이라고 요구하는 것들의 개수를 어떻게 관리할지 이해하는데 도움을 준다.

이 점을 이해하기 위해 저니(그림 4.6 참고)의 도입 부분을 한 번 보자. 플레이어의 눈에는 먼저 모래 언덕 위에 서 있는 한 캐릭터가 들어온다. 이것은 망토를 입은 한 사람이 있고, 언덕이 있으며, 언덕은 모래로 이루어진 것으로 보인다는 일련의 데이터 포인트들이다. 플레이어는 카메라 앵글, 카메라기 화면을 비추는 위치, 그리고 그 밖의 미세하지만 중요한 힌트들을 보고 직관적으로 이 캐릭터가 아마도 플레이어 캐릭터라고 짐작할 수 있다. 플레이어가 컨트롤러의 스틱을 일단 조작하면 이 형체가 게임 속에서의 자기 자신임을 확인할 수 있다. 그리고 플레이어가 인 게임(in-game) 캐릭터를 움직이면, 언덕 위의 모래 같이 보

그림 4.6 저니의 시작 지점

---

7   리처드 레마찬드, "Attention, Not Immersion: Making Your Games Better with Psychology and Playtesting, the Uncharted Way," GDC 2011.

이는 것들이 캐릭터의 이동에 따라 흩어지는 방식으로 보아 모래가 맞다는 것도 알게 된다. 이렇게 플레이어를 움직이면서 확인한 데이터를 통해 정보가 지식으로 변화하는 과정이 일어나며, 플레이어는 이제 환경에 대해, 게임 속에서 자신이 누구인지에 대해, 그리고 플레이 공간 안에서 캐릭터를 어떻게 움직이는지에 대해 알게 된다.

저니의 이 오프닝 씬은 우리의 반사 주의력과 실행 주의력을 둘 다 활용하고 있다. 게임이 시작되면서 플레이어는 오케스트라 음악이 서서히 커지는 것을 들으며 반짝이는 모래밭을 보게 된다. 음악의 톤은 플레이어의 반사 주의력을 활성화시키고, 플레이어는 실행 주의력을 활용해 화면에서 펼쳐지는 이미지를 분간하려고 노력한다. 그리고는 **점프 컷**(급격한 장면 전환)으로 장면이 더 넓게 잡히며, 산, 태양, 혜성처럼 보이는 빛의 점이 배경에서 지나가는 이미지들의 컷들이 이어지는데, 이 모두가 플레이어의 반사 주의력을 활성화시킨다. 일단 게임의 오프닝 애니메이션이 끝나고 나면 우리는 전에 설명한 모래 언덕 위의 캐릭터로 돌아온다. 이제 플레이어는 실행 주의력을 이용해 지금 어디에 있는지, 어떻게 이동해야 하는지 분석하기 시작한다.

게임의 이 시점에서 플레이어는 원하는 어느 방향으로나 갈 수 있다. 하지만 곧 지평선에 산이 보이면서 어느 쪽으로 가야 할지 힌트가 주어진다. 이 산을 보고서 늘 자기 위치를 어떻게 찾을지 알 수 있으므로, 목표를 정해서 가면 된다. 테마 파크 디자인에서 이런 산을 '**위니**(weenie: 소시지라는 뜻이 있음 - 역자 주)'라고 부르는데, 월트 디즈니가 어릴 적 강아지를 소시지로 유인해서 집으로 데려오던 경험에서 따온 용어로 디즈니 테마 파크 디자인의 중요한 측면이기도 하다.[8] **위니**는 어디에서나 볼 수 있는 대형 구조물로, 시각적인 자석 같은 역할을 하여 사람들이 자기 위치를 파악하고 장소를 찾아갈 수 있는 역할을 한다. 저니의 디자이너들과 많은 3D 게임에서는 위니를 통해 플레이어에게 시각적인 참고 지점을 제공한다.

플레이어가 게임에서 보고 듣고 느끼는 본질적인 부분들은 무엇이 보여지고 들려지며 느껴지는지로 변화한다. 플레이어들이 어떻게 이 모든 감각 데이터를 정보와 지식으로 바꾸

8　리스 피셔의 "디즈니랜드 창조"에서 참조. *The Creation of Disneyland*. N.p., 2004. 웹. 2013년 1월 14일. http://universityhonors.umd.edu/HONR269J/projects/fischer.html.

느지를 이해하려면 다음과 같은 질문을 해 봐야 한다. 게임의 모든 오브젝트가 플레이어에게 보여지는가, 아니면 일부 오브젝트는 숨겨져 있는가? 정보는 접근이 쉬운가, 일부러 모호하게 만들었는가, 아니면 이 모든 것들이 많은 해석 과정을 필요로 하는가? 게임 플레이 동안 얼마나 많은 정보를 플레이어가 받아들이게 되는가? 플레이어에게 얼마나 집중할 것을 요구하는가, 플레이어가 어떤 정보가 관련이 있는 것인지 알 수 있도록 힌트를 제공하고 있는가? 이 모든 질문은 플레이어가 어떤 게임에서 유추할 수 있는 가능한 의미, 즉 게임의 **정보 공간**과 관련된다.

체스(그림 4.7 참고)를 예로 살펴보자. 체스에서 플레이어들은 게임의 모든 요소를 볼 수 있다. 보드 위의 말, 말들의 위치, 잡힌 말에 따라 게임 상태에 대한 **완벽한 정보**를 준다고 할 수 있다. 상대 플레이어의 생각 외에는 그 무엇도 숨겨져 있는 게 없다. 체스에서 간파(3장에서 논의한 컨셉)는 플레이어가 상대방이 다음 턴에 무엇을 할지 상상하게 만듦으로써 게임의 전략적인 재미에 아주 큰 역할을 한다. 플레이어가 체스 판을 들여다볼 때는 양쪽 말의 포지션을 살피고, 단기적이고 장기적인 승리 전략을 고민하며, 상대방의 킹을 잡는 데에 얼마나 다가갔는지 가늠한다. 이들은 각각의 말이 어떻게 움직일 수 있는지, 자기 말은 보드의 어디에 있는지, 특히 어떤 말이 자기 턴에서 이런 전략에 맞춰 전진할 수 있는지 생각해야 한다.

그림 4.7 체스

한 번의 결정을 위해 고민하기에는 상당한 양의 정보가 아닐 수 없다. 그래서 체스 같은 게임은 **턴제**가 아주 잘 어울리는 것이다. 플레이어들은 타이머를 두고 플레이하지 않는 한 액션에 시간 제약이 없기 때문에 서둘러 결정을 내리지 않는다. 이것 역시 체스가 원격으로 플레이하거나 대면 플레이를 하거나 관계없는 이유다. 체스가 우리에게 알려주는 것은, 플레이어가 보는 모든 것이 다음에 무엇을 해야 할지 결정하는 과정에서 처리해야 하는 정보가 된다는 점이다. 게임에서 무슨 일이 일어나면 플레이어는 그 변화를 분석하여 왜, 어떻게 이것이 게임의 상태에 영향을 주게 될지 알아내야 한다.

안드로이드: 넷러너(그림 4.8 참고)는 플레이어에게 **불완전한 정보** 공간을 제공한다. 두 명이 겨루는 이 카드 게임에서 플레이어는 기업이 될 것인지 러너가 될 것인지 정해야 하는데, 각자 서로 다른 목표를 위해 움직인다. 기업은 지키고 숨겨야 하는 아젠다 카드를 손에 들고 있거나 자기 앞쪽에 뒤집어서 놓아 플레이한다. 러너는 기업이 손에 들고 있거나 테이블에 놓은 카드를 해킹하여 충분한 아젠다를 훔쳐야 게임에서 승리할 수 있다. 기업은 러너에게 잡히기 전에 아젠다를 진척시켜 리소스를 적용해야 이길 수 있다. 각 플레이어는 덱에 데이터가 적힌 카드가 있지만, 순서는 뒤죽박죽 섞여 있다. 또한 손에 들고 있거나 플레이하는 카드에 대한 정보를 완벽하게 알고 있다. 하지만 두 플레이어 모두 상대방의 카드에

그림 4.8 안드로이드: 넷러너

대해서는 플레이하는 동안 드러난 것 외에는 정보를 다 갖지 못한다. 대신 플레이어가 상대의 카드를 들여다볼 수 있게 해주는 카드가 있으며, 일부 카드는 계속 보여줘야 하므로 게임의 정보 공간은 유동적이다.

안드로이드: 넷러너는 불완전한 정보 공간 외에 **비대칭 정보 공간**을 보여주기도 한다. 다른 역할의 플레이어에게는 다른 규칙이 적용되고 다른 카드가 주어지며, 각자 플레이하면서 상대의 의도를 읽어내고 가능한 전략을 알아내야 할 필요가 있다. 그래서 플레이어가 상대방의 머릿속을 읽고 다음 수를 예상하려면 공감이라고 할 만큼의 이해력이 필요하다. 게다가 상대 플레이어의 생각을 추측하고, 플레이어 A가 플레이어 B는 자신이 어떤 생각을 하고 있다고 추측할지까지 생각해야 하는 간파의 묘미도 담고 있다. 체스 역시 마찬가지지만, 안드로이드: 넷러너에서 플레이어는 상대에 따라 기업의 입장과 러너의 입장으로 서로 다른 수를 생각해야 하므로 이는 큰 차이점이다. 또한 체스와 마찬가지로 안드로이드: 넷러너는 턴제 게임이며, 플레이어들은 다음 플레이를 진행할 때까지 시간을 들여 고민할 수 있다.

반면 농구(그림 4.9 참고)는 체스나 안드로이드: 넷러너와는 매우 다른 속도로 이루어지는 게임이다. 농구는 **실시간**으로 상대의 움직임, 공의 위치, 코트 위 플레이어들의 포지션에

그림 4.9 농구. 로라 헤일(사진 제공). CC 3.0 SA Unported에 의거 게재.

빠르게 반응해야만 하게 만든다. 정보 공간은 완전해서 플레이어들은 주위를 둘러보고 게임에서 중요한 모든 것이 어디에 있는지 볼 수 있으며, 누가 공을 잡고 있는지 같은 현재의 게임 상태를 확인할 수 있다.

이 게임의 도전은 플레이를 하며 즉석에서 상대 팀의 허를 찌르고 이를 활용해 골대 가까이로 공을 가져가는 양 팀에 의해 형성된다. 플레이어들은 한 방향으로 페인트 동작을 취하면서 다른 쪽을 뚫고 들어간다. 혹은 패스하는 선수와 패스를 받은 선수 사이에 끼어든 수비수가 방금 연 공간으로 공을 패스해서 기회를 잡기도 한다. 따라서 모든 선수에게 정보가 완전히 다 제공되긴 하지만, 게임의 실시간이라는 속성 때문에 상대 팀의 가능한 모든 동작을 다 처리할 수는 없어서 게임 플레이가 예측 불가해지고 결과적으로 큰 재미를 가져오는 것이다. 또한 농구는 모든 플레이어가 게임의 상태에 대해서 같은 정보를 얻을 수 있는데 이론상으로는 누가 공을 잡고 있는지, 코트 안에 다른 선수들은 어디에 위치하고 있는가, 현재 스코어는 몇인가, 시간이 얼마나 남았는가 등을 모두가 알 수 있는 **대칭 정보 공간**의 특징을 보인다.

그렇다면 디자이너들은 플레이어에게 얼마나 많은 정보를 제공해야 하는지에 대해 다음과 같은 질문을 해야 할 것이다. 플레이어들이 정보를 이해하고 이에 반응할 때 어떤 주의력을 활용하게 할 것인가? 반사적인가 실행적인가, 한참 전에 미리 생각해야 하는가? 정보를 완전히 줄 것인가 불완전하게 줄 것인가? 멀티플레이어 게임이라면 정보를 대칭적으로 제공할까 비대칭적으로 제공할까? 실시간으로 정보를 제공할까 아니면 플레이어가 시간을 들여 자기 턴에 정보를 곰곰이 고민하도록 여유를 줄 것인가? 정보를 어떻게, 얼마나 많이 제공하고, 시간적 제약을 어떻게 둘지는 플레이어가 다음 행동을 어떻게 결정하고 이해할지에 모두 영향을 미친다.

상호작용 레이어

정보 공간이 정말 도움이 되려면 정보가 어떻게 작용하는지 플레이어가 이해해야 한다. DIKW 모형(Data-Information-Knowledge-Wisdom model)에서 이것은 데이터의 패턴이 정보를 만들어내고, 정보가 축적되어 플레이어들이 판단을 내리고 행동을 취하는 지식이 되는 단계다. 즉, 플레이어에게는 게임에 대한 **심상 모델**(mental model)이 있어야 한다는 뜻이다. 사물이 실제로 작동하는 방식과 플레이어가 이렇게 작동하리라고 생각하는 것 사이에는 상당한 간극이 있게 마련이다. 액션, 오브젝트, 플레이 공간, 그리고 가장 중요한 플레이어가 게임의 가능성 공간을 얼마나 폭넓게, 그리고 깊이 이해하는지 전체가 다 그렇다. 플레이어가 처음으로 게임을 플레이할 때는 이전에 알고 있는 지식을 기반으로 정보 공간을 해석하려 애쓰게 된다. 그리고 플레이를 지속해가면서 서서히 해당 게임만의 특정한 면들을 이해하게 되며 그 게임의 이전 경험을 토대로 게임의 가능성 공간에 대한 이해를 발전시킨다.

애나 앤트로피는 슈퍼 마리오 브라더스에 대한 빼어난 에세이를 통해 플레이어가 어떻게 게임 플레이 방법을 배우게 되는지에 대한 이론을 펼친 바 있다.[9] 이 에세이에서 애나는 플레이어들이 슈퍼 마리오 브라더스에서 처음으로 보게 되는 것이 무엇인지 살핀다. 화면 왼쪽에는 한 형체(마리오)가 오른쪽을 보고 있고, 지면이 있고, 위로는 하늘이 쭉 펼쳐진다. 이때 플레이어가 할 수 있는 것, 그리고 스크린에 분명히 보이는 것은 오른쪽으로 이동할 수 있다는 것뿐이다. 플레이어가 마리오를 움직이기 시작하자마자, 이들은 배경이 움직이는 것을 보게 되며, '?'가 표시된 벽돌과 화난 표정의 생물들이 휙휙 지나간다. 플레이어는 점프하는 법을 배우고, 이러면서 게임의 주된 액션이 점프라는 것을 알게 된다. 앤트로피는 슈퍼 마리오 브라더스의 이 첫 몇 초간을 세밀하게 분석하여, 시게루 미야모토와 타카시 테츠야의 첫 번째 레벨 디자인이 얼마나 기발한지 보여준다.

일단 무엇을 해야 하는지 알게 되면, 그 다음에는 게임에서 자신의 역할과 어떻게 행동해야 하는지 이해해야 한다. 이러려면 인지학의 중요한 개념 중 하나인 **행동 유도성**(affordances)이 필요하다. 도널드 노먼의 정의에 따르면 행동 유도성이란 '대상의 어떤 속성, 해당 대상이 어떻게 활용될 수 있을지를 결정하는 근본적인 특성'이다.[10] 다시 말해, 행동 유도성은 실제 사물과 상호작용하기 전에 우리가 그 사물에 대해 어떻게 생각하는지를 말한다. 우리는 손잡이가 있는 도구를 보면 이것을 잡을 수 있다고 짐작하게 된다. 책이 있다면 이를 읽

---

9 애나 앤트로피, "레벨 디자인 레슨: 오른쪽으로, 꽉 잡아(Level Design Lesson: To the Right, Hold on Tight)" 웹사이트 http://auntiepixelante.com/?p=465, 2009.

10 도널드 노먼, '일상 사물 디자인(*The Design of Everyday Things*)', 8페이지, 1988.

을 수 있으리라 간주한다. 마찬가지로 조이스틱을 보면 이를 이용해 화면에 있는 무언가를 움직일 수 있다고 생각한다. 이런 것이 바로 오브젝트의 **인식 가능한 행동 유도성**이다. 행동 유도성은 또한 이용되지 않는 것을 알려주는 **올바른 기각**(correct rejection)이라는 행동을 도와주기도 한다. 그래서 우리는 베개를 망치로 쓸 수 없다거나 게임의 배경 요소는 아무 쓸모가 없다는 것을 추측할 수 있다.

행동 유도성에는 **숨겨진 행동 유도**와 **거짓 행동 유도**도 있다. 숨겨진 행동 유도란 오브젝트로 존재하지만 그 모습이 눈에 바로 띄지 않는 것을 일컫는다. 모자로 물을 마실 수 있는데 모른다거나, 공중에 떠 있는 벽돌에 부딪히면 동전으로 바뀌는데 가끔 이를 모를 수도 있는 것이 바로 이런 것이다. 거짓 행동 유도는 오브젝트로 할 수 있는 것을 잘못 해석하는 것을 칭한다. 밀랍으로 만든 사과를 보고 이걸 먹는 것으로 착각하거나, 3D 게임에서 문이 있는데 열리지 않는 경우가 여기에 해당한다.

게임에서 행동 유도성은 플레이어가 보고 이해하고, 게임에서 플레이할 수 있는 것으로 여기는 사물의 복잡한 관계를 이해할 수 있도록 도와준다. 플레이어로서 게임을 보고 음향을 듣는 것은 계속해서 무엇을 할 수 있고 또 할 수 없는지 가늠하는 과정이다. 중요한 것은, 비디오 게임에서 플레이어들은 거의 언제나 플레이어의 여러 레벨, 게임 인터페이스, 그리고 게임의 그래픽과 사운드 피드백을 하나 이상 대하게 된다는 점이다. 비디오 게임은 화면을 보면서 별도의 게임 컨트롤러(손가락도 여기에 포함된다)와 상호작용을 해야만 플레이할 수 있다. 그래서 터치스크린처럼 직접적으로 닿는 경우에도 제스처는 화면에서 펼쳐지는 일과 정확하게 맞아 떨어지지 않는다. 그래서 우리가 화면에서 보고 스피커를 통해 들어서 인지하는 것과, 상황을 파악하여 버튼을 누르고 스틱을 움직이고 손가락을 써서 하는 행동 사이에는 간극이 생길 수밖에 없다.

넘버 원 주식회사의 게임 브레이드(그림 4.10 참고)의 아래 화면을 보면, 플레이어 캐릭터인 팀이 구덩이 속에 적이 하나 있는 위태로운 위치에서 막 열쇠를 얻었다.

이 경우, 플레이어는 게임에서 이미 대면한 적이 있기 때문에 굼바는 피해야 하는 적이라는 점을 알고 있다. 시각적으로도 분명 '가까이 오지 마'라는 표정을 보이고 있다. 이런 것을 플레이어는 배워야 한다. 열쇠의 행동 유도성은 플레이어가 그간 살아오면서 겪은 경험

덕분에 훨씬 분명히 전달된다. 열쇠는 문을 여는데 쓰이므로 집어야 하는 물건이다. 그래서 게임에서 열쇠란 획득하여 문에 사용해야 하는 물건이라는 것을 직관적으로 이해할 수 있다. 위 스크린샷에서는 왼쪽에 우리가 방금 나온 문이 있고, 오른쪽에 길을 막고 있는 커다란 문이 하나 더 있는데 커다란 열쇠 구멍이 보인다. 그렇다면 플레이어는 열쇠 구멍이 있는 문으로 가서 방금 집은 열쇠로 열어야 한다는 것을 분명히 알 수 있다. 이 커다란 열쇠 구멍은 플레이어에게 열쇠로 이 문을 열 수 있다는 인지적 행동 유도를 하는 것이다. 마지막으로, 플레이를 계속하면서 플레이어는 구덩이로 떨어져도 다치지 않는다는 점을 배우게 된다. (물론 적은 피해야 한다.) 하지만 어떻게 다시 올라갈 수 있을까? 플레이 세션 중 이미 다른 힌트를 통해 플레이어는 올라가는 법을 배웠다. 화면에 컨트롤러 버튼을 눌러 정해진 만큼 시간을 되돌리라는 프롬프트가 뜨는 것이다. 단 한 번만 주어지는 힌트지만, 플레이어는 시행착오를 통해 어떻게 시간을 되돌리는지 배운다. 시간을 되돌릴 수 있다는 점은 브레이드의 숨겨진 행동 유도로, 플레이를 통해서만 배울 수 있는 것이다.

비디오 게임을 통해서만 얻을 수 있는 가상현실을 넘어서, 게임 디자이너라면 사람들이 게임의 인터페이스에 어떻게 반응하는지에 대해서도 고심해야 한다. 길리언 크램튼 스미스는 잘 디자인된 상호작용에는 분명한 심상 모델, 피드백, 방향 찾기, 일관성, 그리고 직관성이

그림 4.10 브레이드의 행동 유도성

라는 다섯 가지 요소가 필요하다고 제안한다.[11]

● 뚜렷한 심상 모델

클램튼 스미스의 다섯 가지 원칙은 분명한 **심상 모델**로 시작된다. 비디오 게임에 있어 심상 모델이라는 것은 플레이어가 게임의 기본 요소인 플레이 공간, 행동과 오브젝트와의 (그리고 멀티 플레이어 게임이라면 다른 플레이어와의) 상호작용을 관장하는 규칙, 이 모든 것들이 명시된 목표와 플레이어 자신이 설정하는 목표를 어떻게 이해하여 일관된 테마를 구축하는지를 일컫는다. 플레이어들이 게임이 어떻게 작동하는지 '알아챌 수' 있는가?

이런 개념은 화면, 스피커, 조작법, 그리고 피드백이 주어지는 방식 등, 플레이어가 게임과 접촉하는 모든 부분으로 확대된다. 피드백은 플레이어가 갖고 있는 이 게임의 심상 모델을 보조해 주는가? 피드백을 통해 플레이어는 자신의 액션을 확인하고, 게임의 상태에 어떤 영향을 미쳤는지 그 정도를 가늠할 수 있는가?

플레이어의 입력을 확인해 주는 것 외에, 방향을 찾는 데에도 도움이 되는가? 다시 말해, 플레이어가 플레이 공간을 이동하면서 게임 전체를 적극적으로 즐길 수 있는가? 중요한 메뉴를 어떻게 띄울 수 있는지 플레이어가 아는가? 플레이어는 자신이 할 수 있는 모든 액션을 다 이해하고, 가능성 공간에 이런 액션이 미치는 영향을 깨닫는가?

● 피드백

무엇이 플레이어로 하여금 게임을 이해하게 해 주는가? 게임을 '읽어내고' 플레이어가 게임의 목표, 규칙, 액션, 오브젝트라고 이해하는 것들을 수행하도록 하는 것은 이들이 취하는 행동에 대한 **피드백**이 어떤 수준인가에 달려 있다. 플레이어에게 피드백을 주는 것은 아주 작은 수준이라고 해도 2장 '기본 게임 디자인 툴'에서 논의했던 액션과 결과의 순환처럼 중요하다. 이를 통해 플레이어는 자신이 보고 알고 있으며 해야 하는 것들을 이해하기 때문이다. 피드백은 플레이어들이 지금 하고 있는 행동과 이를 얼마나 잘 하고 있는지 추정할 수 있게 해 준다.

11 길리언 크램튼 스미스가 쓴 빌 모그릿지의 저서 '상호작용 디자인(*Designing Interactions*)', 2006의 추천 서문.

에이리어/코드사가 만든 턴제 퍼즐 게임 드롭 7(Drop 7)은 특히 피드백 시스템이 잘 처리된 게임으로, 플레이어들은 연속해서 나오는 숫자 동그라미를 줄이나 열로 맞춰서 꼭대기까지 원판이 쌓이지 않도록 없애야 한다. 플레이어가 줄이나 열로 원반을 맞출 때마다 일곱 가지 독특한 형태의 피드백이 주어진다. 사운드 이펙트가 나오고, 영향을 받는 줄이나 열이 빛나며 원반이 회전하고 해당 원반에서 파티클 효과가 빛나면서 원반이 줄어들고, 원반 위에 스코어가 나타나며, 해당 열에 남아 있는 원반들은 애니메이션되어 내려가 새로운 위치로 이동한다. 이 모든 것이 어우러져 플레이어에게 정보를 전달한다.

피드백은 이렇게 여러 수준으로 주어지지만, 이 게임을 처음 해 보는 사람들은 어떻게 돌아가는 것인지 잘 모른다. 원반이 없어지는 건 알 수 있지만, 왜 없어지는지 모를 수도 있다. 하지만 반복해 가면서 시간이 흐르면 플레이어는 서서히 떨어지는 원반과 똑같은 개수의 원반이 줄이나 열로 맞춰질 때 원반을 없앨 수 있다는 것을 배우게 된다. 이런 학습 과정은 잘 설계된 피드백을 반복적으로 받을 때만 일어날 수 있다. 그래서 DIKW 순환이 진행되며 플레이어들은 비디오 게임이 어떻게 작동하는지 이해하게 되는 것이다. 정보가 합쳐져서 지식이 되는 일은 플레이어들이 여러 가지를 시도해 보면서 비디오 게임의 가능성 공간에 적용되는 '법칙'에 대해 제대로 된 심상 모델을 구축해야만 일어난다.

● 방향 찾기

잘 만든 상호작용성의 마지막 특징은 **방향 찾기**(navigability)의 용이성이다. 말 그대로 설명하자면 공간 이동에 대한 개념으로, 이 장 초반에서 예로 든 저니에서는 저 멀리 보이는 산 정상이 플레이어가 갈 방향의 지침으로 삼는 방향 찾기의 가장 기본적인 힌트를 준다고 할 수 있다. 하지만 방향 찾기는 정보 공간에서 어떻게 이동할지를 아는 더 작은 액션 단위에도 적용된다. 저니에서는 어디를 보고 어떻게 움직일지 파악하는 것이 여기에 해당한다. 그러면 보다 추상적인 게임 드롭 7은 어떨까? 이 게임에서 장기적인 방향 찾기는 게임의 목표(원반이 화면 상단에 닿지 않도록 하면서 가장 높은 점수를 올리기)를 아는 것이지만, 숫자 원반들 사이의 상호 연관성에 따라 가능한 액션을 이해하는 것도 여기에 해당한다. 그리고 아주 작은 수준으로 내려가면, 원반들을 플레이 공간에서 어떻게 이동하고 내려놓을지에 대해 아는 것도 방향 찾기의 하나다.

게임에서 방향 찾기는 게임의 가능성 공간에서 주어진 옵션 사항을 플레이어가 얼마나 잘 파악하느냐에 좌우된다. 또한 방향 찾기는 게임 디자이너에 의해 구현된 것이든 플레이어 자신이 설정하는 것이든 게임에서 목표를 만들어내는 데에도 영향을 미친다. 게임에 방향성이 있으려면 심상 모델이 분명하고, 피드백이 제공되어야 하며, 플레이어에 대한 반응이 일관되어야 하고, 플레이어가 직관적으로 게임의 각 컴포넌트와 어떻게 상호작용해야 하는지 이해할 수 있어야만 한다.

● 일관성

게임에서 주어지는 피드백을 이해하려면 일관된 커뮤니케이션이 필요하다. 드롭 7의 경우 **일관성**이란 게임이 플레이어의 액션에 매번 같은 방식으로 반응하는 것이 된다. 원반을 미끄러뜨려 한 열에 내려놓으면 항상 원반이 내려와야 하며, 원반들은 한 열의 가장 꼭대기가 채워질 때까지 계속 내려와야 한다. 그리고 숫자와 개수가 맞을 때는 이에 맞는 원반이 사라지며 앞서 말한 일곱 가지 형태의 피드백이 플레이어에게 전달되어야 한다. 게임이 매번 다르게 반응한다면 플레이어가 이 게임에서 무엇을 해야 하는지 이해하기 어려울 것이다. 예를 들어, 가끔 활성화된 원반을 터치하면 사라진다거나, 손을 대자마자 떨어져 내린다거나, 플레이어가 아직 손가락을 대고 있는데도 떨어진다면 플레이어는 어리둥절해질 것이다. 플레이어는 게임에서 일관된 반응을 얻어야만 게임과의 관계를 이해할 수 있다.

● 직관성

게임 플레이 방법을 이해하는 것은 간단한 일이 아니다. 가능한 한 플레이어가 액션을 수행하고 게임과의 상호작용에 대해 배우기 쉽게 만드는 것이 매우 중요하다. 그래서 좋은 상호작용의 다음 특성인 **직관성**이 중요해진다. 플레이어가 직관적으로 게임을 파악할 수 있다면 그저 게임을 한 번 하기 위해 써야 하는 정신적, 신체적 에너지를 훨씬 덜 수 있다. 농구를 예로 들어보자. 처음 이 게임을 배울 때는 드리블하는 박자 감각, 공을 어떤 포물선으로 던져야 바스켓을 통과하는지, 발을 어떻게 움직여야 상대 팀 선수 앞의 위치를 유지할 수 있을지 등 모든 액션을 정신적으로나 육체적으로 집중해서 공들여 배워야 한다. 하지만 시간이 지나고 여러 번 반복을 거듭하면 기본 동작들에는 정신적으로나 신체적으로 큰 주의를 기울이지 않아도 직관적으로 플레이 실력을 늘려갈 수 있다. 그래서 일단 게임의 감을 익히고 나면, 이제는 게임의 메커니즘이나 상황을 세세히 신경 쓰는 대신 자유롭게 플레이 경험에 더 집중할 수 있게 된다.

드롭 7 같은 게임에서 원반은 직관적으로 움직인다. 중력의 법칙과 비슷하게 내려오고, 계란이나 포장지 같이 일상생활에서 익숙한 물건처럼 깨져서 안에 들어있는 숫자가 드러난다. 원반이 깨지고 나면 약해지고 사라진다. 이것 역시 테트리스 같은 게임에서 흔히 경험할 수 있는, 삶의 순환에 대한 우리의 기본 지식을 벗어나지 않는다.

실패

상호작용 레이어에는 클램튼 스미스가 말한 다섯 가지 특성 외에 한 가지 더 중요한 요소, 바로 **실패**가 있다. 게임을 보고 소리를 들을 수 있다고 해서 게임이 주는 정보를 제대로 다 알 수 있는 것은 아니며, 우리가 어떤 액션을 취하기로 결심한다고 해서 해당 부분을 살 수행하고 있다는 뜻도 아니다. 또한, 이 액션을 수행하는 것이 올바른 선택이라고 보장할 수도 없으며, 애초에 우리가 눈에 보이는 것을 기반으로 영리한 판단을 내렸는지조차 확신할 수는 없다.

플레이어들은 게임을 할 때 종종 실수를 저지른다. 게임을 배워가는 과정에서 실수는 큰 몫을 담당하며, 실수를 통해 도전을 극복하고 게임의 가능성 공간 안에서 제대로 된 액션을 수행하는 것 자체가 큰 즐거움이 되기도 한다. 재스퍼 줄이 실패의 기술(The Art of Failure)에서 언급했듯, 심리학 개념인 귀인 이론(attribution theory: 특정 상황에 대한 원인을 찾는 행동– 역자 주)에는 세 가지 종류의 실패가 있다.[12] 우리는 실패란 플라이렌치에서 굴러가려다 넘어지는 경우 같이 실수를 저지른 개인의 결함이라고 믿지만, 결함이란 게임 스펠렁키(Spelunky)에서 통과하기 불가능한 레벨을 절차적으로 만들어내는 것처럼 그 자체에 문제가 있거나, 쓰리즈의 타일을 맞추는데 신경을 쓰다가 실수로 반대편으로 가는 지하철을 타는 것처럼 상황적 문제를 일컫는 것이다.

줄의 실패 사례 연구에는 게임을 플레이하고 나서 그 경험에 대해 플레이어가 진행한 인터뷰가 들어 있다. 줄의 작업을 통해 게임 디자이너들이 얻을 수 있는 가장 중요한 발견은 플

---

12 제스퍼 줄, '실패의 기술:비디오 게임 플레이 고충에 대해(*The Art of Failure: An Essay on the Pain of Playing Video Games*)', 15–18페이지, 2013.

레이어에게 어떤 실패는 다른 실패보다 더 괜찮은 경험으로 여겨진다는 점이다. 플레이어 자신이 문제여서 결함이 발생한 경우가 여기에 해당한다. 직관에 반하는 듯 느껴지는가? 하지만 잘 생각해 보면 일리가 있다. 플레이어는 자기 잘못으로 실패했을 때는 플레이를 더 하면서 실력을 키울 수 있으리라 믿기 때문에 그리 짜증이 나지 않는다. 그런데 게임 상의 결함, 혹은 게임의 문제로 보이는 결함으로 인해 실패할 때는 그 게임 자체를 아예 그만둘 가능성이 높다. 디자이너에게 이는 중요한 문제인데, 믿을 수 없을 만큼 어려워서 단 한 가지 해결책만 존재한다면 플레이어가 이 레벨을 깰 수 없다고 생각하게 될 때 이를 게임의 결함이라 믿게 되기 때문이다. 줄의 지적처럼, 플레이어들은 실패를 통해 새로운 전략을 고안하고 게임을 이기기 위한 새로운 것들을 시도하게 마련이다. 그러므로 여러 가지 전략을 품을 수 있도록 디자인하는 것이 좋은 디자인 전략이라 하겠다. 이 점은 각자 적절히 판단하기 바란다. 특히 퍼즐 게임이라면 단 하나의 해결책만이 있을 수도 있으며, 아예 전략이나 실패 같은 것이 존재하지 않는 게임도 있으니 말이다.

프레임 레이어

플레이어의 경험이란 아무 것도 없는 무의 공간을 채워나가는 것이 아니다. 이 경험은 플레이를 해 보기 전에 이미 보거나 겪은 일상적 경험의 일부이며, 플레이를 시작한 이후 플레이어가 할 모든 다른 행동도 포함된다. 그래서 이를 프레임 레이어라고 부른다. 살아오며 겪은 모든 것들이 게임의 플레이로 이어지며, 플레이어가 인지하고 경험하며 이해해 나가는 것의 틀을 만들어낸다. 한 번도 비디오 게임을 해 본 적이 없는 사람이 있다면, 이런 이들에게는 비디오 게임을 어떻게 하는 것인지 그 요령을 조금 알려줄 필요는 있을 것이다. 이 버튼을 누르면 스크린 속 캐릭터가 점프한다는 것을 알려주는 식으로 말이다. 반면, 비디오 게임 광이라면 이런 기본기를 소개해 줄 필요가 없다. 플레이어들은 X 버튼을 누르면 화면 속 아바타가 점프하기를 기대한다. 즉, 틀은 플레이어에게 어떤 예상을 유도하며, 처음 게임을 접할 때 기준점을 제공한다.

비디오 게임을 플레이한 경험 외에, 일상생활 속의 틀 역시 플레이어에게 게임에서 일어날 일을 기대하는 틀이 된다. 절벽 끝에 있는 커다란 모루가 플레이어의 눈에 띄면 이들은 이 모루를 떨어뜨려 밑에 있는 것을 깔아뭉개면 무슨 일이 일어날 것이라고 상상할 것이다. 이런 상상은 어릴 적 휴일 아침에 하는 만화 속에서 모루가 떨어지는 것을 보아온 경험에서 떠오르는 연상이다. 이렇게 틀이란 플레이어들이 일상생활, 영화나 TV, 책과 이야기, 그리고 물론 다른 게임을 통해 다양한 경로로 접해 온 것들을 참고해 게임을 해석하도록 이끈다. 이런 틀은 모루가 갖는 기본적 물리 법칙을 이해하는 것 외에도 플레이어 자신의 가치관과 철학, 문화적 맥락을 통해 게임이 주고 있는 정보를 해석하게 만든다.

레아 쉔펠더와 피터 루의 게임 퍼펙트 우먼(그림 4.11 참고)을 다시 보자. 이 게임은 플레이어에게 여성의 역할을 수행하게 함으로써 의외의 정체성과 함께 흥미로운 선택을 하도록 만든다. 플레이어들은 일단 나이 60세가 되면 외무부 장관이 되거나 콜걸이 된다는 선택에 부딪치게 된다. 이런 선택은 전에 무엇을 했는지에 따라 더욱 복잡해진다. 갱단을 이끌던 불량 소녀였다면 MIT의 교수가 되기는 불가능하거나 매우 어려울 것이다. 아동 노동자였다면 쉽사리 오빠의 보호를 받으며 전쟁에 참여하거나 자살 테러범이 될 수 있겠지만, 플레이어 자신이 도전을 거듭하여 열심히 공부하는 학생이 될 수도 있다. 난이도는 여성으로서의 정체성에 따라 화면에 나타나는 포즈를 얼마나 비슷하게 유지하느냐에 따라 다양하게 바뀐다. 퍼펙트 우먼은 성 전형성과 고정관념에 대한 반대를 동시에 제공하며, 삶의 순간순간 내리는 결정들이 얼마나 어렵고 힘들 수 있는지 계속 보여준다. 또한 우리가 도달해

그림 4.11 퍼펙트 우먼

가는 여성에 어울리게끔 몸의 균형을 잡도록, 솜씨 좋게 그 모델을 제공한다. 이 게임은 흔한 성 역할의 프레임에 의문을 제기하며, 플레이어로 하여금 세계 곳곳에 있는 다양한 나이대의 여성에게 마음을 열고 다양한 경험을 받아들여 여성이 만들어갈 수 있는 역할에 대한 새로운 시각을 제공한다.

가끔 게임은 우리를 놀라게 하여 그동안 당연히 받아들여 왔던 틀에 의문을 제기하도록 이끌기도 한다. 그 단적인 예가 브렌다 로메로의 인류 역사상 비극적인 사건들을 묘사한 '메카닉 자체가 메시지(The Mechanic Is the Message)' 시리즈의 갤러리 게임 트레인(Train, 그림 4.12 참고)이다. 이 게임에서 플레이어들은 나무로 된 말들을 꽉 찬 기차 차량에 싣고 한 보드에서 다른 보드로 옮긴다. 게임의 재료들을 통해 몇 가지 단서가 제공된다. 일단 플레이하는 보드는 깨진 창문으로 되어 있다. 그리고 보드 위에 깔린 기차 철로는 단 하나의 터미널로 이어진다. 그리고 게임의 규칙은 타이프라이터로 작성되어 있는데, 마지막 페이지가 고풍스러운 독일제 타이프라이터에 끼워져 있다. 해야 할 일들을 마치고 나서 게임의 전모가 드러나면, 그저 게임으로만 여기고 시작했던 이 기차 수송의 실체가 뇌리를 강타한다.

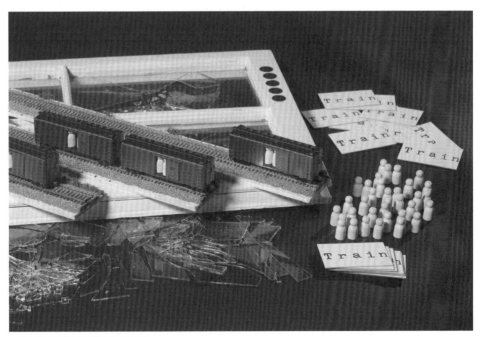

그림 4.12 트레인. 존 맥키넌(사진 제공).

엔딩에 대한 스포일러를 넣을 수는 없으나, 플레이어들이 모두 상상도 못한 일에 참여한 것이란 점은 말해 두겠다. 끝에 가면 게임 전체가 눈에 들어오면서 우리가 역사로 접했던 사건과 순수한 게임의 틀과 규칙, 그리고 게임의 명령들이 어떤 의미로 연관되어 있는지 질문을 던질 수밖에 없어진다.

게임들은 경험과 우리가 이를 이해하는 틀에 의해 해석된다. 퍼펙트 우먼은 이런 틀을 깨면서 여성의 성 역할과 연령에 따른 변화에 대한 우리의 고정관념을 전복시킨다. 또한 트레인의 예에서 알 수 있듯, 게임의 틀은 우리가 역사와 인간사에 대해 이해하고 있는 것들에 대한 새로운 관점을 제시하는 또 다른 틀이 되기도 한다.

목적 레이어

이 모든 것은 플레이어 경험의 다섯 가지 레이어 중 마지막, 즉 왜냐는 질문으로 이어진다. 플레이어는 왜 이 게임을 하기로 마음먹는 것일까? 이 게임을 통해 무엇을 얻고 싶어 할까? 또한 실제로 얻는 것은 무엇일까? 플레이어들은 플레이 경험에 대해 온갖 종류의 의도를 품는다. 지난 3장까지, 우리는 많은 시간을 들여 게임 디자인 측면에서의 목표에 대해 이야기했다. 하지만 플레이어 역시 자기만의 목표가 있다. 게임 디자이너 리처드 바틀은 초창기 텍스트 기반의 멀티플레이어 어드벤처 게임(통칭 머드 게임: Multi-User Dungeons) 시대부터 플레이어들을 면밀히 관찰하여 코어 플레이어의 종류를 성취가, 탐험가, 사교가, 킬러 네 가지 범주로 나눴다.[13] 바틀의 이런 구분은 특정 종류의 게임에 국한한 것이긴 하지만, 플레이어들이 게임에서 어떤 경험을 원하는지 더 폭넓게 생각하는 데에도 도움이 된다.

• 성취가

성취가는 게임의 목표를 세우고 이를 달성하는 데에 관심을 둔다. 가끔 이런 플레이어들은 목표를 승리, 코인 수집, 모든 미션 달성 같은 것에 집중해서 수행한다. 이런 플레이어들은 게임이 제공하는 모든 것을 경험하고자 하는 '완벽주의자'라고 볼 수 있다. 그래서 테일 오브 테일의 더 패스 같은 게임에서 성취가 타입은 여섯 개 챕터를 모두 플레이할 뿐만 아니

---

13 리처드 바틀, "하트, 클럽, 다이아몬드, 스페이드: MUD에 어울리는 플레이어들(Hearts, Clubs, Diamonds, Spades: Players Who Suit MUDs)" http://mud.co.uk/richard/hcds.htm.

라 (그리고 일곱 가지 캐릭터를 모두 언락(unlock)한다), 게임에 흩어져 있는 36가지 오브젝트를 모조리 수집하고, 환경에서 찾을 수 있는 144가지 꽃도 죄다 모은다. 혹은 애나 앤트로피의 세상 끝의 동성 연인들이 플레이 할 때 성취가라면 스토리의 가능한 모든 선택 조합을 다 플레이하려 한다.

성취가는 게임에 대한 자신만의 목표를 세우기도 한다. 데릭 유의 스펠렁키 같은 스피드게임, 디스아너드(Dishonored) 같은 죽이지 않는 암살 게임, 파크라이 2(Far Cry 2)처럼 죽으면 끝인 게임이 특히 그렇다. 또한, 플레이어들은 자신을 위해 좀 더 무형의 목표들을 세우기도 한다. 도나 베일리와 에드 로그의 센터피드(Centipede)에서 플레이어는 버섯을 모두 없애려는 시도를 할 수 있는데, 게임의 가능성 공간에 있긴 하지만 목표로 설정되어 있지는 않다. 심지어 마인크래프트(Minecraft)에서는 플레이어들이 온갖 불가능해 보이는 것들을 고안하고 만들어내기도 한다.

● 탐험가
탐험가는 게임의 가능성 공간을 완전히 이해하고자 하는 이들이다. 프로테우스를 플레이하는 탐험가라면 섬 곳곳을 빠짐없이 돌아다니고, 남 캘리포니아 대학 게임 이노베이션 랩에서 쏘로우의 월든 호수(On Walden Pond)를 기초로 만든 월든(Walden)에서는 단지 숲 속을 돌아다니기도 한다. 탐험가들은 목표 달성 정도를 평가할 때 그저 게임을 더 깊이 이해하는 데에서 만족을 찾는 경우가 많다. 다른 식으로 설명하자면 게임에서 명시되어 있는 목표보다는 사람들, 장소, 공간을 알아가는 데에 더욱 집중하는 것이다.

탐험가들은 또한 게임에서 할 수 있는 모든 액션과 오브젝트들을 전부 알고 싶어 한다. 다시 말해, 이들은 게임의 가능성 공간을 완전히 알아내는 데에 관심이 있다. 액션의 직접적인 결과로 주어지는 것뿐 아니라, 간접적인 결과까지도 모두 다 알아내고 싶어 한다. 이들은 월든의 꽁꽁 언 호수에서 얼마나 오래 있으면 죽는지, 쓰리즈의 다음 타일이 결정되는 내재적 논리가 무엇인지, 프로테우스의 바다는 얼마나 멀리까지 헤엄칠 수 있는지 알고 싶어 한다. 이들은 스펠렁키를 여러 번 되풀이하여 환경, 오브젝트, 적들의 설정을 가능한 한 많이 확인하고 싶어 하는 사람들이다.

● **사교가**

사교가는 자신에게 주어진 액션과 오브젝트보다는 다른 플레이어에게 더 관심을 갖는 사람들이다. 이 종류의 플레이어들은 무엇보다도 다른 플레이어와 교류하는 것에서 재미를 찾는다. 이들은 설계되어 있는 커뮤니케이션 통로 뿐 아니라 게임의 더 폭넓은 가능성 공간에서도 이런 활동을 한다. 포탈 2를 예로 들어보자. 협동 캠페인은 플레이어 간의 커뮤니케이션을 장려하는 쪽으로 설계되어 있는데, 원활한 의사소통이 없이는 도전을 완수하기가 정말 어렵다. 그래서 이 게임은 디자인에서부터 플레이어 간의 교류를 장려한다고 할 수 있다. 마찬가지로 레아 길리엄의 테이블탑 RPG 레즈버레이션은 이야기, 계획 짜기, 활동을 유닛 단위로 해 내도록 설계되어 있다.

게인에서 교류를 찾는 플레이어들은 표면적으로는 적합하지 않아 보이는 게임에서도 이런 요소를 찾아낸다. 농구는 재미 삼아 할 때는 친구들과 어울려 놀 수 있는 훌륭한 수단이 된다. 던전스 앤 드래곤스는 웅장한 스토리를 펼쳐나가며 간식을 먹고 잡담을 나누면서 저녁 시간을 보내기에 딱 적합하다. 제인 프레드호프의 슬램 시티 오라클 같은 로컬 멀티플레이어 게임도 마찬가지 방식으로 사람들이 함께 모여 시간을 보낼 수 있도록 유도한다.

● **킬러**

바틀의 모형에서 마지막 범주의 사람들은 다른 플레이어들에게 자기 의견을 강요하길 좋아하는 킬러 타입이다. 때로는 도움의 손길로 발현되기도 하지만, 그보다는 공격이나 방해 같이 다른 플레이어의 경험을 훼방 놓는 방식이 될 때가 많다. 이런 플레이어들은 승리가 목표라기보단 게임을 지배하기를 원한다. 그래서 도그 이트 도그 같은 게임에서 킬러 타입이 원주민의 팀에 끼어 있을 때는 이들이 의사 결정 과정을 좌우하려는 경향을 보인다.

물론 킬러들은 다른 플레이어들을 망치려고 든다. 예컨대 농구에서는 자신이 수비를 맡은 상대 팀 선수가 절대 골을 넣을 수 없도록 한다. 이런 플레이어들이 요한 세바스찬 저스트에 있다면 다른 사람들을 전부 꺾으려고 수단 방법을 가리지 않을 텐데, 다른 이들에게 창피를 주는 일도 서슴지 않는다.

바틀의 플레이어 유형을 넘어

이런 성취가, 모험가, 사교가, 킬러 같은 플레이어 타입은 각자의 개인적인 성향일 수도 있고, 한 게임을 계속 플레이해 나가면서 플레이어로서 선택한 목표에 따라 달라지기도 한다. 디자이너에게 중요한 것은 모두가 똑같은 마음가짐으로 당신의 게임을 대하지는 않는다는 점을 이해하는 것이다. 따라서 디자인할 때는 각 유형의 플레이어가 이 게임에 어떤 식으로 접근할 것인지, 이런 경향이 디자인을 강화하는데 어떻게 활용될 수 있는지 생각해봐야 한다.

물론 모든 플레이 경험이 바틀의 성취가, 탐험가, 사교가, 킬러 모형에 딱 들어맞는 것은 아니다. 또한 모든 디자이너가 이런 종류의 플레이어들을 상정하거나 그에 부응하여 게임을 만들어야 하는 것도 아니다. 특히 포르펜틴의 하울링 도그즈나 몰린더스트리아의 맥도날드 비디오 게임 같은 작가주의 게임에서 플레이어들은 게임 속 역할을 부여받지만, 이 점이 반드시 그들이 겪게 될 게임 경험을 정의하는 것도 아니다. 소설이나 만화를 읽을 때 우리는 예상치 못한 방식으로 소설 속 세계를 탐험할 수도 있고, 이 점을 미리 알고 있는 것은 아니다. 그저 작가가 제공하는 경험을 받아들이게 마련이다. 플레이 경험에 대해서도 똑같은 원칙이 적용된다. 켄터키 루트 제로를 플레이할 때는 게임에서 특정한 플레이 스타일을 고집하기보다는 게임 제작자가 창조해낸 그대로를 경험하기로 하는 편이 더 재미를 준다.

요약

게임의 디자인을 정말로 이해하려면 게임이 플레이어에게 무엇을 요구하는지 고민해봐야 한다. 이 게임은 플레이어의 감각을 어떻게 유도하는가? 이 게임은 플레이어에게 어떤 종류의 (그리고 얼마나 많은) 정보를 주는가? 플레이어는 게임에서 자신의 역할이 무엇인지 어떻게 알아내는가? 다른 삶에서의 경험과 지식이 플레이 경험에 어떻게 정보를 제공할 수 있는가? 플레이어는 플레이 경험에 어떤 종류의 기대를 품을 것인가? 이런 질문은 사회학, 심리학, 정보 과학 등 유관 분야의 이론들을 이해하고 있을 때 가장 잘 대답할 수 있다.

- **행위 이론:** 사람들이 사물과 상호작용할 때 무슨 일이 일어나는지 연구하는 사회학 이론. 사람들은 사물에 대한 이해를 형성하는 신념을 가지고 있으며, 이것이 주위에서 어떤 일이 일어날지에 대한 반응으로 이어지고, 그로부터 욕구가 발생하며, 이런 욕구를 중심으로 의도가 형성되어 행위로 이어진다.

- **플레이어 경험 층위:** 플레이어들은 게임을 플레이할 때 다섯 가지 서로 다른 해석을 통해 움직인다. 플레이어가 보고 듣고 느끼는 감각, 플레이어가 게임 상태에 대해 받아들이는 데이터인 정보, 플레이어가 할 수 있다고 이해하는 상호작용, 플레이 경험을 보다 넓게 해석하는 틀, 플레이 경험의 목표인 목적이 그것이다.

- **주의력:** 많은 요소가 게임 플레이 도중 플레이어의 주의를 끈다. 실행 주의력은 우리가 플레이 중 의도적으로 집중하는 것을 뜻한다. 반사 주의력은 시끄러운 소음, 시각적 분산 등의 현상으로 우리의 의도한 집중을 흐트러뜨리며 주의를 끄는 것을 뜻한다.

- **정보 공간:** 게임에는 우리가 플레이어로서 탐험하는 정보 공간이 있다. 완전한 정보 공간은 게임에 대한 모든 것이 플레이어에게 보여지고 알려지는 것을 뜻한다. 불완전한 정보 공간은 게임 자체, 혹은 다른 플레이어에 의해 게임에 대한 일부 정보가 숨겨져 있는 것을 뜻한다.

- **행동 유도:** 사물이 어디에 쓰이는지 암시하는 인지된 속성. 행동 유도성은 다시 우리가 사물이 무엇을 한다고 가정하는 인지 행동 유도, 무엇을 할 수 없다고 생각하는 바른 기각, 사물이 무엇을 할지 분명치 않은 숨겨진 행동 유도, 사물이 무엇을 하리라고 잘못 해석하는 거짓 행동 유도의 네 가지로 나눠진다.

- **크램튼 스미스의 잘 만든 상호작용의 다섯 가지 특성:** 좋은 상호작용 디자인을 보여주는 다섯 가지 속성은 심상 모형, 피드백, 일관성, 직관성, 방향 찾기다.

  - **심상 모형:** 플레이어가 플레이하려면 무엇을 해야 하는가 뿐만 아니라 게임의 가능성 공간 안에서 자신의 행동이 무엇을 뜻하는지 인지함으로써 게임을 해 나갈 수 있도록 하는 방식이다.

- 피드백: 게임은 유저/플레이어가 의미 있는 방식으로 변화를 일으켰음을 알게 해주는 피드백을 제공한다.

- 일관성: 일관적이고 논리적으로 게임에 대해 배워나가고 플레이할 수 있게 만든다.

- 직관성: 플레이어가 플레이에 필요한 기계적인 입력보다는 플레이 경험에 집중할 수 있게 해 준다.

- 방향 찾기: 플레이 경험이 분명하고 잘 짜여 있다.

◆ **실패**: 게임 플레이를 통해 맛보는 실패에는 플레이어의 잘못으로 인식되는 개인적 결함과 게임의 버그 혹은 오류로 인한 것으로 인식되는 게임 상의 결함, 그리고 외부적 힘에 의한 상황적 결함이 있다.

◆ **플레이어의 종류**: 리처드 바틀은 플레이어를 성취가, 탐험가, 사교가, 킬러의 네 가지 종류로 나눈다. 성취가는 게임이나 자신이 세운 목표를 성취하는데 관심이 있다. 탐험가는 게임의 가능성 공간을 깊이 이해하고자 하는 이들이다. 사교가는 다른 플레이어들과의 상호작용을 위해 게임을 플레이한다. 킬러는 다른 플레이어들에게 자기 의견을 강제하기를 원한다.

◆ **플레이어의 종류를 넘어서**: 모든 게임이 게임의 가능성 공간 안에서 여러 플레이 스타일이 가능하도록 디자인되지는 않는다. 특히 작가주의 게임에서는 게임 제작자가 의도한 것들을 경험하는 것만이 목적일 때도 있다.

연습 문제

1. 틱택토(tic tac toe: 퀵소)나 잭스(jacks: 서양식 공기놀이) 같은 단순한 게임을 선택한다. 행위 이론의 원칙을 이용하여 플레이 경험을 설명해 보자.

2. 비디오 게임을 하나 선택하고 플레이어의 시점을 변경하면 무슨 일이 생길지 상상해 보자. 내려다보는 시점일 때는 횡스크롤에 비교하여 게임 플레이가 어떻게 달라지는가? 2D를 3D로 바꾸면 어떻게 되는가?

3. 게임을 하나 선택하여 이 게임을 플레이하는 방법에 대한 독자의 심상 모형을 말해 보자.

4. 사람들이 도전성이 큰 게임을 플레이하는 모습을 지켜보자. 실패를 경험하는 모든 순간에 대해 기록하지. 각 경우를 개인적 결함, 게임 상의 결함, 상황적 결함으로 분류해 보자.

5. 좋아하는 멀티플레이어 게임을 하나 선택하자. 바틀의 네 가지 플레이어 유형에 맞춰 네 번 플레이해 보자.

Part II. 프로세스

5장

반복적 게임 디자인 프로세스

게임 제작은 게임 디자이너가 게임을 이해하고 다듬을 수 있도록 반복 재적용되는 과정이다. 이 장에서는 반복 적용 사이클인 컨셉화, 프로토타입, 플레이테스트, 그리고 평가에 대해 다루겠다.

반복 적용 디자인의 근원

게임 디자인은 도전적인 일이다. 파트 I의 네 개 장에서 소개한 개념과 원칙만 보더라도 게임을 구성하는 기본 요소, 플레이 경험을 디자인하는 데 쓰는 도구, 엄청나게 다양한 플레이 타입에다 비디오 게임이 플레이어에게 요구하는 것까지 실로 많은 것을 고려해야 한다. 설상가상으로 게임 디자이너는 실제로 다 만들어서 플레이가 가능해진 후에야 자신의 디자인이 어떻게 구현되었는지 눈으로 직접 '볼' 수 있다.

그래서 게임 디자인에는 반복 적용(iterative) 프로세스가 유용하다(그림 5.1 참고). 반복 적용 디자인은 컨셉 구상, 프로토타이핑, 테스팅, 평가 사이클로 이루어진다. 원래 반복 적용(iteration)이란 디자이너들이 아이디어를 구상하고, 이 아이디어를 구현하는 프로토타입을 만들고, 해당 프로토타입으로 아이디어가 어떻게 실현되는지 플레이테스트를 실행한 다음, 그 결과를 평가하여 아이디어를 더욱 발전시키는 **적응형 프로세스**(adaptive process)다. 이 과정은 최종 결과물을 잘 파악하고 있으며, 설계에 별다른 변경을 가하지 않고 생산하는 **예측형 프로세스**(predictive process)와는 반대되는 개념이다. 예측형 프로세스는 디자이너가 처음부터 올바르다고 가정하는 반면, 적응형 프로세스는 오류의 여지를 인정하되 원래보다 더 개선된 새로운 아이디어까지 받아들인다.

반복 적용 디자인의 초기 형태는 월터 슈왈트(Walter Shewhart)가 20세기 전반기에 벨 연구소에서 실행했던 '계획–실행–학습–조치(Plan–Do–Study–Act)' 사이클[1]에서 유래했다. 슈왈트는 벨 연구소가 디자인하는 제품과 서비스의 품질과 일관성이 향상되도록 프로세스를 도입하고자 했다. 그래서 다음 기준에 따라 개선될 수 있는 과학적 방법론의 수정 버전을 고안했다.

• **계획**: 관심을 가져야 하는 문제 식별

• **실행**: 문제의 해결책 디자인

• **학습**: 디자인의 성패를 분석할 통계적 도구 개발

• **조치**: 연구의 결과로 디자인적 해결책에 대한 문제점이 발견될 경우 사이클 반복

---

1 앤드류 월터 슈왈트, 품질 관리 측면에서 본 통계적 방법론(*Statistical Method from the Viewpoint of Quality Control*), 1939.

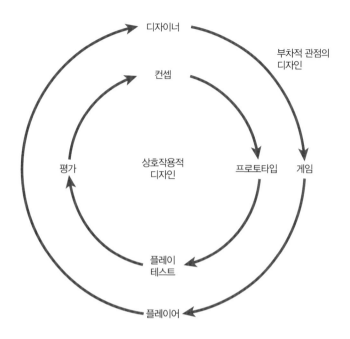

그림 5.1 반복 적용되는 디자인을 넣은 부차적 관점의 디자인 도해

비슷한 시기에 산업과 무대 디자이너였던 앙리 드레퓌스(Henry Dreyfuss)는 비슷한 관점에서 제품 디자인에 대한 접근법을 사용하기 시작했다.[2] 사물에만 주의를 기울이는 대신, 드레퓌스는 자기가 설계한 전화기, 진공청소기, 타자기를 사용하는 사람의 입장에서 보고자 했다. 그의 목표는 단순하지만 의외의 측면에서 자신의 디자인이 제공하는 경험을 이해하고 최종 사용자가 원하는 기능적 요구 사항을 더 잘 충족시키게끔 디자인을 개선하는 데에 있었다. 드레퓌스의 프로세스는 슈왈트의 것과 상당히 비슷하다. (놀랄 일도 아닌 것이, 드레퓌스는 벨 연구소에서 슈왈트 휘하에서 일을 했을 가능성이 있다.)

- 생각: 문제의 원인을 숙고한 다음, 브레인스토밍 기법으로 해결책을 모색한다.

- 스케치: 가장 유망한 해결책을 도입할 단순하고도 효과적인 수단을 개발한다.

- 보여주기: 스케치를 이해 당사자(고객, 잠재적 사용자 등)에게 어떻게든 공유한다.

---

2 앙리 드레퓌스, 사람을 위한 디자인(*Designing for People*). 1955.

- **평가**: 디자이너들, 고객, 사용자들의 반응을 반영하여 가장 효과적인 해결책을 결정하고 문제를 더욱 깊이 이해한다.

슈왈트와 드레퓌스의 모델 둘 다 디자인 프로세스는 점진적인 사이클의 프로세스로 이루어 진다는 유사성이 있다. 슈왈트가 제품의 일관성을 개선하기 위한 근거에 의존했다면, 드레 퓌스는 당시 부상하던 인체 공학과 인적 요인이라는 분야를 활용하여 자신의 제품에 대한 기능적, 경험적, 감정적 반응을 평가했다.

좀 더 최근의 사례를 살펴보자면 소프트웨어 개발과 휴먼 컴퓨터 인터랙션(HCI)의 영향도 받았는데, 이 두 가지 모두 슈왈트와 드레퓌스의 접근법에서 유래했다고 볼 수 있다.

- **요건**: 이 소프트웨어나 하드웨어의 기능은 무엇인가?
- **프로토타입**: 요건에 의거하여, 기능적인 프로토타입을 만든다.
- **검토**: 모든 관계자가 프로토타입을 사용하도록 하고 피드백을 받는다.
- **수정**: 피드백에 따라 요건과 기획을 수정한다.

이 세 가지 원칙으로부터 반복적 게임 디자인 프로세스가 탄생했다고 볼 수 있다. 계량적 방식과 통계의 관점에서 게임 디자인에 접근하는 이들도 있지만, 대부분의 게임 제작자는 좀 더 직관적인 접근법을 택한다. 그리고 좀 더 전통적인 예측형 프로세스를 이용하는 이들 도 있지만, 대부분은 성공적인 반복 적용 루프를 통해 게임을 디자인하고 정제해 나갈 수 있는 적응형 기법을 받아들이고 있다.

이것은 전화 인프라, 타자기, ATM 기계 등과는 달리, 게임은 기능을 중시하는 도구로 쓰이 는 제품이라기보다 경험과 표현에 관련된 상품이기 때문이다. 게임은 플레이에 따라 순간 순간 이루어지는 이벤트지만, 타자기와 ATM은 특정한 목적을 달성하기 위한 도구다. 따라 서 게임 디자이너는 게임 제작자의 의도와 플레이어의 경험을 동시에 처리해야 한다. 그래 서 반복 적용 게임 디자인 프로세스(그림 5.2 참고)는 다른 개발 과정과는 약간 다른 형태를 보인다.

- **컨셉 구상**: 게임과 그 플레이 경험에 대한 아이디어를 개발한다.

- **프로토타입**: 게임 디자인의 일부 측면을 '플레이어블'의 형태로 만든다.

- **플레이테스트**: 플레이어들이 프로토타입을 플레이하도록 하고, 어떤 경험을 하는지 확인한다.

- **평가**: 플레이테스트의 결과를 검토하여 게임의 디자인을 더 잘 이해하고 강화한다.

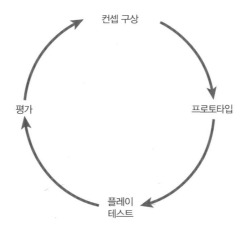

그림 5.2 반복 적용 디자인의 도해

이 그림을 보면 반복 적용 게임 디자인 프로세스가 어떻게 이루어지는지 알 수 있다. 일련의 단계들을 거치며 점진적으로 게임 디자인의 완성을 향해 가는 것이다. 각 사이클 루프는 게임 디자인의 반복 적용으로 이루어지며, 제작되는 게임에 대해 점진적으로 이해를 높여 디자이너가 플레이 경험 전체를 디자인할 수 있도록 해 준다. 반복 적용 루프는 디자이너로 하여금 게임 디자인에 살을 붙이고 탄탄히 다듬을 수 있게도 해 주고, 때로는 디자인의 특정 측면에 내재한 문제점을 발견하게도 해 준다. 어떤 쪽이든, 이것은 게임의 완성을 향해 가는 과정의 일부가 된다.

4단계

그럼 위에서 알아본 반복 적용 게임 디자인의 4단계인 컨셉 구상, 프로토타입, 플레이테스트, 그리고 평가에 대해 좀 더 자세히 알아보자.

1단계: 컨셉 구상

처음에는 아이디어만 존재할 뿐이다(그림 5.3 참고). 아이디어란 어디에서나 올 수 있다. 유니콘이 공룡과 싸우는 꿈에서 아이디어를 얻을 수도 있고, 공원을 산책하거나 사랑하는 사람과 어려운 대화를 하는 일상의 경험에서 얻을 수도 있다. 어쩌면 멋진 액션에 대한 영감이 떠오르거나 흔한 게임 오브젝트를 색다르게 사용한다는 아이디어로 시작해 볼 수도 있다. 또한, 말로 옮기기는 어려운 감정을 묘사하려는 과정에서 생길 수도 있다. 다시 말해, 게임 컨셉이란 그 무엇에서든 시작될 수 있는 것이다.

그림 5.3 반복 적용 사이클의 첫 단계인 컨셉 구상

게임의 컨셉 구상은 게임 디자인 과정의 처음에 다양한 기법을 사용해 아이디어를 만들어 내고 구체화하는 것으로 시작된다. 이때 염두에 둬야 할 것이 하나 있으니, 필요한 것은 오직 아이디어가 막힘없이 흐르도록 하는 것이다. 아직 세부적인 내용까지 생각할 필요는 없다. 사실, 이 초기 단계에서 정해야 할 것은 정답이 아니라 단순히 "이렇게 하면 어떨까…" 라는 질문이다.[3] 예를 들어, "유니콘이 공룡과 대결하는 게임을 만들어 보면 어떨까?"라든가 "첫눈을 맞으며 걷는 기분을 어떻게 전달할 수 있을까?" 같은 것이다. 이런 질문은 시간이 지나면서 다듬어져서 더 많은 질문으로 이어지게 된다. 하지만 게임 디자인의 시작 단계에서 필요한 것은 이런 질문이면 충분하다.

일단 기본적인 질문이 정해지면, 그 다음 단계는 브레인스토밍이다. 브레인스토밍이란 한 가지 아이디어나 질문에 대해 참가자 전원이 규칙을 정해 모든 가능성을 탐구해 보는 과정이다. 사실, 브레인스토밍은 가능한 한 많은 컨셉을 만들어내기 위한 일종의 게임이나 마찬가지다. 그리고 이런 컨셉은 "이러면 어떨까…"라는 질문의 형태가 되어도 좋다. 예를 들면, "유니콘과 공룡이 무너져가는 다리를 따라 달려가는 몬스터 트럭 위에서 결투를 하면 어떨까?" 같은 것이 될 수 있다.

컨셉 구상 단계에서 또 한 가지 중요한 점은 게임의 컨셉과 게임의 디자인 사이에는 차이가 있다는 것이다. 컨셉은 그저 아이디어, 즉 좋은 게임을 만들 수 있는 것으로 무엇이 있을까라는 가정일 뿐이다. 이 책의 도입 부분에서 논의했듯이, 게임 디자인이란 게임의 '청사진'을 만드는 작업이다. 아이디어를 디자인으로 바꾸려면 디자이너가 프로토타입으로 만들 수 있게끔 이 아이디어를 구조화하고, 그 다음 이 프로토타입을 플레이테스트하고, 그 결과를 평가하여 원래의 아이디어에 대해 어떤 반응이 나오는지 검토해야 한다. 그런 후에야 전체 과정이 다시 컨셉의 확장 및 수정, 혹은 해당 게임 디자인의 정제로 되돌아가게 된다. 그러려면 게임의 실험적이고 정형적인 특징을 확정하는 데에 **디자인 가치**를 비롯한 디자인 과정적 질문에 대답하는 과정이 필요하다.

컨셉 구상과 디자인에 대해서는 9장 '게임의 컨셉 구상'과 6장 '디자인 가치'에서 더 깊이 들

---

3 이 질문은 디자인 컨설팅사 IDEO에서 활용하는 방법으로, 게임의 컨셉 구상 단계에 엄청나게 도움이 된다. "어떻게 하면"이란 질문과 디자인 관련 실습 문제는 IDEO의 디자인 키트 프로젝트 www.designkit.org/methods/3에서 찾아볼 수 있다.

어가 보겠지만, 지금 단계에서 반드시 알아둬야 할 것은, 디자이너가 게임을 만들기 시작하는 데에는 아이디어와 질문들 외에 그다지 필요한 것은 없다는 점이다.

2단계: 프로토타입

반복적 게임 디자인 프로세스의 두 번째 단계는 게임 아이디어를 프로토타입으로 만드는 것이다(그림 5.4 참고). 게임이 어떻게 보이고, 느껴지고, 작동할지 알아내는 가장 좋은 방법은 직접 만들어보는 것이다. 게임이 단순한 아이디어 단계에서 프로토타입으로 빠르게 이동할수록 어떤 플레이 경험을 만들어낼지 더 잘 보여주게 된다. 프로토타이핑의 핵심은 브레인스토밍 과정에서 나온 "어떻게 하면…"이나 "만약…"이란 질문 중 가장 유망한 것을 유형의 것으로 바꾸는 데 있다. 종이건, 빠르게 대충 작성한 코드이건, 디자이너가 게임의 액션을 몸으로 표현하는 것이든 상관없다. 프로토타이핑이 멋진 점은 아이디어를 좀 더 진

그림 5.4 반복 적용 사이클의 두 번째 단계인 프로토타입

전시켜, 컨셉 구상 단계에서는 떠오르지 않았던 것을 발견하는 데에까지 이를 수 있다는 점이다. 반복 적용 프로세스를 적용하는 이유가 바로 이것이다. 단계가 진행되면서 처음의 아이디어는 유니콘의 대결이라는 뜬구름 같은 얘기에서 완전히 설계된 게임으로 변모하게된다. 처음부터 모든 것을 생각해 둘 필요는 없으며, 프로세스 내내 열린 자세로 게임에 중요한 것들만 구체적으로 생각하면 된다.

프로토타입은 아이디어와 함께, "만약에..."라는 질문을 포함하여 컨셉 구상 단계의 질문들에 중점을 둬야 한다. 게임 디자이너들의 생각이 더 확실해져야만 프로토타이핑이 가능하다. 따라서 유니콘과 공룡의 대결이란 예제에서, "유니콘이 공룡과 대결하면 어떨까?"라는 아이디어를 프로토타이핑하려면 이들의 대결이 무엇을 뜻하는지, 어디에서 일어나는지, 그리고 플레이어는 어떻게 대결에 참여하는지 어느 정도 구상되어야 한다. 또 집중을 위해서는 오려낸 종이 유니콘과 공룡을 테이블 위에서 움직이는 종이 프로토타입을 만들기로 할수도 있다. 아니면 2D로 화면에서 움직이는 대략적인 일러스트레이션을 이용할 수도 있다.

프로토타입에는 여러 종류가 있으며, 다양한 단계와 질문에 따라 무엇이 적합할지도 달라진다. 이런 내용과 일반적인 프로토타이핑 프로세스에 대해서는 10장 '게임 프로토타이핑'에서 더 자세히 살펴보겠다. 지금 단계에서는, 프로토타입을 빨리 만들수록 게임의 디자인이 더 빠르게 구체화된다는 것만 알면 된다.

3단계: 플레이테스트

프로토타입을 만들었다면 이제 플레이테스트가 필요하다(그림 5.5). 결국, 테스트해 보기 전에는 게임 디자이너라고 해도 게임이 어떨지 알 수 없기 때문이다. 플레이테스트를 해 보면 게임 디자인에서 어떤 것이 제대로 작동하고 어떤 것은 잘 맞는지 드러난다. 다시 말해, 플레이테스트는 프로토타입이 제시하는 "만약..."이란 질문에 대한 답을 주는 과정이다. 사실, 플레이테스팅은 질문을 던진다기보다는 답에 접근하는 단계다. 게다가 "유니콘이 공룡과 결투하면 어떨까?"라는 질문을 제시하는 프로토타입을 플레이할 때 무슨 일이 일어나는지 보는 것만으로 답이 나오지는 않는다. 그 외의 다른 질문들, 즉 "플레이어들이 게임의 목표를 이해하는가, 이들이 원하는 것은 무엇인가? 플레이어들이 기대했던 감정적 반응을 보이는가? 플레이어들이 게임의 메시지를 이해하는가? 사용자 인터페이스는 분명한가, 아

니면 이해하기 어려운가? 플레이어들이 게임을 얼마나 잘 진행해 나가는지에 대한 피드백
은 분명히 제공되는가?" 등을 확인해야 답을 알 수 있다.

플레이테스팅은 반복적 게임 디자인 프로세스에서 가장 어렵고도 많은 것을 깨닫는 과정
일 때가 많다. 멋진 아이디어를 프로토타입에서 잘 표현한 것 같았는데도, 플레이어는 이
를 전혀 파악하지 못할 때가 많다. 이럴 때는 당혹감을 느끼겠지만, 사실은 행운이라고 보
는 편이 맞다. 플레이테스트에서 실패한 점을 확인하면 어떤 것을 고쳐 게임을 더 향상시킬
수 있을지 감을 잡을 수 있기 때문이다. 실패란 필연적인 과정이다. 이것이 반복 적용 디자
인 프로세스에서 가장 중요한 점이다.

프로토타입이 여러 형태를 띨 수 있는 것이나 마찬가지로, 플레이테스트에도 여러 종류가
있다. 그 중에서도 내부와 외부 플레이테스트 두 가지를 기본으로 꼽을 수 있다. 게임 디자
이너끼리의 내부 플레이테스트는 필수적이며, 이것이 팀이 관여하는 최초의 플레이테스트

그림 5.5 반복 적용 사이클의 세 번째 단계인 플레이테스트

일 때가 많다. 외부 플레이테스트 역시 똑같이 중요한데, 여기에는 친구나 다른 게임 디자이너, 타깃 플레이어층 등을 참여시킨다. 어떤 종류의 플레이테스트이든 최우선 과제는 결과를 제대로 포착하는 것이다. 단순히 플레이테스터의 의견을 듣는 것이든, 디자이너가 발견한 문제점을 듣는 것이든, 플레이테스트 내용을 기록으로 남겨둬야만 반복 적용 디자인 프로세스의 다음 단계인 평가에 도움이 된다.

플레이테스팅에 대해서는 11장 '게임 플레이테스팅'에서 더 자세히 다루겠다.

4단계: 평가

플레이테스트를 한 번 마치고 나면, 게임 디자이너는 그 결과 평가를 통해 게임 디자인을 감정한다(그림 5.6 참고). 플레이테스트의 결과 평가에서 중요한 점은 플레이테스터가 행동하고 말한 피드백에 근거하여 게임 디자인에 어떤 변경이 필요한지 판단하는 것이다. 예를 들어, 공룡과 유니콘이 결투하는 게임을 보자. 양쪽 플레이어 모두 어떻게 창을 집어들 수 있는지 쉽게 파악하기 어려워하는 것이 관찰됐다고 가정해 보자.

이런 관찰을 평가하는 과정에서는 "어째서 플레이어들이 유니콘의 결투를 잘 이해하지 못한 걸까?", 혹은 "브론토사우러스가 창을 집어 드는 법을 플레이어가 더 쉽게 이해하도록 하려면 어떻게 해야 할까?" 같은 더 많은 질문이 나오게 된다. "어떻게 하면…"이란 질문이 기억나는가? 반복 적용 프로세스의 마지막인 이 단계에 오면 당연히 컨셉 구상 단계에서 고민했던 이런 질문이 나오게 된다. 그래서 평가와 컨셉 구상의 경계는 다소 모호하며, 자연히 프로세스의 사이클화가 일어나게 되는 것이다!

또한 평가를 통해 플레이테스트의 결과를 충분히 숙고하면서 해결책을 구상하는 시간도 필요하다. 산책을 하거나 조깅을 하는 디자이너도 있고, 낮잠을 활용하는 이들도 있다.[4] 또, 다른 게임 디자이너나 친구들과 자신이 작업하는 디자인의 문제점을 토론하는 이들도 있다. 아니면 게임을 플레이하고, 영화를 보고, 책을 읽거나 게임 외적인 것에서 영감이나 영향을 찾는 사람들도 있다.

---

4 책상 밑에 드러누워서 디자인에 있는 문제를 고민하는 디자이너를 본 적도 있다.

게임 디자이너가 된다고 해서 처음부터 완벽한 아이디어를 낼 수 있는 것은 아니다. 게임 디자인에서 어려운 점은 다른 사람들이 게임의 프로토타입을 어떻게 플레이하는지 주의 깊게 살펴본 다음 이런 피드백을 통해 디자인을 수정하여 다음 번 프로토타입에서 실험해 보는 일이다. 플레이어들의 피드백 중 일부는 아주 분명할 것이다. 하지만 "이 게임은 너무 치열한데요."라는 말처럼 어떻게 해석해야 할지 어려운 응답도 있을 것이다. 따라서 여러분은 환자가 설명하는 증상을 듣고 충분한 증거를 통해 진단을 해야 하는 의사처럼 연습을 해야만 한다. 그저 환자가 하는 얘기만 듣는 것이 아니라, 환자를 관찰하고 평가에 필요한 다른 것들도 살펴야 하는 것이다. 12장 '게임 평가'에서 반복 적용 게임 디자인 프로세스에서 평가가 어떤 역할을 해야 하는지 더 자세히 알아보겠다.

그림 5.6 반복 적용 사이클의 네 번째 단계인 평가

한 번의 사이클이 아닌, 반복되는 프로세스

게임을 만드는 동기가 다 똑같지는 않기에, 게임마다 모두 똑같은 반복 적용 사이클을 따르는 것은 아니다. 프로세스에서 택할 경로는 다양하며, 여러 가지 이유 때문에 반복 적용 단계를 다양한 방식으로 여러 번 거칠 수도 있다(그림 5.7). 어떤 게임은 세 번째나 네 번째 반복 루프에서 디자인이 빠르게 결정되기도 한다. 하지만 십여 번을 반복해야만 하는 게임도 있다. 그렇기에 반복적 게임 디자인 프로세스에서 가장 중요한 것은 인내심이다. 훌륭한 결과를 빚어내려면 시간이 걸리고, 좋은 방법론도 필요하다. 반복 적용되는 게임 디자인은 디자이너가 상상도 해 보지 못했을 온갖 방향으로 게임의 디자인을 몰고 간다. 특별한 종류의 플레이 경험을 만들어내고 싶어 하는 디자이너라면 반복 적용 사이클은 자신이 구상하는 바를 정확히 전달하는 데 도움이 된다. 그리고 표현에 더욱 신경을 쓰는 게임 디자이너라면 반복 적용 사이클을 통해 이런 목표에 도달하는 올바른 길을 찾을 수도 있다. 그저 사람들이 즐기는 게임을 만들고자 하는 게임 디자이너라면, 반복 적용 사이클이 플레이어가 해당 게임에 대해 좋아하는 것들을 발견하게 해 준다. 결국 반복 적용을 하는 이유는 게임을 만들고 있기 때문이며, 게임을 만들려면 프로토타입과 플레이테스트를 통해서만 어떤 것이 가능한지 완전히 파악할 수 있기 때문이다.

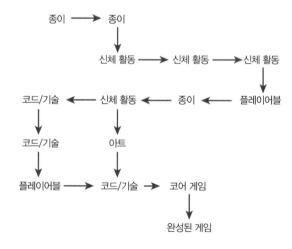

그림 5.7 게임 디자인의 이론적 경로

그리고 물론, 게임 디자인 이후의 과정도 있다. 사실, 게임 디자인 과정은 그저 시작일 뿐, 제작, 마케팅, 출시, 그 후엔 게임의 유지 관리까지 수많은 작업들이 남아 있다. 이런 것들은 13장 '디자인에서 제작으로'에서 살펴보겠지만, 이 책의 주제는 디자인 과정이지 제작이 아니므로 디자인에 초점을 맞추겠다.

성공을 위해 실패 수용하기

인내심 외에도 반복 적용 게임 디자인 과정에서는 실패에 대해 열린 자세가 또 한 가지 핵심이다. 실패는 일어나게 마련이다. 사실, 실패를 겪는 것은 아주 중요하다. 디자인 과정의 초반에서 실패는 게임에 존재하는 문제점들을 드러내 주며, 디자이너가 이런 문제를 수정할 해결책을 찾는 데에 도움을 준다. 최고의 게임 디자이너라 해도 디자인 과정의 초반에는 실패를 겪는다. 보드 게임 디자이너로 자기 이름을 걸고 십여 개의 성공적인 게임을 내놓은 라이너 크니지아(Reiner Knizia)도 플레이테스트를 해 보기 전까진 자신의 게임 디자인은 전부 완벽했다고 술회한 적이 있을 정도다.[5] 바로 이 점이 반복적 게임 디자인 프로세스가 가진 위력이자 골칫거리기도 하다. 게임 디자이너는 게임에 대한 직관이 있어야 하지만, 반복 적용 루프를 끝까지 가 보기 전에는 게임이 어떻게 나올지 알 수 없다. 그래서 게임 디자이너들이 사이클의 초기에 가능한 빨리 이를 알아내서 빠르게 자주 실패하기를 원하는 것이다.

실패를 통해 우리는 게임에 대해 배우고 더 잘 만들어갈 수 있다. 중요한 점은 실패란 일어날 것임을 인지하고, 실패했을 때 팀 단위로 이를 해결하며 가능한 해법을 찾는 것이다. 그럼 실패를 활용하여 게임의 디자인을 개선할 최선의 방법은 무엇일까? 바로 게임 디자인 과정의 초기에 빠르게, 확고한 목적성을 가지고 실패하는 것이다. 다시 말해, 실망하지 않도록 최선을 다하며 이를 배움의 기회로 봐야만 한다. 좀 더 풀어서 설명하자면 모든 일에는 처음이 있고, 결국은 실패에서 배울 수 있다는 것을 받아들여야 한다. 좋아하는 비디오 게임을 처음 플레이하던 때가 기억나는가? 비디오 게임을 플레이할 때는 실패를 거듭하면서 게임 속 세계가 어떻게 돌아가는지 알아가게 된다. 게임 디자인에 있어 실패란 어떻게 더 나은 게임을 만들 수 있는지를 가르쳐 주는 교사와 같다.

---

5 뉴욕 대학의 게임 센터에서 주최한 게임 컨퍼런스 오버허드 앳 프랙티스 2012(Overheard at Practice 2012).

반복 적용되는 디자인 과정은 폭넓은 창의적 의도를 활용할 수 있게 해 주며 플레이 경험을 향상해 준다. 이후 3개의 장을 통해 반복 적용 프로세스의 지침으로 활용할 수 있는 유용한 도구들을 제시하겠다. 6장에서는 게임 디자인의 중요한 요소들을 포착하는 중요한 도구가 되어 주는 '디자인 가치'를 소개한다. 7장 '게임 디자인 문서화'에서는 게임 디자인을 담아내는 세 가지 도구인 디자인 문서, 설계도, 관리용 스프레드시트의 개요를 설명한다. 그리고 8장 '협업과 팀워크'에서는 II장에서 논의했던, 팀 단위로 일하기 위해 고려해야 할 중요한 사항들을 다뤄보겠다.

요약

처음부터 제대로 해내려고 조바심을 낼 필요는 없다. 게임 제작은 항상 실패와 점진적인 향상에 중점을 두는 반복 적용 과정으로 이루어지기 때문이다. 일단 게임의 컨셉을 구상하고 나면, 가능한 빠르게 이를 프로토타입으로 옮겨야 한다. 처음부터 게임 코딩을 어떻게 해야 할지 고민할 필요도 없다. 프로토타입은 종이로 해도 되고, 몸으로 표현해도 되며, 바로 활용할 수 있는 수단을 적용하면 그만이다. 가능한 빠르게 플레이테스트 단계로 이행하는 것이 중요하다. 그래야만 처음으로 게임 플레이 과정을 눈으로 보고 실제로는 어떻게 구현되는지 확인할 수 있기 때문이다. 대부분, 디자인 중에서 일부 요소들은 실패하게 마련이다. 바로 이런 실패를 통해 플레이테스트의 결과를 평가하고, 디자인 가치를 비롯한 원래의 컨셉으로 돌아가서 프로세스를 새로 시작하게 된다.

- **컨셉 구상**: 게임에 대한 초기 아이디어와 이후의 아이디어를 탐구하고 프로토타입으로 만들며 개발한다.

- **프로토타입**: 게임의 일부 측면이나 게임 전체를 출시 전 단계로 구현하여 게임이 제시하는 디자인적 의문을 해결해 나간다.

- **플레이테스트**: 프로토타입이 제기한 의문들에 답을 만들어 가면서 여러분과 다른 이들이 프로토타입을 플레이하고, 여러분은 이 과정을 관찰하며 이들의 반응을 문서화한다.

◆ **평가**: 플레이테스트 관찰 내용을 검토하며 결과를 분석하여 다음 단계나 새로운 아이디어로 발전시킨다.

연습 문제

파트너를 구해서 10분간 두 명이 몸이나 방 안에 있는 물건을 이용하여 플레이할 수 있는 게임을 하나 디자인한다. 아이디어를 떠올리고 프로토타입을 만들고, 둘이서 플레이테스트를 한 다음 다듬기까지 해야 하니 빠르게 진행하자. 과정의 각 단계별로 메모를 한다. 10분이 끝나면 게임의 규칙을 적어 내려가고, 다른 두 명의 플레이어를 구해 플레이테스트를 진행한다. 이들은 규칙을 어떻게 해석하는가? 게임에 대해 새로운 것을 발견했는가? 게임을 망가뜨리거나 새로운 디자인 방향을 제시할 전략을 사용했는가?

6장

디자인 가치

아주 간단히 말하자면, 디자인 가치란 게임 디자이너가 게임과 그 플레이 경험에 구현해 내고자
하는 특성이다. 디자인 가치는 디자이너가 어떤 종류의 경험을 만들어내고 게임의 어떤 부분을 만
져서 이런 경험을 만들어낼 수 있을지 찾을 수 있게 해 준다.

게임 디자인이 어려운 원인은 대개 게임이 작동하는 방식에 있다. 게임 디자이너가 게임을 만드는 데에는 많은 이유가 있다. 특별한 종류의 플레이를 공유하고 싶기 때문에 게임을 만들기도 하고, 가장 잘 표현할 수 있는 매체이기에 게임을 택하기도 한다. 이유가 뭐든 간에, 게임에서 바라는 목적을 완전히 구현한다는 것은 어려운 일이다. 이미 1장에서 논의한 것처럼 플레이어들이 어떻게 게임을 플레이하게 될지는 디자이너가 통제할 수 없으며, 디자이너는 그저 플레이어들이 플레이하게 될 매개변수를 정의할 뿐이라는 이원적 디자인의 문제 때문이다.

플레이 경험을 만들어내는 데에 도움을 주는 한 가지 유용한 툴은 학자 이바르 홀름(Ivar Holm)[1], 그리고 게임 디자이너 에릭 짐머만(Eric Zimmerman)과 매리 플래너건(Mary Flanagan)으로부터 빌어온 개념인 **디자인 가치**다. 여기에서 가치라는 용어는 게임의 재정적 수익을 칭하는 것이 아니라, 게임을 통해 이뤄내고자 하는 특징과 특색을 말한다. 제작사로서 여러분 자신의 목표를 반영하기도 하지만, 궁극적으로 사용자가 경험하길 바라는 경험이 바로 이런 가치다.

디자인 가치의 가장 폭넓은 개념은 이바르 홀름의 건축과 산업 디자인 연구에서 볼 수 있다. 홀름은 심미적, 사회적, 환경적, 전통적, 그리고 성별에 따른 다섯 가지 핵심적 접근법을 제시한다.

- **심미적**: 심미적 디자인의 가치는 형태와 경험에 중심을 둔다.
- **사회적**: 사회적 디자인의 가치는 사회적 변화와 사회 기여에 중심을 둔다.
- **환경적**: 환경적 디자인의 가치는 환경과 지속 가능성에 대한 우려를 해결하는 데 있다. 이는 건축과 상품 디자인에 직접적인 연관이 있긴 하지만, 게임에 있어서도 마찬가지로 중요하다.
- **전통적**: 전통적 디자인의 가치는 역사와 지역을 영감의 원천으로 삼는다. 건축에 있어서는 옛날 건축물을 원래 상태로 복원하거나 지역의 전통 양식으로 짓는 것이 이 접근법에 해당한다. 게임 디자인에서는 장르에 걸맞은 작품을 만들거나, 역사적으로 중요한 게임

---

1 이바르 홀름. 건축과 산업 디자인의 아이디어와 믿음: 태도, 지향, 내재적 추정이 건축 환경을 어떻게 구축하는가(*Ideas and Beliefs in Architecture and Industrial Design: How Attitudes, Orientations, and Underlying Assumptions Shape the Built Environment*). 오슬로 건축과 디자인 학교, 2006.

을 리메이크하는 것이 여기에 해당한다.

- **성별 기반**: 성별에 따른 디자인의 가치는 양성 평등이라는 페미니즘 개념을 디자인 과정에 반영한다.

디자인 가치를 최초로 게임에 적용한 것은 에릭 짐머만의 '플레이 가치'로, 그는 '게임의 디자인에서 구현하는 추상적인 원칙'이라고 설명했다.[2] 가끔, 이런 종류의 디자인 가치는 플레이어가 수행하는 액션, 사용되는 오브젝트, 게임의 목적 같은 게임과 플레이의 '메커니즘'적 속성에 직결되기도 한다. 디자인 가치는 게임을 플레이할 때의 느낌인 빠르다, 길다, 변화무쌍하다 같은 설명과 비슷하게 쓰이기도 한다. 혹은 게임의 '전반적인 모양새와 느낌(look and feel)'을 디자인 가치라고 일컫기도 한다. 가끔, 디자인 가치는 디자이너가 머릿속으로 그리는 자신의 게임 플레이어의 특징에 더 가까울 때도 있다. 혹은 게임이 플레이되는 장소, 플랫폼의 기술적 특징 등과 같은 맥락적 문제일 때도 있다. 이 모든 것이 홀름의 심미적과 전통적 디자인 가치에 부합한다.

디자이너가 만들어내고자 하는 플레이 경험의 종류에 더해, 디자인 가치는 서로 다른 개인적, 정치적, 혹은 문화적 가치, 다시 말해 사회적 디자인 가치에서 유래될 수도 있다. 사회적 디자인 가치는 인간의 조건, 디자이너가 한 때 경험하고 느꼈던 것, 혹은 개인이나 집단적 가치에 근거한 정치적 입장을 표현하고자 하는 욕구를 반영할 수도 있다. 정치적, 페미니즘적, 그리고 개인적 가치를 구현한 디자인 가치의 예로는 매리 플래너건과 헬렌 니센바움(Helen Nissenbaum)의 프로젝트 겸 저서 "플레이의 가치(Values at Play)"[3]를 들 수 있다. 플래너건과 니센바움은 정치적, 사회적, 윤리적 가치를 게임에서 식별하고, 디자이너들이 어떻게 자신의 관점을 표현할 수 있을지 탐구하는 틀과 도구를 개발했다. 이 개념은 홀름의 사회적이고 성별에 따른 디자인 가치와 연결되긴 하지만, 보다 폭넓게 접근하면 환경적인 의미로까지 확장할 수 있다.

---

2 짐머만은 '플레이 가치'라는 용어를 쓰고 있지만, 필자들의 디자인 가치라는 컨셉도 여기에 가깝다. "연구로서의 플레이: 반복 적용 디자인 프로세스(Play as Research: The Iterative Design Process)" www.ericzimmerman.com/texts/Iterative_Design.html.

3 매리 플래너건과 헬렌 니센바움, 디지털 게임의 플레이 가치(Values at Play in Digital Games), 2014.

디자인 가치 생성

디자인 가치를 정하는 것은 게임이 제공하는 플레이 경험, 누구를 위한 것인가, 플레이어에게 주는 의미, 주어진 제한 등 게임에서 중요한 것이 무엇인지를 결정하는 과정이다. 필자들은 게임에 있어 누가, 무엇을, 왜, 어디에서, 그리고 언제 하는지 묻는 일련의 질문으로 시작하는 것이 가장 좋다는 것을 발견했다. 모든 게임의 시작에 이 모두가 필요한 것은 아니지만, 다음은 게임의 디자인 가치를 확립할 때 논의해야 할 일반적인 질문들이다.

- 경험: 플레이어는 게임에서 무엇을 하는가? 게임 디자이너이자 교육자인 트레이시 풀러튼(Tracy Fullerton)의 표현을 빌면, 플레이어는 무엇을 하게 되는가? 이것이 플레이어에게 물리적, 감정적으로 어떤 느낌을 주는가?

- 테마: 이 게임은 무엇에 대한 것인가? 플레이어들에게 이것을 어떻게 보여주는가? 플레이어들은 플레이를 하면서 어떤 컨셉, 관점, 혹은 경험을 마주하게 되는가? 이런 것들을 어떻게 전달하는가? 스토리를 통해? 시스템의 모델링을 통해? 은유적으로?

- 관점: 플레이어가 무엇을 보고 듣고 느끼는가? 이는 어떤 문화적 기준점에서인가? 게임과 그 안의 정보는 어떻게 표시되는가? 단순한 그래픽을 빌어서? 고도로 정제된 지오메트리 형태로? 상세한 세부 묘사를 담은 모델링으로?

- 도전: 게임이 어떤 도전 과제를 주는가? 정신적인 도전인가? 신체적인 도전인가? 아니면 도전적인 관점이나 주제, 테마에 대한 질문의 형태인가?

- 의사 결정: 플레이어들은 어떻게 어디에서 결정을 내리게 되는가? 그런 결정은 어떻게 제시되는가?

- 실력, 전략, 운, 그리고 불확실성: 게임이 플레이어들에게 어떤 기술을 요구하는가? 전략을 발전시키는 것이 플레이 경험 완성에 중요한 역할을 하는가? 운이 게임에 큰 요인이 되는가? 불확실성은 어떤 요인에서 생겨나는가?

- 맥락: 플레이어는 어떤 사람인가? 이들은 어디에서 게임을 접하게 되는가? 게임에 대해서는 어떻게 알게 되는가? 플레이하는 시간은 언제인가? 플레이하는 이유는 무엇인가?

- 감정: 게임이 플레이어들에게 어떤 감정을 일으킬 수 있는가?

이 목록을 보면 게임 디자인에 들어가기 전에 생각해야 할 게 많다는 생각이 들 것이다. 실제로 그렇다. 하지만 디자인 프로세스를 시작하기 전에 이 모든 요인을 고려하는 게 중요한 여러 가지 이유가 있다. 일단, 디자인 가치는 게임의 전체적인 컨셉과 목표, '색깔'을 결정한다.

디자인 가치의 방향을 잡는 것은 게임에 대한 공통적 이해를 쌓는 것만큼이나 중요하다. 대부분의 게임은 협업으로 만들어지며, 팀원은 게임이 어때야 하는지, 플레이 경험은 어때야 할지에 대해 저마다 의견과 아이디어가 있게 마련이다. 디자인 가치는 팀원들이 무엇을 만들고 왜 작업하는지 동의하도록 만들어 준다. 또, 훌륭한 아이디어가 나왔을 때 이것이 게임의 디자인 가치와는 대치되는지를 확인하는 데에도 중요하게 쓰인다. "이것은 디자인 가치에 부합하는가?"라는 질문을 계속하면 팀 내 갈등을 해소할 수 있으며, 뛰어난 아이디어일지라도 현재 게임에 넣어야 할지 아니면 다음 프로젝트로 미뤄야 할지 판단할 수 있다.

예제: 퐁(Pong)의 디자인 가치

특히 새로운 아이디어나 컨셉은 예제를 통해 배우는 것이 효과적일 수 있다. 그래서 파트 1 '컨셉'에서는 여러 게임의 예를 많이 들었다. 이제 기본 개념을 넘어서서 디자인 과정으로 들어왔으니, 퐁에 대한 가상의 디자인 예를 활용하여 설명해 보겠다(그림 6.1). 그럼 이제부터는 고전 아케이드 게임을 디자인하는 자세로 진행해 보자. 우선, 디자인 가치는 다음과 같다.

- **경험**: 퐁은 실제의 테니스와 탁구를 혼합한 형태를 기본으로 하는 2인용 게임이다. 단순한 점수 시스템을 활용해 플레이어들이 최고 점수를 내려고 경쟁하는 데에 집중하도록 한다.

- **테마**: 구기 스포츠! 정면 승부!

- **관점**: 퐁은 위에서 내려다보는 시점으로, 중력을 이용하며 네트를 넘겨 공을 치는 게임 플레이가 펼쳐진다. 이때 공을 받아 넘기며 상대방이 받아낼 수 없도록 만드는 것이 관건이다. 그래픽은 매우 추상화된 단순한 스타일로, 빠르고 반응성 높은 게임 플레이에 중점을 둔다.

- **도전**: 게임의 도전 과제는 속도, 손과 눈의 협응, 그리고 상대방이 예상하지 못한 방향으로 공을 쳐내는 데에 있다.

- **의사 결정**: 판단은 실시간으로 이루어지며, 공의 궤적과 상대방의 라켓이 분명히 보인다.

- **실력, 전략, 운, 그리고 불확실성**: 퐁은 서브할 때의 각도와 관련해서는 실력과 약간의 운이, 상대방이 공을 쳐내는 데에는 다소간의 불확실성이 존재하여 상대하는 데에 영향을 준다.

- **맥락**: 이 게임은 아케이드 오락실에서 플레이되며, 상대방이 바로 곁에 있기에 게임 화면과 실제 세계 사이의 연관성이 커진다.

- **감정**: 퐁은 완전한 몰입, 우아함, 팽팽한 경쟁, 흥분을 자아낸다.

그림 6.1 퐁. 롭 보우든(Rob Boudon)의 사진을 CC 2.0 일반 라이선스에 의거 게재.

사례 연구

디자인 가치의 실례를 들기 위해, 댓게임컴퍼니의 저니, 캡틴 게임의 데저트 골핑, 그리고 나오미 클락의 콘센타클[4] 세 가지 실제 게임의 사례 연구를 살펴보자.

사례 연구 1: 댓게임컴퍼니의 저니

댓게임컴퍼니(thatgamecompany)의 저니(그림 6.2 참고)는 이 회사의 공동 창업자 겸 크리에이티브 디렉터인 제노바 첸(Jenova Chen)이 캘리포니아의 쌍방향 미디어 및 게임학과 MFA 프로그램에서 만들었던 아이디어에서 탄생했다. 제노바는 수많은 멀티플레이어 온라인 게임(MMO)을 플레이해 봤지만, 인간으로서 감정적인 연결을 느낄 수 있는 게임이 없다는 것이 늘 불만이었다. 당시에는 댓게임컴퍼니를 창립하기 전이었고, 이런 게임 컨셉은 그가 혼자서 만들어내기에는 역부족이었다. 수년이 흐른 뒤 댓게임컴퍼니가 플로우(Flow)와 플라워(Flower)를 성공시킨 후에야 제노바는 저니에 도전할 때가 됐다고 마음먹었다.

그림 6.2 저니

---

4 존은 에세이 '디자인 가치(Design Values)'에서 이 책에 든 것 외에 추가적인 예제들을 설명한다. www.hey-imjohn.com/desing-values.

2013 GDC에서 저니의 디자인 과정에 대해 발표하면서 제노바는 이 게임 디자인의 목표가 플레이어를 "경이로움을 느낄 수 있는 고독하고 작은 존재로" 구현하는 것이라고 설명했다.[5] 이런 감정을 플레이어에게 불러일으키는 것이 바로 디자인 가치였다.

제노바는 또한 게임에 멀티플레이 협동을 넣고 싶어 했다. (저니의 경우에는 두 명의 플레이어가 된다.) 그래서 다른 플레이어와 감정적 교감을 나누는 것이 이 게임의 두 번째 디자인 가치가 되었으며, 이런 교감을 통해 전체적인 감정적 반응이 고조되는 결과를 낳았다.

처음에 관심을 가진 것은 이런 부분이었지만, 이 게임의 디자인은 무엇으로 플레이할지에 따라서도 영향을 받는다. 저니의 디자인 가치는 플레이스테이션 3용으로 설계됐다는 사실에 영향을 받았다. 소니는 댓게임컴퍼니에 싱글 플레이어용 게임을 만들어 달라고 주문했기 때문에 협동 메커니즘 방식에도 영향이 있었다. 게임은 다른 플레이어가 온라인 상태로 함께 플레이하지 않더라도 경험에 영향이 없이 매끄럽게 진행된다. 플레이어들은 월드에서 자연스럽게 나타났다 사라진다. 게다가 거실 플레이용으로 만들어진 게임은 버스를 기다리면서 폰으로 하는 게임보다 더 영화 같은 느낌을 주며 몰입도도 크므로, 플레이스테이션이라는 플랫폼은 시각적 스타일과 게임 플레이에 영향을 줬다.

저니의 또 다른 디자인 가치는 감정적이고 서사적인 플레이 경험의 곡선에도 관련이 있다. 제노바는 연극이나 영화에서 흔히 볼 수 있는 3막 구성 형식으로 된 조셉 캠벨의 작품, 영웅의 여정(Hero's Journey)에서 영감을 받았다. 제노바와 팀은 전통적인 3막의 서사에 문학적, 정서적으로 맞게끔 풍경을 만들기 시작했다. 플레이어가 자유와 경이감을 느끼며 자연스럽게 감정의 고조를 느끼고, 갇히고 두려워하며 쓸쓸해지면서 저조해졌다가 마침내 모든 것이 해결되며 대단원의 막이 내리도록 의도한 것이다.

디자인 팀은 게임의 환경에 대한 영감을 구하려고 모래 언덕을 여행했다. 이들은 사막에서 모래를 밟는 것이 얼마나 즐거운지, 높은 사구(沙丘) 정상에 오르며 눈앞에 어떤 풍광이 펼쳐질까 두근거리는 느낌이 어떤 것인지 모두 경험했다. 덕분에 모래를 타고 미끄러지며 우아하게 모래 언덕을 위 아래로 움직인다는 아이디어가 탄생하게 됐다. 이 액션은 최초의 디

---

5 더 많은 내용은 제노바 첸의 GDC 2013 강연 '저니의 디자인(Designing Journey)'에서 확인할 수 있다. www.gdcvault.com/play/1017700/Designing.

자인 가치와 어우러지며 환경 속을 이동하며 경이감을 느끼고, 현실처럼 느껴지면서도 현실보다 더 멋진 경험을 빚어낸다. 진짜 모래 언덕이라면 썰매 없이는 미끄러져 내려갈 수가 없지만, 저니에서는 모래를 파도처럼 탈 수 있기 때문이다(그림 6.3).

그림 6.3 저니에서 모래를 타고 미끄러져 내려가는 플레이어 캐릭터

이 모든 목표를 이루기 위해 제노바와 댓게임컴퍼니 팀은 멀티플레이어 게임 플레이에 대한 플레이어의 기대와 기존의 법칙에 관련된 여러 문제를 해결해야만 했다. 초기 프로토타입에서는 게임에서 큰 바위를 함께 밀어내기 위해서 퍼즐을 풀거나 장애물을 넘어가기 위해 서로 끌어당겨 주는 등의 요소가 있었다.[6] 협동을 장려하는 멀티플레이 환경을 만들어내는 것이 목표였다. 하지만 플레이테스팅 도중 플레이어들이 서로 밀치거나 자원을 두고 다투는 장면을 목격하곤, 게임에서 이런 액션을 허용함으로써 자신들이 권장하고자 했던 협동 정신과는 정반대의 반응을 플레이어들이 보인다는 점을 이내 깨달았다. 그래서 디자인 팀은 플레이어들이 혼자서나 함께할 때나 똑같이 자원에 접근할 수 있게 하는 해결책을 도입하여, 다른 플레이어가 있다고 해도 게임을 충분히 즐길 수 있도록 수정했다. 또한 플

---

6 제노바 첸과 로빈 휴니케, 인디케이드 2010: "저니에서의 멀티플레이어 역학 발견 파트1–4(Discovering Multiplayer Dynamics in Journey Parts 1–4)." https://www.youtube.com/watch?v=0BLoTk6cmWk.

레이어들이 게임 내 채팅 기능을 악용하여 남을 괴롭히거나 불친절하게 구는 것을 보고는, 플레이어들이 서로 못되게 구는 것 자체가 불가능하게 하는 어려운 결정을 내리기도 했다. 바로 '채팅'을 없애고 오로지 기호만 넣은 것이다. 이런 결정은 모두 의미 있는 연결과 경외심이라는 디자인 가치에 기인한 것이었다.

게임에 담을 디자인 가치가 있었기에 팀은 프로토타입들을 개발해 나가면서 목표에 계속 집중하고 자신들이 가고자 하는 길을 정확히 알 수 있었다. 그리고 디자인 가치에 부합하며 제노바가 처음 세웠던 목표에 맞는 게임이 탄생하기까지는 수많은 반복 적용 프로세스 사이클이 계속됐다. 다른 게임들과는 다르게 만들고 싶어 했기 때문인데, 따라서 정해진 공식이나 참고할 전작이 없기에 다른 길은 없었다. 그래서 제노바와 댓게임컴퍼니 팀은 저니의 플레이어들이 경험할 것들을 만들어내 다듬고 명확히 하기 위해 많은 실험을 거듭해야 했다. 결국 이 모든 노고가 결실을 맺어, 저니는 게임 디벨로퍼 초이스 올해의 최우수 게임 상을 포함한 여러 상을 휩쓸었다.

사례 연구 2: 캡틴 게임의 데저트 골핑

데저트 골핑(그림 6.4 참고)은 말도 안 될 정도로 단순한데, 이미 검증된 앵그리버드 스타일의 '터치, 당기기, 조준, 놓기' 액션을 이용해 플레이어가 3,000 (혹은 그 이상) 홀의 사막 골프 코스에서 공을 치는 게임이다. 이 게임은 단순하고 밋밋한 색상의 그래픽과 미니멀리즘적인 음향 효과를 활용하여 엄청난 수의 홀에서 홀인원을 노리며 총 샷 수로만 점수를 계산하는 아주 단순한 게임이다.

데저트 골핑은 '인디 버전의 앵그리버드'를 만들겠다는 단순한 아이디어로 시작됐다. 게임의 디자이너인 저스틴 스미스(Justin Smith)에게 이것은 앵그리버드의 '핀볼 타입' 액션에서 재미있는 측면은 다 살리고, 그런 액션의 잠재력에서 주의를 분산시킨다고 느껴지는 불필요한 디테일은 삭제하는 것을 의미했다. 이것이 이 게임의 가장 중요한 디자인 가치다. 다시 말해, 게임 플레이를 최소화하되 핵심이 되는 액션에 확실히 집중하는 것이다.

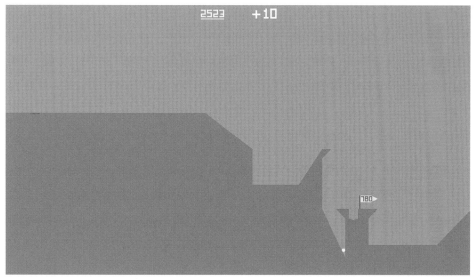

그림 6.4 캡틴 게임의 데저트 골핑

저스틴은 자신의 디자인 접근법을 '비동기식'이라고 설명하는데, 노트에 아이디어를 모은 ('인디 앵그리버드' 같은 것들을 적어 내려간) 다음, 게임을 작업할 준비가 되면 노트를 넘겨가며 연관 아이디어를 찾아 나간다. 저스틴은 특히 골프 같은 스포츠에 흥미가 많았는데, 마침 '핀볼 스타일' 액션에는 골프가 제격이었다. 골프에 대한 관심은 댓게임컴퍼니의 저니 같은 경험 위에 골프를 얹는다는 실험으로 연결됐다. 최종적으로 이렇게 만들어지진 않았지만, 게임의 색상 구성과 환경에 저니가 많은 영감을 준 것은 사실이다. 이것이 이 게임의 두 번째 디자인 가치인 게임 월드의 특징이 되었다.

저스틴은 플레이어가 공을 한 번 치는 정도의 최소한의 플레이만으로 만족스러운 플레이 세션을 경험하는 것을 구상했다. 이것이 이 게임의 세 번째 디자인 가치인 매 액션마다 깊은 만족감과 함께 각각의 즐거움을 주는 것이다. 그래서 플레이어가 단순한 제스처로 다채로운 차이를 느낄 수 있는 방식이라고 보는 '핀볼 타입'의 액션에 중점을 둔 것이다. 저스틴은 낭겼다 놓는 제스처의 피드백을 어떻게 시각화할 것인가, 플레이어가 어떤 일이 벌어지는지 이해할 수 있도록 효과음을 어떻게 넣을 것인가 등 반응성에 큰 노력을 쏟아야 했다.

골프 게임을 만들고 싶다는 것이 정해지고 나서 저스틴은 홀을 어떻게 만들지 고민했다.

그는 홀을 손으로 직접 디자인하기보다는 코드로 생성하는 절차적인 개발에 익숙했고 더 관심이 있었다. 그래서 끝없어 보이는 사막의 골프 코스라는 아이디어가 나왔고, 이것은 무한해 보이는 게임이라는 네 번째 디자인 가치로 이어졌다. 이렇게 구현하기 위해서 저스틴은 게임의 첫 번째 3,000개의 홀을 절차적으로 생성하는 보다 구체적인 규칙 세트를 개발해야 했다. 그는 레벨을 생성하고 결과를 평가하고, 골프 홀 생성을 컨트롤하는 규칙을 변경하는 반복 적용 사이클을 거치면서 일련의 시행착오를 거쳐야 했다.

플레이어들이 데저트 골핑의 플레이 경험에 대해 서로 공유하는 것이 이 게임의 마지막 디자인 가치다. 저스틴은 플레이어들이 유기적으로 게임에 대해 공유하며 정보를 나눌 수 있도록 하고 싶었다. 그래서 두 가지가 적용됐다. 하나는 컬러 팔레트를 점차 바꿔 나가서 플레이어들이 이 점을 발견하면 서로 공유하도록 유도했고, 플레이어마다 총 타수도 공유할 수 있도록 했다. 또한 경쟁형 게임에서 흔히 볼 수 있는 순위표를 제공하는 대신, 플레이어들이 스스로 점수를 자랑하도록 됐다. 그 결과 플레이어들은 서로 만나거나 소셜 미디어에서 자기 점수를 이야깃거리로 삼게 됐다.

데저트 골핑은 디자인 가치가 시간이 흐르면서 어떻게 발전해 가는지를 보여주는 훌륭한 예다. 노트에 아이디어를 적어 두면, 다른 게임에서 영감을 얻은 액션이나 설정 같은 간단한 아이디어라 해도 나중에 이런 아이디어를 게임의 디자인 가치를 구체화하는 과정에 활용할 수 있다. 저스틴 스미스의 디자인 가치 구체화 과정은 각 레벨의 절차적 생성 같이 시도해 보고 싶은 일들에 의해서도 영향을 받았다. 궁극적으로 디자인 가치란 플레이어가 무엇을 경험하기를 원하는지, 그리고 디자이너로서 탐구해 보고 싶은 것은 무엇인지와 같은 지극히 개인적인 것이다.

사례 연구 3: 나오미 클락의 콘센타클

나오미 클락(Naomi Clark)의 카드 게임 콘센타클(Consentacle, 그림 6.5 참고)은 디자이너가 여타 매체나 다른 게임을 플레이하던 경험에 반응하여 만들어낸 게임의 대표적인 예다. 이 게임은 촉수 괴물과 젊은 여성 간에 쌍방 합의 없이 일어나는 폭력적 행위로서 성행위를 묘사하는 일본 애니메이션의 한 장르 '헨타이'에 대한 불만에서 탄생했다. 이 장르에서는 전통적으로 괴물이 권력의 주체로 나온다. 나오미는 괴물과 여성 양쪽 캐릭터의 힘이 동등할 때는 어떤 일이 일어날지에 대한 호기심으로 이 게임을 만들었다. 즉, 캐릭터들의 힘이 동등하며 상호 합의 하에 행위를 하는 것이 콘센타클의 핵심적인 디자인 가치이며, 이는 게임을 플레이하는 방식뿐 아니라 게임에서의 정치적 역학에서도 드러난다.

나오미는 헨타이 아니메의 요소 중 제3의 성, 즉 촉수 괴물의 성별이 모호하다는 점에서도 영감을 받았다. 처음엔 어떻게 활용할지 확신이 없었지만, 나오미는 이 점을 동성애의 완벽한 은유로 사용할 수 있으리라 생각했다. 이 두 가지 요소가 콘센타클의 테마로, 게임 플레이에 이 테마를 적용하고 표현할 방법을 찾는 것이 디자인 가치의 강력한 지향점이 됐다.

이런 아이디어를 차기 프로젝트를 위해 구상한 나오미는 안드로이드: 넷러너를 플레이하기 시작했다. 또한, 동료 게임 디자이너 매티 브라이스(Mattie Brice) 덕분에 나오미는 안드로이드: 넷러너를 롤플레잉 게임으로 접근하면 기업과 러너 사이에 친밀함이 존재한다는 점을 깨닫게 됐다. 기업은 항상 러너에게 취약하며, 러너는 계속해서 정보를 캐내서 포인트를 얻어야 한다. 나오미는 이런 면에 착안하여 콘센타클의 역학 관계에 참고했다. 이렇게 해서 카드 수집 게임의 경제 시스템을 감정적 결속 시스템에 내재된 친밀함을 탐구한다는 수단으로 삼는다는 두 번째 디자인 가치가 탄생했다.

나오미는 이런 친밀감이 상당 부분 불완전한 정보 공간, 즉 기업은 러너가 생각하고 알아내려 하는 정보를 늘 숨겨야 하는 데에서 온다는 것을 발견했다. 그리고 이와 비슷한 방식으로 숨겨진 정보를 활용하는 다른 카드 게임과 보드 게임들을 찾기 시작했다. 그러다가 플레

그림 6.5 나오미 클락의 콘센타클

이어들이 상대의 카드는 볼 수 있되 자신의 카드는 볼 수 없는 앙트완 바우자(Antoine Bau-za)의 하나비(Hanabi, 그림 6.6 참고)를 플레이하기 시작했다. 하나비에서 플레이어들은 서로 협동하여 올바른 결정을 내려야 한다. 이를 통해 나오미는 다음 디자인 가치인 상호 합의된 의사 결정이라는 협동 게임 플레이를 추구하게 됐다.

이렇게 원하는 요소들을 갖춘 나오미는 콘센타클의 기본적 게임 경험을 빠르게 구상해냈다. 하나는 인간, 하나는 촉수 달린 외계인인 플레이어들은 서로 힘을 합쳐 신뢰를 쌓아가고, 그러는 과정에서 만족을 얻게 된다. 둘이 동시에 카드를 한 장씩 내는데, 합쳐지면 플레이어들이 수집한 신뢰 토큰과 만족 토큰을 이용해 할 수 있는 행위가 설명된다. 게임의 초심자 버전에서 플레이어는 어떤 카드를 플레이할 지 의논할 수 있지만, 고급 버전에서는 서로 밀을 하면 안 되기 때문에 서로 의사소통힐 다른 빙식을 고인해 내야 힌다.

게임 디자인에 있어 제약을 큰 요소로 결정한 나오미는 플레이어들이 협동할 수 있는 능력을 재미있는 방식으로 제한할 방법을 고민하기 시작했다. 그래서 그녀는 플레이어들이 일반적인 커뮤니케이션 없이 협력할 수 있는 방안을 연구하게 됐다. 그러다가 플레이어들이

그림 6.6 앙트완 바우자의 하나비

경쟁적으로 서로를 이기기 위해 이용하는 '요미(간파)'를 거꾸로 서로를 돕는 데 활용하는 '협동 간파'라는 아이디어를 떠올렸다. 이것이 이 게임의 세 번째 디자인 가치가 됐다.

협동을 장려해야 하기에, 나오미는 상당히 초반부터 게임에 절대적인 승패 조건을 두지 않기로 마음먹었다. 이것이 이 게임의 네 번째 디자인 가치다. 이 점을 염두에 두고 나오미는 플레이어들이 게임의 협동이라는 특징에 반하여 행동하지 않게끔, 승리나 패배를 선언하지 않고도 얼마나 잘 해냈는지 피드백을 줄 수 있는 방법을 연구하기 시작했다. 그리곤 코스모폴리탄 잡지에 실리는 퀴즈는 스케일에 따른 등급을 배정한다는 데에서 힌트를 얻었다. 이 게임은 두 플레이어가 획득한 점수와 함께 협력 점수를 일정 비율로 평가한다.

콘센타클의 독특한 게임 플레이는 합의를 둘러싼 실제 세계의 문제들을 반영한 디자인 가치에 의해 만들어진다. 콘센타클을 개발하면서 나오미는 디자인 과정에 영감을 제시해 주는 게임과 다른 매체물을 면밀히 살폈으며, 그 덕분에 흥미로우면서도 매우 독창적인 해법을 넣을 수 있었다. 개발 과정 내내 게임의 디자인 가치가 나오미의 길잡이 역할을 했다. 이 점이 굉장히 중요한데, 다른 게임이나 매체물을 보면서 영감을 찾다 보면 샛길로 빠지기 쉽지만, 강력한 디자인적 가치를 세워 둔다면 이런 연구가 방향성을 잃고 표류하는 일을 피할 수 있다.

요약

필자들의 퐁 생각 실험과 세 가지 사례 연구를 통해 볼 수 있듯, 디자인 가치는 디자인 과정에서 유용한 길잡이가 되어 준다. 게임 디자인의 여정 내내 이정표가 된다고도 할 수 있다. 여러분이 게임을 만들고 다른 이들과 이 게임을 테스트해 볼 때는 뚜렷한 목표가 필요하기에 이 점이 매우 중요하다. 또한 디자인 가치는 게임 제작 과정에서 발생하는 많은 질문들에 답이 되어 줄 수 있다. 팀이 만들고자 하는 게임이 무엇인지 조율하는 도구로서도 활용되며, 일관된 플레이 경험을 만들어내도록 유지해 주기도 한다.

디사인 가치에 대한 기본 실문은 다음과 같다.

- **경험**: 플레이어가 플레이 동안 무엇을 하는가? 게임 디자이너이자 교육자인 트레이시 풀러튼(Tracy Fullerton)에 의하면, 플레이어는 무엇을 하게 되는가? 이것이 플레이어에게 물리적, 감정적으로 어떤 느낌을 주는가?

- **테마**: 이 게임은 무엇에 대한 것인가? 플레이어들에게 이것을 어떻게 보여주는가? 플레이어들은 플레이를 하면서 어떤 컨셉, 관점, 혹은 경험을 마주하게 되는가? 이런 것들을 어떻게 전달하는가? 스토리를 통해? 시스템 모델링을 통해? 은유적으로?

- **관점**: 플레이어가 무엇을 보고 듣고 느끼는가? 이는 어떤 문화적 기준점에서인가? 게임과 그 안에 담겨 있는 정보는 어떻게 표현되는가? 단순한 그래픽을 빌어서? 고도로 정제된 지오메트리 형태로? 상세한 세부 묘사를 담은 모델링으로?

- **도전**: 게임이 어떤 도전 과제를 주는가? 정신적인 도전인가? 신체적인 도전인가? 관점, 주제, 혹은 테마로 표현되는가?

- **의사 결정**: 플레이어들은 어떻게 어디에서 결정을 내리게 되는가? 그런 결정은 어떻게 제시되는가? 정보 공간은 완전한가, 불완전한가?

- **실력, 전략, 운, 불확실성**: 게임이 플레이어들에게 어떤 기술을 요구하는가? 전략을 발전시키는 것이 플레이 경험 완성에 중요한 역할을 하는가? 운이 게임에 큰 요인이 되는가? 불확실성은 어떤 요인에서 생겨나는가?

- **맥락**: 플레이어는 어떤 사람인가? 이들은 어디에서 게임을 접하게 되는가? 게임에 대해서는 어떻게 알게 되는가? 플레이하는 시간은 언제인가? 플레이하는 이유는 무엇인가?

- **감정**: 게임이 플레이어들에게 어떤 감정을 일으킬 수 있는가?

연습 문제

1. 게임 하나를 '역분석'하여 그 디자인 가치를 알아보자. 게임이 여러분에게 어떤 느낌을 주는지에 세심하게 주의를 기울이고, 디자이너들이 이런 느낌을 디자인 가치에 어떻게 포착해 넣었을지 상상해 보자. 이 장에서 열거한 디자인 가치들을 지침으로 삼자.

2. 위의 게임에서 디자인 가치 세 가지를 변경해 보자. 그런 다음 새로운 디자인 가치를 기준으로 종이에 적거나 게임의 규칙을 변경하는 등 게임을 새로 바꿔보자. 이런 변경이 전체적으로 어떤 영향을 끼쳤는가? 플레이 경험은 어떻게 달라지는가?

7장

게임 디자인 문서화

반복 적용 디자인 프로세스가 자꾸 바뀌는 혼돈의 수렁으로 느껴지지 않게끔, 필자들은 디자인 문서, 설계도, 관리용 스프레드시트 세 가지 문서를 활용한다. 디자인 문서에는 게임의 디자인 가치를 포함하여 게임에 대해 내려진 디자인적 결정을 기록한다. 설계도는 디자인이 프로토타입으로 적용되기 전에 추상적인 게임 아이디어를 화면에서 조금이라도 실제적으로 보여주기 위한 그림이다. 그리고 관리용 스프레드시트에는 디자인, 프로토타입, 플레이테스트의 큰 그림과 순간순간 필요한 작업을 적어 넣는다.

반복 적용되는 게임 디자인 과정의 전부가 말 그대로 컨셉 구체화, 프로토타이핑, 플레이 테스팅, 평가뿐이라면 디자인 과정이 혼돈에 빠지고 좌절할 일은 드물지도 모른다. 팀원들이 게임에 대해 서로 달리 이해하고, 중복되는 작업을 하거나, 심하게는 작업이 제대로 처리되지 못하는 일도 왕왕 벌어진다. 그래서 모두 같은 정보를 공유하기 위해 우리는 **디자인 문서**, **설계도**, 그리고 **관리용 스프레드시트**라는 서로 연관된 세 가지 문서를 이용한다. 이 세 문서는 반복 적용되는 게임 디자인 과정에서 각기 다른 역할을 한다. 디자인 문서는 디자인 가치(6장 '디자인 가치' 참조) 같은 지침이 되는 요소를 포함한 게임의 디자인 개요의 기능을 한다. 설계도는 청사진처럼, 게임을 어떻게 플레이하며 제작하기 위해서는 무엇이 필요한지 등 게임의 기본 사항을 설명해 준다. 그리고 관리용 스프레드시트는 프로토타입을 제작하고 플레이테스트를 진행하는 데 필요한 과제들을 나열하여 할 일 목록처럼 사용된다. 이 장에서는 디자인 과정에서 중요한 이 세 가지 문서에 사용되는 기법을 자세히 살펴보고, 어떻게 활용되는지 알아보겠다.

게임 디자인 문서

게임 디자인 문서는 게임 디자이너들이 아이디어, 영감, 디자인 가치를 보다 구조적인 디자인으로 정리하는 데 쓰는 훌륭한 도구다. 디자인 문서는 결정 사항을 기록하여, 팀 전원이 참고자료로 활용할 수 있는 게임 디자인의 구체적인 기획으로 바꿔준다. 게임 디자인 문서가 없다면 반복 적용되는 디자인 과정에서 최신 사항의 확인이 혼란의 도가니에 빠질 수 있다. 팀 단위로, 혹은 독자적으로 작업하는 게임 제작자라고 해도, 기억과 당장은 정말 멋져 보이지만 충분히 탐구하지 않은 아이디어에 의존하여 작업하는 것은 위험한 일이다.

많은 이들이 게임 디자인 문서라고 하면 게임의 세세한 모든 것을 담고 있는 500페이지쯤 되는 엄청난 두께의 백과사전 같은 것을 상상한다. 엄청난 규모의 팀이 큰 게임을 제작한다면 그럴 수도 있지만, 많은 인디 게임의 경우 이 문서는 고작 10~20페이지 분량에 그치게 마련이다. 이때 게임 디자인의 적정한 세부화가 어느 정도 수준이어야 할지 판단하는 법을 제대로 익히기까지는 시간이 걸린다. 특히 팀 단위로 일할 경우, 처음에는 팀 전체가 게임에 대해 이해하며 그룹 작업 스타일로 개발해야 하므로 더 세밀하고 정확하게 기술하는 편이 낫다.

게임 디자인 문서는 영화의 각본과도 공통점이 많다(그림 7.1 참고). 많은 영화 제작자들에게 있어 각본은 영화를 제작할 '설계도'의 역할을 한다. 각본에는 씬, 대사, 상황 설명과 함께 캐릭터의 감정과 동기에 대한 정보도 들어 있다. 각본이 없다면 영화 제작진은 무엇을 찍어야 할지 모를 것이고, 배우는 정해진 씬에서 뭘 연기해야 할지 추측 밖에 할 수 없을 것이다. 게임 디자인 문서 역시 영화의 각본과 비슷하게, 프로토타입들을 거쳐 만들어질 최종 게임의 여러 측면과 함께 게임 디자인의 지침서 역할을 한다. 어떤 형태든지 문서화가 되지

```
                    How is everything?   The oxygen ok?

                            MADELINE
                    Not bad at all.  I feel kind of trippy.  Must
                    be the gravity thing.

She takes a step and sails forward about the distance of
three large strides.

                            MADELINE
                    Oh God, is that what I think it is?

                            MALCOLM (V.O.)
                            (alarmed)
                    What?  What is it?

                            MADELINE
                    It's..
                            MALCOLM
                    What?  What is it?  Get back..

                            MADELINE
                            (starts laughing)
                    It's a footprint!

                            MONTY (V.O.)
                    I knew it!  Aliens!!

                            MADELINE
                    No, it must be Aldrin's or Armstrong's!
                    Unbelievable!

Madeline begins to skip happily across the surface of the Moon,
with the cobalt blue orb of the Earth glowing in the background.
```

그림 7.1 니나 처닉의 영화 마이문(My Moon)의 각본 페이지 샘플

않으면 팀원들은 세부 사항을 잘못 표현하고 혼동에 빠지며, 시간을 낭비하고 짜증스러워 질 것이다.

게임 디자인 문서는 쌍방향 프로세스의 개요에서 잠깐 언급했던 소프트웨어 요건 명세와 도 같은 역할을 한다. 소프트웨어 요건 명세(그림 7.2 참고)는 사용 목적을 포함하여 소프트 웨어가 어떻게 작동하는지 소개한다. 선형적으로 진행되는 영화용 문서인 각본과는 달리, 소프트웨어 명세는 소프트웨어가 어떻게 사용되는지 정확히 서술하기가 어려운데, 사용자 마다 소프트웨어를 사용할 때 하는 행동이 다르기 때문이다. 그렇기 때문에 소프트웨어 요 건 문서는 시스템 중심의 접근법으로 기술하며, '동작하는 부분들'을 나열하여 사용자가 해 당 소프트웨어를 어떻게 작동하는지 보여주는 유즈 케이스(use case)들을 통해 사용법을 설 명하는 형식으로 되어 있다. 소프트웨어 명세는 본질적으로 기술적 사항에 치우치는 편이 며, 소프트웨어가 어떻게 구성되었는지 세세하게 설명한다. 이런 특징은 게임 디자인 문서 도 마찬가지지만, 다른 점이 있다면 이런 각각을 별도의 문서로 만들고 제작하는 관점에서

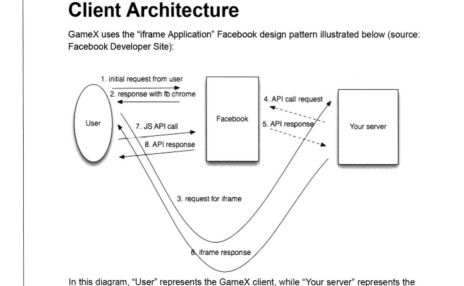

그림 7.2 소프트웨어 요건 페이지의 샘플

쓰인다는 점이다.

디자인 문서는 끊임없이 업데이트되는 리빙 도큐먼트(living document)라고 생각해야 한다. 팀에서 반복 적용 사이클을 진행할 때마다 디자인 문서를 꺼내서 최신 상태로 갱신하고 현재 게임에 대해 이해할 수 있도록 관리하는 것은 정말 중요한 일이다. 그러려면 새로운 섹션을 추가하고 많은 부분을 수정하며, 심지어는 문서의 일부를 들어내기도 해야 한다. 하지만 가장 중요한 것은 디자인 문서가 최신 상태여야 한다는 점이다. 이러려면 굉장히 시간이 소요될 수 있고, 종종 많은 시간을 들이는 것이 사실이지만, 그렇다 하더라도 게임이 복잡하거나 팀의 규모가 클 경우에는 반드시 지켜야 하는 원칙이다.

게임마다 중점을 두는 부분과 필요성이 다 다르기 때문에 '범용적으로 적용할 수 있는' 디자인 문서의 교본 같은 것은 없다. 영화 각본과 비슷한 것이 필요한 게임도 있고 (특히 스토리 위주의 대사가 많은 게임), 소프트웨어 요건 명세 같은 시스템 중심의 접근법이 더 도움이 되는 게임도 있다. 대부분, 특히 프로세스의 초기에는 팀이 게임 디자인 문서에 넣고 싶어 하는 기본 요소가 있는데, 다음 목록을 참고하자.

- **가제**: 아직 제목을 확정하지 못했다고 해도 부를 이름은 필요하다. 가제를 만들어 두고서 나중에 팀 전체가 브레인스토밍을 통해 게임의 정체성을 더욱 효율적으로 전달할 제목을 정하면 된다. 물론 게임을 배포할 생각이라면 독특하고 온라인 검색에서 쉽게 찾을 수 있어야 하며, 상업용 타이틀이라면 상표권을 등록할 수 있는 것이어야 한다.

- **플레이 경험 설명**: 해당 게임을 잘 모르는 사람이 잘 이해할 수 있는 방식으로 기본적 요소와 전제를 설명하는 한 단락 정도의 설명이다. 게임을 플레이하는 법과 어디에서 일어나는지, 게임의 내용은 무엇인지, 플레이 경험은 어떤 느낌인지 설명한다. 유즈 케이스와는 다르지만, 그런 접근법도 팀 외부 인원과의 플레이테스팅에 착수하기 전 초반 단계에서는 도움이 될 수 있다.

- **목표**: 게임의 목표(들)에 대한 간단한 설명이다. 플레이어들은 플레이 동안 무엇을 하고자 하는가? 제로섬(zero-sum: 참가자 각각의 이득과 손실의 합이 0이 됨)일 수도, 승자 독식일 수도, 협력을 통해 결과를 낼 수도, 순수하게 실험적인 결과가 나올 수도 있다. 어떤 경우이든, 이 점을 포착하는 것은 게임 디자인의 방향을 정하는 데 있어 매우 중요하다.

- **기본 요소**: 게임의 중요한 요소들에 대한 개요다. 시스템의 요소들이나 게임의 '동작하는 부속들'에 대한 설명이라고 생각하자. 각 요소 간의 관계를 시각화해 주는 시스템 맵을 만드는 것이라고 생각하면 된다.

  - 플레이어 수는 몇 명인가?

  - 게임에서 플레이어의 목표는 무엇인가?

  - 게임의 주된 액션, 즉 플레이어가 목표를 달성하기 위해 해야 하는 것은 무엇인가?

  - 사용되는 오브젝트는 무엇인가?

  - 플레이 공간은 어디인가?

    이 모든 것을 지배하는 규칙은 무엇인가?

- **디자인 가치에 대한 주석이 포함된 목록**: 디자인 가치에 대해 주석을 넣은 목록이란 모든 디자인 가치를 명시하고 공유하는 수단이다. (각각에 대한 상세한 설명은 6장 참고)

  - 경험: 플레이어는 무엇을 하게 되는가?

  - 테마: 이 게임은 무엇에 대한 것인가? 컨셉은 어떻게 표현하는가?

  - 관점: 플레이어가 무엇을 보고 듣고 느끼는가? 이는 어떤 문화적 기준에서인가? 게임과 그 안의 정보는 어떻게 표시되는가?

  - 도전: 게임은 플레이어에게 어떤 도전을 던지는가?

  - 의사 결정: 플레이어들은 어떻게 결정을 내리는기?

  - 실력, 전략, 운, 불확실성: 이런 요소들이 어떻게 활용되고 균형을 유지하는가?

  - 맥락: 누가, 어디서, 언제 플레이하는가? 어떤 플랫폼으로 플레이하는가?

  - 감정: 이 게임은 플레이어에게 어떤 감정을 느끼게 하는가?

- **인터페이스와 컨트롤**: 플레이어들이 화면(화면이 있다면)에서 보게 되는 것, 정보가 어떻게 정리되고 제시되는지, 플레이어는 게임과 어떻게 상호작용하는지 도해로 그린 것이다.

이 장의 후반에서 다룰 도해에 포함되는 경우가 많다.

- 게임 플로우: 플레이어들이 플레이 경험을 어떻게 진행하는지 보여주는 일련의 도해가 있는 플로우차트다.

- 레벨 디자인: 게임에 레벨이 있다면 이 정보 역시 담아야 한다. 레벨 맵마다 개략적인 설명과 주석이 달려야 한다.

- 아트 디렉션: 게임의 '모습, 느낌, 사운드'로서, 처음에는 사진과 사운드 참고자료들이 주석으로 붙은 게시판 형태가 될 때도 있다. 후반으로 가면 컨셉 아트와 샘플 오디오가 포함된다. 결과적으로는 게임의 최종적인 비주얼과 오디오적 접근법에 영향을 미친다.

- 기술 개요: 일부 야심작에는 게임이 어떻게 제작될지 상상하기 위한 기술 개요를 넣으면 도움이 된다. 디자인 프로세스가 어느 정도 진행되기 전까지는 구체화되기 어렵다.

예제: 퐁의 디자인 문서

앞서 짐작으로 만들어본 퐁의 예제에 이어, 이번에는 이 고전 아케이드 게임의 초반 디자인 문서를 가상으로 소개해 보겠다.

- 제목: 퐁

- 게임 플레이 설명: 퐁은 두 명의 플레이어가 아케이드 게임기로 반사 신경을 활용해 플레이하는, 공을 이용한 로컬 멀티플레이어 게임으로 상당한 전략적 판단이 요구된다. 플레이 경험은 테니스와 탁구를 이차원적 비디오 게임으로 바꾼 것이다. 플레이어들은 경기장 양쪽에 자리를 잡고, 서브를 넣고 되받아 친다.

한쪽이 상대편에 공을 **서브**하면서 플레이가 시작된다. 테니스나 배구, 라켓볼 등과 마찬가지로 양쪽이 공을 놓치지 않고 상대에게 받아쳐 넘기는 한 게임은 계속된다. 플레이어들은 좌우가 아니라 위아래로만 움직일 수 있다. 공이 화면 상단이나 하단에 튕겨도 적합한 플레이로 인정되지만, 플레이어가 놓치면 공이 플레이어 쪽 화면 밖으로 나가고 상대 플레이어는 포인트를 1점 올린다.

- **목표**: 게임의 목표는 한 플레이어가 상대방보다 먼저 11점을 기록하는 것이다.

- **디자인 가치**:

  - 경험: 퐁은 실제의 테니스와 탁구를 혼합한 형태를 기본으로 하는 2인용 게임이다. 단순한 점수 시스템을 활용해 플레이어들이 최고 점수를 내려고 경쟁하는 데 집중하도록 한다.

  - 테마: 구기 스포츠! 1대 1 대결!

  - 관점: **퐁**은 위에서 내려다보는 시점으로, 중력을 이용하며 네트에 공을 넘겨 치는 게임 플레이가 펼쳐진다. 이때 공을 받아 넘기며 상대방이 받아낼 수 없도록 만드는 것이 관건이다. 그래픽은 매우 추상화된 단순한 스타일로, 빠르고 반응성 높은 게임 플레이에 중점을 둔다.

  - 도전: 게임의 도전 과제는 속도, 손과 눈의 협응, 그리고 상대방이 예상하지 못한 방향으로 공을 쳐내는 데에 있다.

  - 의사 결정: 판단은 실시간으로 이루어지며, 공의 궤적과 상대방의 라켓이 분명히 보인다.

  - 실력, 전략, 운, 불확실성: **퐁**은 서브할 때의 각도와 관련해서는 실력과 약간의 운이, 상대방이 공을 쳐내는 데에는 다소간의 불확실성이 존재한다.

  - 맥락: 이 게임은 아케이드 오락실에서 플레이되며, 상대방이 바로 곁에 있기에 게임 화면과 실제 세계 사이의 연관성이 커진다.

  - 감정: **퐁**은 완전한 몰입, 우아함, 팽팽한 경쟁, 흥분을 자아낸다.

- **기본 요소**:

  - 플레이어: 수직으로 움직이는 직사각형 라켓으로 표시되는 두 명.

  - 라켓: 공이 튕기는 각도를 결정하는 여덟 개의 조각으로 나뉜다.

- 공: 라켓으로 쳐내면 움직이는 각도와 라켓의 어느 부분으로 받았는지에 따라 튕겨서 상대편으로 날아간다. 공은 성공적으로 받아칠 때마다 점점 속도가 빨라진다.

- 벽: 화면 상단과 하단은 공을 튕겨낼 수 있으며, 라켓이 화면 밖으로 나가지 못하도록 막는 구실을 한다.

- 점수판: 양쪽에 11점까지 올라가는 점수판이 있다. 예를 들어 09 ∣ 11의 스코어가 나올 수 있다.

- 득점: 스코어는 1점씩 올라간다. 11점까지 플레이하면 11대 10처럼 1점 차로 승부가 결정될 수 있다. 상대 플레이어가 공을 받아치지 못할 때마다 득점한다.

- **인터페이스와 컨트롤:**

  - 컨트롤: 각 플레이어는 **아날로그 조이스틱**으로 네트의 자기 쪽에서 라켓을 이동한다. 아날로그 조이스틱은 플레이어가 기준선을 따라 수직으로 이동할 수 있게 해 준다.

  - 화면: 코트는 위에서 내려다본 모습이다. 플레이어들은 화면 양쪽(왼쪽과 오른쪽)에 위치한다. 화면 상단에는 점수판이 있고, 양쪽을 가르는 점선이 있다.

- **게임 플로우:** 퐁 게임의 플로우는 [그림 7.3]에서 볼 수 있다.

- **아트 디렉션:** 단순함, 흑백.

- **기술 개요:** 트랜지스터에서 트랜지스터로 연결되는 로직. (이 게임은 1972년작이다!)

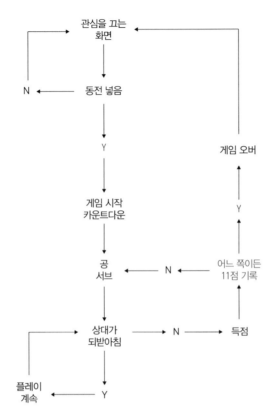

그림 7.3 퐁 게임의 플로우 차트

설계도

게임 디자인 문서와 밀접한 문서가 바로 설계도다. 게임 디자인 문서가 게임의 디자인에 대한 상세한 설명에 중점을 둔다면, 설계도는 디자인을 시각화해 주는 이미지에 중점을 둔다. 이런 설계도는 종종 게임 디자인 문서와 함께 활용되며, 어떤 경우에는 디자인 문서에 끼워 넣거나 심지어 디자인 문서 자체를 대체하기도 한다. 설계도의 목표는 추상적이고 피상적인 형태라 해도 게임 디자인의 와이어프레임, 스토리보드, 청사진의 역할을 하는 것이다.

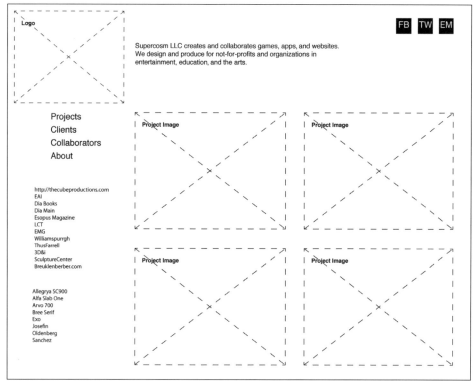

그림 7.4 웹사이트 와이어프레임의 샘플

게임 디자인 설계도는 사용자 중심의 웹사이트나 앱, 소프트웨어의 와이어프레임과도 비슷하다(그림 7.4 참고). 와이어프레임은 단순한 기하학적 도형과 '더미 카피(무의미한 글자)'로 화면에 보이는 요소들을 보여주는 용도로 쓰인다. 디자인이 더 구체화될수록 와이어프레임역시 웹사이트, 앱, 소프트웨어를 이용하며 사용자가 어떤 경험을 겪을지 더 잘 표현하게된다. 설계도는 게임에서 이런 역할을 하는 것이다. 초반에는 특정 시점에 화면에 어떤 것이 표시되는지 보여준다. 그리고 시간이 흐르면서 게임의 구성과 핵심 인터페이스 요소가반영되기 시작한다. 그리고 결국에는 게임 플레이 중 어떤 일이 일어나는지 보여주는 가이드의 역할까지 할 수 있게 된다.

그럼 고전 아케이드 게임인 퐁의 와이어프레임이 어떻게 보일지 예를 들어 설명해 보자(그림 7.5 참고). 게임의 핵심 요소인 두 개의 라켓, 네트, 공, 코트, 플레이어의 점수가 표시되어 있다. 이 정보는 모두가 게임 속 오브젝트와 플레이 공간을 파악하는 데 중요한 역할을 한다. 하지만 이 모든 요소의 상호작용은 한 개의 와이어프레임으로 다 표시할 수 없다. 대신 순서대로 보면 게임 플레이가 어떻게 되는지 감을 잡을 수 있다.

그렇다면 게임의 와이어프레임에 대한 한 가지 중요한 의문이 떠오르는데, 원래 게임의 상태는 그 특성상 플레이어의 경험에 따라 계속 바뀌고 변하는데, 게임 디자이너는 무엇을 표시해야 할지 어떻게 결정할까? 여기에도 역시 어디에나 적용되는 해법은 없지만, 일반적으로 기본 요소의 핵심적 변화들을 반영하면 된다. 그래서 이 책에서 퐁의 예제는 득점을 할 때 무슨 일이 일어나는지, 다음 득점은 어떻게 시작되는지, 게임이 종료될 때는 어떤 일이 일어나는지를 와이어프레임으로 표시했다.

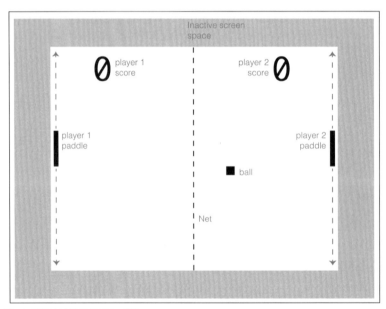

그림 7.5 가상으로 만들어 본 퐁의 와이어프레임

또한, 설계도는 영화 제작에 사용되는 스토리보드와도 비슷하다. 영화 제작자들은 카메라가 씬을 잡아내는 방식을 미리 시각화하기 위한 중요한 도구로 스토리보드(그림 7.6 참고)를 활용한다. 스토리보드는 공간의 배치, 촬영 각도, 그리고 한 씬에서 카메라가 움직여야 하는지, 그렇다면 방향과 속도는 어느 정도인지를 제안한다. 많은 영화 제작자는 영화의 각

본을 기초로 스토리보드를 만든다. 스토리보드는 각본에 설명된 세팅과 액션을 시각화하여, 제작진이 이해할 수 있고 쉽게 공유할 수 있는 방식으로 설명한 것이다. 게임 디자인에서도 스토리보드는 게임이 화면에 (화면을 이용하는 게임일 경우) 어떻게 표시되는지 모두가 이해할 수 있도록 하는 기능을 한다. 3D 게임과 화면 공간을 복잡하게 사용하는 게임에서는 스토리보드가 특히 유용하다.

그림 7.6 니나 처닉의 영화 마이문(My Moon)의 스토리보드 샘플

스토리보드에서 한 발 더 나아간 기법으로, 원래는 애니메이션에서 사용하는 애니메틱(animatics)도 있다. 애니메틱은 스토리보드를 간단히 순서대로 촬영하여 모션, 배치, 기타 움직이는 요소를 확인하는데 활용한다.

설계도는 건축 청사진 같을 때도 있다(그림 7.7 참고). 청사진은 세밀한 부분까지 설계하여 건물을 구성하는 토대가 된다. 치수와 재료 같은 세부 사항 외에도, 청사진에는 수도와 전기 같은 기반 시설을 어떻게 넣을지 같은 정보도 들어간다. 청사진은 건축 기사와 엔지니어들이 공사 인부와 실제로 어떻게 건설해야 하는지 소통하는 것을 도와준다. 이런 상세한 그림은 특히 디자인 과정이 한창 진행되고 있을 때는 게임 디자인에서도 유용하게 활용할 수 있다. 설계도에는 오브젝트의 기본 상호작용이나 인터페이스 요소의 픽셀로 표시되는 수치, 그리고 팀이 알아야 하는 다른 세부 사항들을 담을 수도 있다.

우리가 재현한 가상의 퐁 설계도(그림 7.8 참고)에서는 라켓, 공, 그리고 네트, 심지어 글자의 명세까지 게임의 요소를 맵핑하는 제작 청사진이 있을 수 있다. 공이 라켓의 어느 부분에 닿는지에 따라 다양한 각도로 튕겨 나가므로, 퐁의 설계도는 라켓의 어느 부분이 어떤 각도로 튕겨내는지를 파악하는 데에도 도움을 줄 수 있다.

그림 7.7 스톤 리브란데(Stone Librande)가 그린 건축 설계도

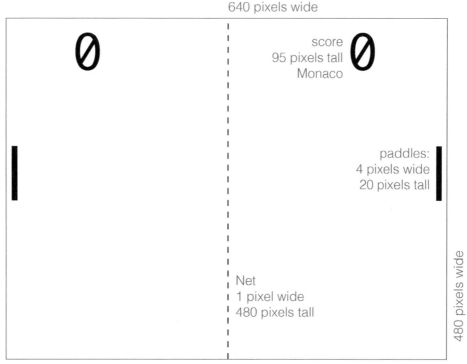

그림 7.8 가상의 퐁 제작 설계도

게임 디자인 문서에 설계도 통합

아무리 상세하다 해도 게임용으로 만든 설계도 단독으로 게임에 대한 계획을 제대로 표현할 수는 없다. 설계도는 디자인 문서에 삽입하여 핵심 요점을 시각적으로 보여줄 때가 많으며, 설계도에 담은 내용을 더 확실히 이해할 수 있도록 설명을 담기 위해서도 디자인 문서에 합치는 것이 좋다. 두 문서가 함께 있을 때 게임 디자인의 배경이 된 생각을 더 잘 표현할 수 있기 때문이다.

주석이 달린 설계도들이 (그림 7.9 참고) 게임 디자인 문서의 대용으로 쓰일 때도 있다. 퐁의 예제처럼 게임이 단순할 때는 이 정도로도 충분할 수 있다. 기본 정보는 설계도에 메모를 덧붙여 추가하면 된다. 그래도 팀에서 디자인 가치를 만들어내고 싶을 것이며, 아트 디렉션도 정리해야 하겠지만 게임 디자인 문서 외의 다른 형태로 만들면 된다.

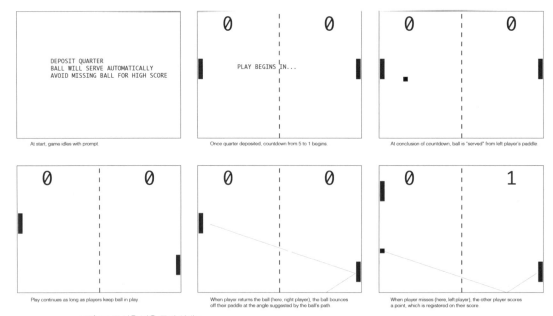

그림 7.9 주석을 넣은 퐁의 설계도

관리용 스프레드시트

반복 적용이라는 게임 디자인 과정이 게임 디자인에서 아주 중요한 방법론이긴 하지만, 전체적인 마일스톤과 매일 처리해야 하는 업무 양쪽의 많은 부분에서 팀은 컨셉을 구상하고 프로토타입을 만들며, 플레이테스트를 통해 이를 평가한 다음 컨셉을 다듬는 일을 해 내야 한다. 실제로 게임을 디자인할 때는 스프레드시트가 특히 유용하다. 우리 팀은 거주지인 뉴욕 여기저기에서 재택근무를 하며, 자주 협업하는 한 명은 심지어 시애틀에 살고 있다. 그래서 모두가 확인할 수 있게끔 클라우드 저장소에 보관하는 관리용 스프레드시트가 특히 빛을 발한다.

이렇게 수정된 절차를 통해 프로젝트를 관리하기 위해, 우리 팀은 개요, 논의용, 업무 목록, 책임자, 에셋 목록, 완료된 업무라는 여섯 개 시트로 이루어진 스프레드시트를 이용한다. 이 문서가 우리의 프로세스 구조를 잡고, 미팅에서 안건을 제공하며, 모든 일이 제대로 돌아가게끔 하는 역할을 해 준다.

개요

'개요' 시트는 게임 디자인의 전체 스케줄을 담는다. 이 시트에는 게임 디자인 과정 내내 팀에서 참고하고 가이드로 활용할 이상적 궤도를 계획한다. 보통 '개요' 시트에는 세 개에서 다섯 개까지의 프로토타입을 미리 기획해 넣는다. 반복 적용 사이클이 진행되면서 제작의 여러 면이 변경되고, 그에 따라 전체적 스케줄 역시 변한다. 목록의 항목마다 제목과 요약을 넣은 다음, 해당 프로토타입 단계에서 할 일들을 그룹화하여 넣는다. 노엘 로피스(Noel Llopis)는 정해진 과제의 규모를 파악하는 것이 첫 단추라고 말한다. (그림 7.10 참고)[1] 노엘은 이를 **장기, 중기, 단기**, 그리고 **당면**이라는 네 가지 범주로 나눈다.

- **장기 과제**: 첫 번째 핵심 게임 프로토타입 도달이나 기능 완료 상태 같이 게임 디자인의 '이정표'가 되는 것들을 기준으로 한다. 이 목록을 만들려면 디자인 문서의 디자인 요소들을 각각의 과제로 풀어내야 한다.

- **중기 과제**: 여기에는 게임 디자인에서 중요한 마일스톤들을 목표로 하여, 프로토타입 마일스톤이나 게임의 아트 디렉션 리뷰 완료 등이 나열된다. 장기 과제는 여러 개의 중기 과제가 모여서 될 때가 많다.

- **단기 과제**: 게임의 디자인을 진전시키기 위한 더 구체적 과제들로 구성된다. 게임의 모양새를 위한 새로운 스타일 프레임이나 새로운 메커니즘 구현의 플레이테스트 등이 이 범주에 들어간다. 이런 과제는 완료까지 1~2주가 걸려서는 안 되며 일 단위로 측정하고, 단기 과제가 모이면 중기 과제 완료에 도달하게 된다.

- **당면 과제**: 알려진 버그 수정이나 디자인 문서에 새로운 디자인 아이디어를 넣는 것처럼 더욱 짧은 시간 내에 처리가 가능한 과제들이다. 어느 게임 디자인 프로젝트에서나 이런 과제는 수없이 많다. 이런 당면 과제들이 모여 단기 과제를 구성한다.

---

1 노엘 로피스, "1인 개발을 위한 인디 프로젝트 관리: 툴(Indie Project Management For One: Tools)" http://gamesfromwithin.com/indie-project-management-for-one-tools.

	CONCEPTING	PROTOTYPE 1	PROTOTYPE 2	PROTOTYPE 3
	complete basic viable idea	first playable	second playable w/ controller experiments	first core game prototype
		Basic paddle and ball physics (parameterized)	Scoring system	core game prototype
	Paper Prototype Gameplay		implement basic visual design	revisions to paddles, scoring, etc.
design	v1 design doc + schematics	ball/wall/net physics (parameterized)		implement sound design
art/sound		Processing for prototototyping	Swappable Paddles	
code	platform research		placeholder sounds	Unity for prototyping
			openFrameworks for prototyping	
playtesting	projection research	Visual Design Concepts		
tech		Color Palette		controller prototype
			controller prototypes	projection prototype
		scoring system		
		paddle, ball, environment properties	Sound Design	Playtest w/ 20 people
		controller design	animation tests	
		internal playtesting	Playtest with 10 people	

그림 7.10 장기 과제 목록

장기 과제를 기준으로 '개요' 시트를 정리하고, 이를 중기 과제들로 나눈 다음 단기 과제로 세분화하는 것이 작업하기에 편하다. 장기와 중기 과제에 기한을 정하면 팀에서 목표를 공유할 수 있다.

논의용

이 시트는 그룹 단위로 검토하고 결정을 내려야 하는 사항들을 모두 담는다(그림 7.11 참고). 가끔 이 목록의 항목들은 해결해야 하는 새로운 아이디어나 디자인 계획이 될 수도 있다. 또한, 팀원들이 과제를 완수하기 위해 먼저 해결해야 하는 까다로운 '블로커(blocker)'들이 이 목록에 포함될 때도 많다. 한 항목은 논의가 끝나고 나면 다른 시트로 이동한다. '논의용' 시트는 주제, 논의하고자 하는 사람, 메모의 세 개 칼럼으로 구성된다.

FOR GROUP DISCUSSION / DECISION	WHO SUGGESTED IT?	NOTES
2 prototypes: plan for playtesting	CM	
Controller Prototyping	BB	
Game Jam	CM	
Visual references	JS	
Repository update	AM	
Revised schedule	JS	
IndieCade application	CM	we will need to write a short description and include video and images
Who will update the Design Document?	CM	

그림 7.11 논의용 목록

과제 목록

'과제 목록' 시트는 현재의 모든 과제를 관리하는 곳이다(그림 7.12 참고). 보통 반복 적용 사이클의 현재 단계를 담고 있으며, 프로토타입과 플레이테스트 계획도 포함된다. 우리는 과제 목록을 단기와 당면의 두 섹션으로 나눈다. 당면 과제는 단기 과제의 하위로 들어가서 팀이 어떤 규모 단위로 일을 처리해야 할지 이해하기 쉽게 한다. 두 목록 모두 과제, 인력, 예상 소요 시간, 메모의 네 개 칼럼으로 구성된다. 과제가 완료되면 목록에서 삭제한다. 그리고 한 단계가 끝나면 '완료 과제' 시트로 옮긴다.

TYPE OF TASK	TASK	PERSON	TIME ESTIMATE	NOTES
Immediate	Paper prototype gameplay	AM	4 hours	
Immediate	Play and discuss paper prototype	ALL	2 hours	
Immediate	Revise design document	CM	.5 hour	
Immediate	Research engines	AM	2 hours	
Short	Prototype physics in Processing	CM	4 hours	
Short	Placeholder sounds - select	JS	4 hours	
Short	Placeholder sounds - implement	CM	2 hours	Dependency: JS selects
Short	Playable prototype - internal playtest	ALL	1.5 hours	
Short	Art direction	JS	4 hours	
Short	Art direction review	ALL	1 hour	

그림 7.12 과제 목록

담당 업무

이 시트는 팀원 중 누가 게임의 어떤 부분에 책임을 지는지 관리한다(그림 7.13 참고). 역할이 변경되면 시트도 수정한다. 이 시트는 담당 업무, 책임자, 메모의 세 개 칼럼으로 구성된다.

ONGOING RESPONSIBILITIES	WHO	NOTES
Answer twitter	JS	
Answer facebook	CM	
Screenshot Saturday	CM	Saturday
Development blog	AM	
Keep Design Document up-to-date	CM	Monday AM
Press followups	ALL	
Update timesheets	ALL	
Update repositories	AM	Sunday PM

그림 7.13 담당 업무 목록

에셋 목록

에셋 목록(그림 7.14 참고)은 팀에서 만들어야 하는 모든 것들을 추적 및 관리한다. 여기에는 모델, 스프라이트, 사운드 파일, 인 게임 텍스트, 그 외에 프로토타입 완성을 위해 만들어야 하는 요소들이 들어간다. 이 시트를 구성하는 내용물의 특성상, 게임 디자인이 충분히 안정 단계에 이르러 팀에서 프로토타입 제작을 위해 무엇이 필요한지 확실히 알게 되기까지는 에셋이 실제로 쓰이지는 않는다. 에셋 목록은 에셋을 필요로 하는 (플레이어블로부터 완성본까지) 프로토타입별로, 그리고 해당 프로토타입에서 필요한 에셋의 제작 단계별(비주얼 에셋은 와이어프레임부터 아트와 애니메이션까지, 사운드 에셋은 견본부터 파이널까지)로 정리한다. 게임의 설계도가 있다면, 설계도의 페이지 번호를 기재하여 아트워크가 어떻게 활용될지 아티스트가 확인할 수 있게끔 한다.

WHAT	SCHEM. PG	PROTOTYPE: PLAYABLE 1	PROTOTYPE: CORE	PROTOTYPE: COMPLETE 1
Scoreboard	1	N/A	Wireframe	Art
Intro Screen	1	N/A	Wireframe	Art
Paddle: Soft	2	Wireframe	Art	Art+Animation
Paddle: Metal	2	Wireframe	Art	Art+Animation
Paddle: Jelly	2	Wireframe	Art	Art+Animation
Ball: Soft	2	Wireframe	Art	Art+Animation
Ball: Metal	2	Wireframe	Art	Art+Animation
Ball: Jelly	2	Wireframe	Art	Art+Animation
Win Screen	3	Wireframe	Wireframe	Art+Animation
Player Panel	3	N/A	Wireframe	Art
Sound: Soft Hit	N/A	Placeholder	Final	
Sound: Metal Hit	N/A	Placeholder	Final	
Sound: Jelly Hit	N/A	Placeholder	Final	
Sound: Win	N/A	Placeholder	Final	
Sound Score 1	N/A	Placeholder	Final	

그림 7.14 에셋 목록

완료 과제

마지막 시트 '완료 과제'(그림 7.15 참고)에는 다양한 단계의 모든 완료된 과제를 기록한다. 이미 끝낸 일을 확인하고 팀 단위로 요청 받은 질문들을 회고하는 데에 도움이 되므로 빠뜨려선 안 된다. 보통은 팀이 이미 처리한 일을 중복으로 하는 불상사를 방지해 준다. 개요나 과제 목록에서 과제들을 삭제해 나가면, 최종적으로 모든 과제가 이 시트로 넘어와서 깔끔하게 정리된다.

COMPLETED TASKS	WHO	NOTES
projection tests	ALL	
visual research	JS	
materials selection	ALL	
Prototype physics in Unity	CM	
Prototype 2 paddles	CM/AM	
update design document	JS	
choose prototype sound effects	JS	

그림 7.15 완료 과제 목록

요약

이 장은 '게임 디자인 문서'이긴 하지만, 반복 적용되는 디자인 과정에서 어떻게 추적 관리를 할지에 대해 다뤘다. 프로세스를 문서화하려면 당연히 문서를 만들어야 하지만, 동시에 팀의 전원이 이를 숙지하는 것이 중요하다. 혼자서 작업할 경우에는 진행 상황을 파악하고 디자인 가치에 맞는 방향을 유지하는지 확인하는 데 디자인 문서를 사용하면 된다. 문서화는 무엇을 만들고 있는가 (디자인 문서를 통해), 어떻게 형태를 잡아가고 있는가 (설계도를 통해), 다음엔 무엇을 해야 하는가 (과제 목록을 통해) 이 모든 것을 명확히 파악할 수 있게 도와 준다.

◎ **디자인 문서**: 게임의 제반 컨셉, 가치, 설명을 담는다.

◎ **설계도**: 실제 게임 화면, 와이어프레임, 게임 경험의 스토리보드를 일종의 지도처럼 보여 줘서 프로토타이핑 과정 중 고려해야 하는 것들을 시각화할 수 있게 해 준다. 디자인 문서에 통합하는 경우가 많다.

◎ **과제 목록**: 게임 디자인 과정의 장기, 중기, 단기, 당면 과제와 논의할 점, 필요한 인력, 에셋, 완료된 과제의 목록이다.

연습 문제

1. 현재 진행 중이거나 작업할 가상의 프로젝트에 대한 디자인 문서를 만들어 보자.

2. 위와 동일한 게임의 설계도를 만들어보자.

3. 게임의 스케줄과 과제 목록의 스프레드시트를 짜 보자.

8장

협업과 팀워크

이 장에서는 반복 적용 게임 디자인의 더욱 중요한 측면인 협업을 다룬다. 팀 규칙 정하기, 회의 운영, 역할 결정 등의 주제를 논의하겠다. 그리고 아마도 가장 중요한 주제인 차이점 해결과 팀원 간의 갈등 해소 기법을 소개하겠다.

게임 디자인 과정에 본격적으로 들어가기에 앞서, 한 걸음 물러나 게임 제작에 협업이 얼마나 필요한지 먼저 생각해 보자. 필자들은 둘 다 여태까지 적게는 2명에서 많게는 20명과 팀을 이루어 수많은 협업 프로젝트에 참여해 왔다. 또한, 협업 프로젝트를 작업하는 수백 명의 학생들을 지도하기도 했다. 이런 프로젝트를 통해 우리는 협업의 수많은 난관과 함정들을 겪었다. 이 장에서는 그룹으로 함께 작업할 때 주의해야 할 것들을 다룬다. 누가 무슨 일을 하는지, 함께 일할 때는 어떻게 해야 하는지, 회의는 어떻게 주재해야 하는지, 서로의 차이점을 어떻게 파악하고 이를 극복하는지, 그리고 실패를 반복 적용(iteration) 과정의 당연한 일부로 받아들이는 법과 함께 이 모든 일을 함께 해 나갈 팀의 뼈대가 될 협의를 다룬다.

게임은 팀 단위로 만드는 경우가 흔하다. 물론 늘 그런 것만은 아니어서 소수의 인력이 모여서 만들 수도 있고, 애나 앤트로피의 세상 끝의 동성 연인들이나 캡틴 게임의 데저트 골핑 같이 한 명이 게임을 만들 때도 있다. 그래도 대부분의 게임 제작엔 협업이 필수 요소다. 그러므로 다른 이들과 함께 공동 작업을 하는 기술 역시 게임 디자인, 프로그래밍, 사운드 디자인, 아트 디렉션 능력과 버금가게 중요하다.

역할과 책임

가장 중요한 것 중 하나는 바로 누가 무엇을 하는가이다. 전통적인 게임 개발에는 게임 디자인, 프로그래밍, 인터페이스 디자인, 비주얼 아트, 사운드 디자인, 프로젝트 관리, 테스팅 같은 역할이 필요하다. 좀 더 규모가 큰 팀에서는 이런 역할군이 더욱 세분화되어, 게임 디자인 하나만 봐도 리드 게임 디자이너, 레벨 디자이너, 탈것 디자이너 등이 있다. 하지만 소규모 팀이라면 이런 역할군이 혼재되는 경향이 있어, 디자이너가 프로그래밍을 맡기도 하고, 아티스트가 프로젝트 관리를 담당하며, 사운드 디자이너가 레벨 디자인을 작업하기도 한다. 이렇게 겸임을 한다 해도 혼동과 혼란을 피하기 위해서는 누가 무엇을 담당하는지 파악하는 것이 중요하다.

여러분의 게임을 위한 역할군을 간략히 설명해 보겠다. 게임에 따라서 이 모든 역할군이 다 필요하진 않겠지만 기본적으로 이 정도가 필요하다.

- 게임 디자인: 아주 간단히 말해, 게임 디자인이란 게임의 목적, 플레이 경험, 플레이어들이 이런 목표 성취를 위해 수행하는데 사용하는 오브젝트와 액션을 결정하는 것이다.

- 프로그래밍: 프로그래머는 게임을 플레이할 수 있게끔 코드를 짠다. 여기에는 게임 플레이도 있지만, 서버와의 통신, 컨트롤러 프로토콜 연결, 그 외에 게임 플레이가 가능하도록 해 주는 다른 작업도 포함된다.

- 아트 디렉션: 아티스트는 플레이어들이 게임을 하면서 보는 것들을 만들어낸다. 여기에는 캐릭터 디자인, 애니메이션, 월드 디자인, 스플래쉬 이미지와 크레딧 화면, 그리고 인터페이스 요소가 포함된다.

- 내러티브 디자인: 게임에 세계관이 있을 때, 이것을 만들어내는 일이다. 여기에는 배경 스토리 작성, 캐릭터 구성, 대사 작성, 레벨이나 씬들의 시나리오 작성 등이 있다.

- 사운드 디자인: 게임 도중 흐르는 음악, 배경이나 앰비언트 사운드, 이벤트 사운드 등이 있다. 소규모 팀에서는 이 역할에 초기 컨셉과 스타일 개발 및 후반 사운드 적용까지 포함된다.

- 아트 적용: 비주얼 및 오디오 스타일을 만들어내는 것과 이를 게임에 적용하는 것은 별개의 과정이다. 이 역할은 애니메이션, 모델링, 리깅, 스프라이트 제작과 같은 광범위한 제작 업무로 세분화될 수 있다.

- 테스팅: 게임의 프로토타입 플레이테스트를 기획, 조직, 실행, 문서화하는 과정이다.

- 프로젝트 관리: 매일 매일의 스케줄과 예산 관리로, 반복 적용되는 디자인 과정에서 항상 업데이트하고 확인해야 한다.

- 마케팅/홍보: 학생 작품이나 인디 게임이라고 해도 이 게임에 대해 알리고 소비자를 찾는 것은 빼놓을 수 없는 한 과정이다.

이런 역할군은 게임 개발의 주된 업무들이지만, 그렇다고 해서 별개의 역할로 정할 필요는 없다. 많은 개발자들, 특히 이 책에서 주된 독자층으로 보는 소규모 팀 프로젝트에서는 여러 역할을 겸임하는 편이 낫다고 우리도 인정한다. 필자와 에릭 짐머맨의 회사인 로컬 넘버 12(Local No. 12)는 게임 디자인 및 프로젝트 관리 업무를 공유하며, 모두가 게임의 모든 측면에 대해 피드백을 낼 수 있다. 물론 각자 맡은 역할은 있다. 콜린은 우리 프로젝트의 내러티브와 콘텐츠, 마케팅을, 존은 비주얼 디자인을, 에릭은 게임 디자인 문서화와 플레이테스팅 과정을 맡고 있다. 일부 프로젝트에서는 콜린이 코딩을 맡고, 나머지 프로젝트는 코딩에 협업자들을 구해 일을 처리한다. 로컬 넘버 12가 아닌 외부 프로젝트에서는 콜린과 존이 게임 디자인을 담당하고, 다른 협업 개발자가 컨트롤러 사용자 개인화를 맡고 있으며, 코딩에는 다른 두 명이 참여하고 있다. 존은 아트 디렉션도 하고, 콜린은 상호작용 디자인도 한다.

동조와 자율성

대부분의 팀에 '보스'는 없으며, 게임의 어떤 측면에 대해서든 팀원 한 명이 최종 결정권을 가지지는 않는다. 어떤 분야에서는 프로젝트 매니저나 프로듀서가 '보스'로 인식되지만, 많은 창작의 영역에서는 크리에이티브 리드에게 이 권한이 있다고 간주한다. 하지만 소규모 팀의 게임 프로젝트에서는 이런 사실도 정설로 통하지는 않는다. 많은 소규모 팀들이 역할의 자율성과 팀의 전체적인 비전에 대한 동조 사이에서 균형을 잡는 편을 선호한다. 예를 들어 아트 디렉터는 스타일 프레임(게임이 어떻게 보이는지를 담은 한 장의 이미지)이나 스크린 목업(mockup)을 만들고 싶어 하겠지만, 그렇다고 해서 이 사람이 최종 결정권을 갖는 것은 아니다. 사실, 게임 디자인은 그 특성상 아트 디렉션이나 코딩, 사운드 디자인, 내러티브 디자인, 그리고 그 밖의 모든 요소들이 서로 겹치기 때문에, 이 과정에서 중요한 결정은 팀 전체 의견을 주고받는 것이 중요하다.

팀에서 어떤 역할을 맡은 이의 자율성이 클수록 스스로 권한을 부여 받았다고 느끼기 때문에 게임 프로젝트에 더 힘을 쏟고 열정을 기울이게 된다. 그리고 모든 이들이 같은 선상에 잘 조율되어 있을수록 팀 전체의 손발이 더 잘 맞지만, 개인 단위의 자율성은 떨어진다. 그래서 팀 단위의 프로세스를 건전하게 유지하며 생산성을 높이려면 자율성과 동조 간의 균형점을 찾는 것이 대단히 중요하다. 헨리크 니베르크(Henrik Kniberg)는 스트리밍 음악 서비스인 스포티파이(Spotify)에서 이 두 요소 간의 균형에 대해 말한다.[1] 스포티파이에서는 각 프로젝트마다 모두가 동의하는 분명한 목표를 세워야 한다. 그런 후 팀원들이 각자 자율적으로 이 목표를 달성할 방식을 스스로 정한다.

---

1 헨리크 니베르크의 '스포티파이 엔지니어링 문화 1부(Spotify Engineering Culture (Part 1)' https://labs.spotify.com/2014/03/27/spotify-engineering-culture-part-1/.

우리는 합의에 따른 의사 결정이[2] 자율성과 동조 간의 균형을 잡는데 있어 최고의 접근법이라는 점을 깨달았다. 개인별로 자신이 에너지를 쏟을 분야가 따로 있지만, 결정은 논의를 통해 팀 전체가 합의하는 것이 중요하다. 여기에서 짚고 넘어가야 할 것은 합의와 동의는 다르다는 점이다. 모두가 어떤 결정에 그러자고 한다 해도, 반드시 모두가 합의했다고 볼 수는 없다. 그룹 내의 잠재적인 긴장 형성을 피하기 위해서는 두 가지의 차이를 아는 게 중요하다. 시간과 노력을 들여야 하는 일이긴 하지만, 어떤 결정에 대해 공통적인 합의를 확실히 하는 것은 그만한 가치가 있는 일이다. 엄청난 시간이 들 것처럼 보여도, 실은 그렇지도 않다.

팀이 게임에 대한 목표를 확실히 세워 둘수록, 더 많은 구성원이 서로를 신뢰하고 성공을 위해 자발적으로 뛰게 된다. 여기에서는 디자인 가치(6장 '디자인 가치'에서 논의한 내용을 보자)가 큰 역할을 한다. 모두가 게임의 플레이 경험에 대한 팀 전체의 가치를 공유한다면 팀원들은 이런 디자인 가치에 부합하는 최선의 해결책과 절차, 적용법을 터놓고 찾아볼 수 있다. 또한 모두가 자기 몫을 어떻게 진행하고 있는지, 팀원들이 내린 결정이 다른 이들의 작업에 어떤 영향을 미치는지도 자주 확인해야 한다.

시간과 자원

이런 많은 역할군을 팀 구성원 안에서 다양한 방식으로 배정할 수 있는 것처럼, 각 역할군에 필요한 시간과 노력 역시 디자인 과정이 진행되면서 달라진다. 예를 들어, 어떤 프로젝트에서는 컨셉이 구체화될 때까지 아트 디렉션과 프로그래밍이 시작될 수 없는 반면, 아트나 코딩이 시작되어야만 작업이 시작되는 프로젝트도 있다. 또한, 프로젝트가 진행되면서 역할군이 변할 수도 있다. 처음에는 프로젝트 관리를 아트 팀에서 처리할 수도 있지만, 나중에 게임 디자인을 충분히 이해한 후에는 코어 게임 프로토타이핑 단계부터 게임 디자이너가 프로젝트 관리를 이어 받을 수도 있다. (프로토타이핑의 종류는 11장 '게임 플레이테스팅'에서 소개하겠다.) 디자인 과정의 여러 측면에서 변화하는 요구 사항을 잘 파악하는 것 역시 팀의 생산성에는 중요한 부분이다. 가끔 다른 부서의 요구 사항에 맞춰 전체적인 스케줄을 조정할 필요도 있게 된다.

---

2 합의를 통한 결정에 대한 좋은 내용들을 여기에서 볼 수 있다: www.consensusdecisionmaking.org/.

시간은 노동이나 돈과 버금가도록 소중한 자원이다. 많은 게임이 '노동력 투자'(미래의 수익을 기대하여 프로젝트에 투자하는 노동)로 이루어질 수도 있긴 하지만, 그래도 꼭 지불해야 하는 소프트웨어 라이선스, 게임 컨트롤러, 게임 소개를 위한 행사장 출장, 플레이테스터에게 제공할 간식 등의 제반 비용은 피할 수 없다. 팀원들이 프로젝트에 투입할 수 있는 시간, 재정, 물질적 자원을 인지하고 존중하는 자세는 필수다.

팀 협의서

일단 팀의 역할군이 확정되고 모두가 투입해야 할 시간이 결정되고 나면, 다음 단계는 팀 협의서를 만들어야 한다. 팀원들이 어떻게 상호작용하고, 결정은 어떻게 내리며, 게임의 책임자는 어떻게 결정하는지 등의 개인 간 협업에 중요한 여러 요소들을 규정하는 것이 팀 협의서다. 소규모 팀의 게임 프로젝트에서는 과하게 느껴질 수 있겠지만, 일이 꼬일 때나 심지어너무 잘 될 때 역시 팀 협의서가 큰 역할을 해 줄 수 있다. 이 부분은 게임 디자인 외의 것이며 이 책에서 다룰 범위를 넘어서는 것일지는 몰라도, 팀의 역할과 책임을 규정하는 것은 중요한 일이며, 게임 만드는 과정을 시작할 때 그 진가를 발휘할 것임에 틀림없다.

- **목표**: 팀의 목적은 무엇인가? 왜 함께 하고 있는지 인지하는 것이 협의에 이르는 가장 중요한 요소 중 하나다. 게임을 시장에 선보이기 위해서인가? 새로운 게임 스튜디오의 첫 작품을 내놓는 것인가? 컨테스트나 퍼블리셔의 라인업에 들어갈 수 있게끔 컨셉을 증명하는 것이 목적인가? 무료 배포용인가? 게임 행사나 전시장에서 보여주기 위한 것인가? 학교 과제를 성공적으로 완수하는 것인가?

- **팀원의 지위**: 팀의 일원이란 것이 어떤 의미가 있는지 정의하는 것이 중요하다. 투표 권한을 주는가? 일정 시간을 투입해야 하도록 요구하는가? 팀원이 프로젝트를 떠나기로 하거나 참여를 보류하면 무슨 일이 일어나는가?

- **소유권**: 일이 정말 잘 풀릴 경우 (게임이 스팀의 추천 게임이나 애플 앱스토어의 추천 게임으로 오른다거나, 현대 예술 박물관의 페스티벌과 컨퍼런스에서 환영을 받을 때), 혹은 정말 안 풀릴 경우 (팀원들이 시간과 노력, 자원을 투자했지만 게임이 절대 완성되지 않거나 시장성이 없을 때) 팀은 게임의 소유권을 어떻게 계산할지 알고 싶을 것이다. 팀원들이 공평하게 나누는가?

프로젝트에 투입한 시간에 따라 분배하는가? 팀원 중 하나가 프로젝트 완료 전이나 도중, 혹은 그 후 떠난다면 소유권은 어떻게 되는가?

- **참여 기대치**: 팀원들의 참여 기대치를 분명히 해 두는 것도 모두의 참여에 대한 갈등을 방지하는 데에 중요하다. 때로는 추정 시간으로, 때로는 부여한 과제 수행으로 측정하며, 아예 측정하지 않을 수도 있다. 여기에서 중요한 것은 전원이 각자에 대한 프로젝트 참여 기대치를 분명히 아는 것이다.

- **역할**: 팀이 어떻게 돌아가는지에 따라, 팀 내에서 필요한 역할을 구분하고 누가 담당하는지 확정하고 싶을 수도 있다. 이때 게임 출시를 위한 반복 제작이 진행되면서 프로젝트와 역할에 대한 필요성이 변화할 수 있음을 미리 알고 있어야 한다.

- **의사 결정**: 게임 디자인 과정에는 디자인 가치와 다음에는 어떤 것을 프로토타입으로 만들고 테스트해야 하는지 같은 기본적 요소 외에도 새로운 팀원을 보강할 것인가, 툴과 에셋에 예산을 투입할 것인가 같은 다양한 판단이 필요하다. 다양한 종류의 판단을 어떻게 내릴 것인가에 대한 원칙을 정하는 것은 대단히 중요하다. 크리에이티브, 프로세스, 그리고 비즈니스적 판단을 구분해야 한다. 그리고 각각의 협의는 다수결로 할지, 2/3 찬성으로 할지, 전원 합의 등으로 해야 할지를 명확히 한다.

- **협의서의 조건**: 마지막으로 팀이 일을 하는데 걸릴 기간 역시 알아야 한다. 학교 학기 내로 제한되는가? 모두가 3개월만 일하기로 합의했는가? 1년인가? 팀이 한 프로젝트에 대해 얼마나 긴 기간 작업하기로 합의했는지는 프로젝트 소요 시간을 추산하고 마일스톤을 만드는 데 도움이 된다. 또한, 계약기간을 연장하거나 더러 일찍 종료하는 계획도 포함하는 것이 중요하다.

협업 툴

협업에서 비교적 일상적인 듯 보이지만 아주 중요한 측면이 바로 함께 작업하는 방식을 정하고 다듬는 것이다. 때로는 모두가 주의를 기울여야 하는 때도 있고, 모두 자기 업무에 집중해야 할 때도 있다. 어떤 의사 결정에는 회의가 필요할 수도 있고, 팀원 두어 명이 간단한 대화로 결정할 내용도 있다.

이와 관련해서, 언제 어떻게 팀이 모일지 알 필요가 있다. 뻔해 보이겠지만, 이런 것을 다루는 방식에 성공적인 게임 디자인과 개발이 좌우된다. 직접 참석해서 만나야 할까? 온라인 미팅도 괜찮을까? 둘 사이의 절충점을 찾을 것인가? 필자들의 경우 대부분의 작업을 원격으로 처리했기 때문에 두 방식을 절충해서 활용했고, 회의에는 직접 참석하거나 영상회의용 소프트웨어를 병용했다.

협업을 관리하기 위한 도구를 제대로 갖추는 것은 필수적이다. 시중에는 대단히 편리한 툴이 많이 나와 있으며, 다양한 팀이 효과적으로 이를 활용할 수 있다. 필자들은 다양한 툴을 활용하며, 프로젝트에 따라 다른 것을 쓰기도 한다. 이런 툴은 대략 파일 공유, 작업 관리, 커뮤니케이션의 세 가지로 구분할 수 있다.

- 파일 공유: 툴 중에서도 중요한 것은 파일 공유 도구인데, 이런 도구 없이는 게임 디자인 문서, 설계도, 플레이테스트 기획(이 부분은 11장에서 다룬다), 기타 중요한 자료를 찾아보기가 힘들어진다. 구글 드라이브(Google Drive)와 드롭박스(Dropbox) 같은 툴은 클라우드 기반으로 문서를 공유하고, 팀의 모두가 중요한 파일에 접근할 수 있게 해 준다. 실제의 프로젝트 코드베이스를 공유할 때는 더 안전한 Apache Subversion(SVN)과 Concurrent Version Systems(CVS) 같은 버전 컨트롤 소프트웨어가 활용된다. 이런 툴은 팀이 프로젝트의 리빙 도큐먼트인 코드 베이스, 3D 모델, 아트 파일 등을 공유하는 자료실의 역할을 해 준다. 그래서 팀원들이 파일을 '대출'해서 다른 이들이 작업 중인 위에 덮어쓸 위험 없이 작업할 수 있다.

- 업무 관리: 워크플로우 관리 툴 역시 못지않게 중요하다. 7장 '게임 디자인 문서화'에서 소개한 업무 스프레드시트부터 시작해서 트렐로(Trello)와 베이스캠프(Basecamp)까지 여러 툴 중 선택할 수 있다. 모두가 팀의 스케줄을 확인하고 잘 관리할 수 있는 장점을 갖추고 있다.

- 커뮤니케이션: 마지막 범주의 협업 툴은 원격으로 근무하거나 다른 시간대에 일하는 동료들과의 커뮤니케이션을 돕는다. 어떤 팀은 물리적으로 한 공간에 모여서 일하기도 하지만, 그렇지 않은 팀들도 많으므로 커뮤니케이션 채널을 확보하는 것이 중요하다. 여기에도 슬랙(Slack), 스카이프(Skype), 구글 플러스(Google Plus)나 애플의 메시지(Messages)까지 다양한 옵션이 있다.

필자들은 가장 단순하고 흔히 사용되며, 사용자층이 두터우며 가장 저렴한 툴을 쓰기를 권한다. 이런 툴이 팀에 잘 맞지 않으면 그 다음 툴을 써 보면 된다. 결국 협업을 위한 최선의 툴을 찾는 데에는 모두가 편안하게 느끼면서 실제로 잘 쓰는 것을 찾는 것이 중요하기 때문이다. 필자는 특화된 업무 관리 소프트웨어도 여러 번 사용해 봤지만, 언제나 스프레드시트로 돌아오게 되더란 것을 참고하기 바란다. 핵심은 불편함 없고 손쉬운 툴을 찾는 것이며, 게임 자체의 개발에 들어가는 시간보다 더 많은 시간을 이런 문서가 잡아먹지 않도록 하는 것이다.

회의 진행

회의에 대해서는 짚을 것이 없어 보이지만, 생산적이고 집중하며 갈등이 없는 회의 진행이란 쉬운 일이 아니다. 회의가 잘못 진행되면 잘 짜인 계획도 샛길로 심각한 경우에는 팀의 사기를 해치며 게임 디자인의 진행을 가로막기도 한다. 또 한편 회의는 게임 자체에 대한 작업 시간을 뺏는 일이기도 하다. 하지만 아이디어를 공유하고 진행시켜, 모두가 동일한 목표를 위해 일하도록 조율해 주는 장점도 있다. 회의 진행에 있어서는 비공식적인 스탠딩 미팅(standing meetings)부터 로버트의 의사 진행(Robert's Rule of Order)[3] 같은 합의에 의한 의사 결정까지 다양한 이론이 있다. 이런 이론들은 팀, 프로젝트, 작업이 이루어지는 맥락에 따라 잘 활용될 수도, 안 어울릴 수도 있다. 특정 방법론에 꼭 맞추고 싶지 않다면, 생산적인 회의를 위한 기본 사항인 목표, 의제, 발언권, 의사 결정, 액션 아이템, 회의록 작성 같은 것을 계획해도 좋다.

- **목표**: 이 회의는 무엇에 대한 것인가? 팀이 달성하고자 하는 목표는 무엇인가? 대화의 주제를 미리 정해두는 것도 모두의 집중도와 생산성을 높이기에 좋은 방법이다. 또한 프로젝트 관리용 스프레드시트(7장 참조)에 있는 '논의' 시트를 활용하는 것 역시 팀의 목표를 관리하는 데에 좋다. 이런 목표는 장기, 중기, 단기, 당면 과제로 점점 나눠가면서 조정해야 한다. 팀 전원이 참여하는 회의에서는 당면 과제보다는 모두에게 해당되는 상위에 있는 추상적 수준에 머무는 것이 세세한 것을 다루는 것보다 효과적이다. 하지만 특정한 단

---

3 로버트의 의사 진행은 1876년 헨리 마틴 로버트에 의해 정해졌으며, 수정되어 가면서 지금까지 활용되고 있다.

기 과제에 대한 소규모 회의에서는 물론 당면 과제를 세밀하게 다루는 것이 맞다.

- 의제: 목표를 염두에 두고 대화의 의제를 만들어야 한다. 여기에는 어떤 주제를 어떤 순서로, 얼마나 오래 논의할지도 포함된다. 의제는 팀이 주제에서 벗어나지 않고 프로젝트에 집중할 수 있게 해 준다.

- 발언권: 일부가 열성적으로 회의의 주제에 대한 의견을 내다보면 다른 이들은 한 마디도 끼어들기 어려워질 때가 많다. 좋은 의도의 열의를 관리하려면, 다른 이들과는 누가 언제 어떻게 대화해야 할지에 대한 규칙을 정해 둬야 한다. 물론 대화와 논의의 기술을 적용할 수도 있겠지만, 모두가 목소리를 낼 수 있는 환경과 목소리가 큰 사람이 조용하고 온건한 사람들을 늘 압도하지 않도록 하는 것이 중요하다.

- 의사 결정: 팀 단위의 결정은 어떻게 내리는가? 게임 디자인에서는 많은 결정을 내려야 하지만 가장 중요한 것은 프로토타입과 관계된 것으로, 어떻게 테스트하고 플레이테스트 결과에 따라 다음에는 무슨 작업을 할 것인가다. 그러므로 어떻게 결정을 내릴지 절차를 세워두는 것이 필수적이다. 여기에도 마찬가지로 합의에 따른 의사 결정이 좋다.

- 액션 아이템: 액션 아이템이 도출되지 않는 회의란 그저 대화에 불과하다. 모두가 회의 중 이루어진 논의와 결정에 따른 액션 아이템의 목록을 받도록 해야 한다. 7장에서 논의한 '과제 목록' 시트에 옮겨 넣어도 된다.

- 회의록 작성: 논의와 결정 사항을 기록하려면 누군가 회의록을 작성해야 한다. 의제를 활용하여 줄기를 잡으면 편하다. 또한, 회의록을 돌아가며 작성하도록 하면 회의마다 책임감을 가지게 되어 도움이 된다. 이 회의록은 팀원 전체가 접근할 수 있는 곳에 저장해야 한다. 구글 문서(Google Doc)를 활용하여 모든 팀 미팅의 회의록을 담아두면 팀이 필요할 때 이전 회의록을 살펴볼 수도 있고, 액션 아이템에 대한 부분을 관리용 스프레드시트에 옮기거나 디자인 문서에 필요한 업데이트를 적용하기도 쉽다.

협업의 일반적 기술

성공적인 디자인 과정에 빼놓을 수 없는 것이 좋은 팀원이 되는 '일반 기술'이다. 팀에서 모든 구성원이 품고 있는 다양한 가치와 목적을 확실히 인식하는 것이 중요하다. 어떤 사람은 자기 시간을 자유롭게 관리하는 것을 중요하게 여길 것이고, 스케줄을 세세하게 정해주는 것은 좋지만 밤 시간에 일하거나 주중에만 일해야 하는 사람들도 있을 것이다. 성격이 강한 사람도 있고, 내성적이고 조용한 사람도 있다. 또한, 경험을 쌓기 위해 프로젝트에 들어온 이들도 있고, 게임 컨셉이 너무나 마음에 들어서 참여하는 이들도 있게 마련이다. 어떤 팀원은 함께 작업하는 것을 좋아할 수 있고, 따로 작업하는 편을 선호하는 이들도 있다. 매일의 회의를 선호하는 이들도 있고, 회의 대신 아무 때나 자유롭게 팀원 간에 질문과 토의를 하는 환경을 원하는 이들도 있다.

팀을 운영하는 데에 한 가지 정해진 방식이 있는 것은 아니며, 어떤 팀에 좋은 방식을 찾는 데에는 시간과 인내심, 상호 존중이 필요하다. 서로의 이야기를 귀 기울여 듣고, 자신과 완전히 다른 관점의 아이디어를 열린 자세로 받아들이고, 다른 팀원에게 공을 돌리는 것은 팀 단위에서 효과적으로 일하기 위해 개발해야 하는 가장 중요한 기술이다. 그리고 모두가 서로 잘 지낸다 하더라도, 갈등을 어떻게 해결할지 배우는 과정은 모두의 인내심을 시험에 들게 할 것이다. 그래서 회의의 의제, 합의서, 그리고 반복 적용이라는 구조가 위력을 발하는 것이다. 디자인 질문에 있어 가장 큰 갈등을 낳는 것은 프로토타이핑과 플레이테스팅 과정에서 대두되는 문제들을 해결하고 방안을 제시할 때 나오는 경우가 잦다.

이때는 모두의 의견을 다 들을 수 있도록 각별히 주의를 기울여야 한다. 모든 사람이 자기 의견을 편하게 말하는 것은 아니기 때문에, 그룹 전체에 질문을 제시하고 좀 더 우회적으로 표현하는 이들에게는 추가 질문을 하거나, 회의 전후에 서면으로 피드백을 제공할 기회를 주는 것이 좋다. 이런 전략을 활용할 때 장기적으로 모두의 생각이 반영될 수 있는 것이다.

차이점 해결

재능 있고 열정적인 사람들을 모아두면 서로의 의견, 성격, 방법론 등의 차이에 부딪힐 수밖에 없다. 어쩔 수 없는 일이다. 이때 팀 단위로 차이점을 극복하고 이를 약점이 아니라 강점으로 바꾸는 것이 요령이다.

레베카 버넷(Rebecca Burnett)과 공저자는 저서 WOVENText[4]에서 팀 내 갈등을 **절차적, 정서적, 실질적**인 세 가지 종류로 나눈다.

- **설자석 살능**: 설자석 살능은 팀 내 협업의 과정에서 오는 충돌이다. 누군가 미팅의 진행 방식 때문에 자기 의견은 반영되지 않는다고 느끼는가? 스케줄이 너무 빡빡하거나 늘어지는가? 팀원들이 너무 제약이 심하거나 책임이 불분명하다고 느끼는가? 절차적 갈등은 그 성격상 시스템의 문제이며 반복적인 수정으로 해결할 수 있다. 문제에 대한 해결을 찾는 과정에서도 갈등이 생길 수 있으며, 변화를 적용하며 모두에게 상황이 나아지는지 더 나빠지는지 확인해야 한다.

- **정서적 갈등**: 정서적 갈등은 팀원들의 감정에 관계된 것으로, 따라서 프로젝트에 대한 이들의 목표, 필요 사항, 원하는 바에도 관련이 된다. 버넷이 썼듯, 정서적 갈등은 성별, 신념, 문화, 계급, 성적 지향 같은 요인에 따라 생겨나는 가치관의 차이에서 빚어질 때가 많다. 이런 종류의 갈등은 깊이 뿌리내린 사상과 믿음에서 나오는 것이기에 해결하기가 정말 어렵다. 그러면 정서적 갈등은 어떻게 피하는 것이 좋을까? 다른 관점에 대해 열린 자세를 취하고, 경청하는 기술을 기르며, 가장 중요한 것은 자기 스스로의 정체성, 믿음, 행동 방식이 주위 사람들에게 어떤 영향을 미치는지 기꺼이 반추해보는 것이다.

- **실질적 갈등**: 마지막으로, 실질적 갈등은 게임 그 자체와 연관되는 것으로, 어떤 종류의 게임이며 팀이 플레이어에게 제공하고자 하는 경험은 어떤 것인가라는 데에서 온다. 이런 것은 이유가 있는 '좋은' 갈등이다. 좋은 면에서, 실질적 갈등은 팀원들이 게임에 헌신하면서 최선을 다하려는 데에서 온다. 나쁜 경우에는 게임에 대한 자신의 비전을 과도하게 주장하는 팀원 때문에 실질적 갈등이 발생한다. 이런 갈등을 다루는 최선의 방법은 팀이 세워둔 디자인 가치로 돌아와서, 모두가 같은 선상에 있도록 조율하는 것이다.

반복 적용되는 디자인 과정의 한 가지 혜택은 게임 디자인에 다른 방법론이 주지 못하는 방식의 통찰력을 준다는 것이다. 순전히 팀원들의 의견에 기대는 것보다는, 잘 짜인 플레이테스팅이 게임의 장단점을 훨씬 잘 드러내준다. 플레이테스터들이 보여주고 들려준 피드백에 따라 팀이 객관적으로 배워나가는 한, 이를 통해 실질적 갈등을 해결해 나갈 수 있다.

---

4 레베카 버넷, 앤디 프레이지(Andy Frazee), 로빈 와튼(Robin Wharton), 케이티 크로우더(Katy Crowther), 케이틀린 행지(Kathleen Hanggi), 제니퍼 오스베일런(Jennifer Orth-Veillon), 사라 쉬프(Sarah Schiff), 말라비카 셰티(Malavika Shetty)의 조지아 공대 우븐텍스트 버전 2.1(Georgia Tech WOVENText version 2.1). 뉴욕: Bedford St. Martin's, 2012.

실패에 대한 이해

반복 적용되는 게임 디자인 과정에서 한 가지 분명한 것이 있다면, 실패가 생기게 마련이라는 점이다. 특히 프로세스의 초반에는 게임 디자인을 탄탄하게 만들어주기에 반가운 일이라고 할 수 있다. 하지만 실패는 협업 중 갈등을 발생시키기도 하기 때문에 실패와 난관이 늘 함께 온다. 스포티파이의 헨리크 니베르크는 특정 문제가 누구의 잘못인지 걱정할 게 아니라, 실패로부터 문제 해결법을 배우는 것이 중요하다고 말한다.[5] 무엇이든 건설적으로 접근하는 것이 중요한 것이다. 반복 적용 사이클은 실패의 순간들을 건설적으로 처리할 수 있는 훌륭한 도구다. 프로토타입과 플레이테스트를 되돌아보면 무엇을 배웠으며 어떻게 고칠 것인지가 분명히 드러나게 마련이다.

물론, 모든 실패가 다 똑같은 것은 아니다. 디자인 연구가인 제이머 헌트(Jamer Hunt)는 디자인 과정 중 우리가 맞닥뜨릴 수 있는 실패의 종류와 이 중 가장 생산적인 것이 무엇인지를 말한다.[6]

- **끔찍한 실패**: 되돌릴 수 없고 파괴적인 실패다. 게임에 있어서는 최종 목표를 이룰 수 없거나, 해소할 수 없는 차이로 인해 팀이 와해되는 경우가 해당된다.

- **구조적 실패**: 주로 기술적인 실패다. 게임에 있어서는 게임 플레이가 불가능하게 만드는 버그나 플랫폼의 변경으로 게임이 깨지는 경우다.

- **영광스러운 실패**: '멋진 대형사고'라고도 할 수 있는 엄청난 실패로, 높은 목표로 시작해서 참패로 끝났지만 그 와중에 귀중한 교훈을 남기거나 문화에 흥미진진한 순간으로 기록될 수 있는 것이다.

- **흔한 실패**: 팀이 데드라인을 맞추지 못하거나 회의 중 누군가가 조는 일상적인 수준의 실패다.

---

5 스포티파이 엔지니어링 문화 (파트 2), 헨리크 니베르크. https://labs.spotify.com/2014/09/20/spotify-engineering-culture-part-2/.

6 제이머 헌트의 패스트 컴퍼니 기사 "여섯 가지 실패 중 혁신을 돕는 것은 몇 가지 뿐(Among Six Types of Failure, Only a Few Help You Innovate)." www.fastcodesign.com/1664360/among-six-types-of-failure-only-a-few-help-you-innovate.

- **버전 실패**: 버그와 오류가 점차적으로 개선되는 것으로, 앱스토어에 업데이트가 자주 올라오는 이유가 바로 이것이다.

- **예측한 실패**: 반복 적용 디자인에 대해 말할 때 우리가 실패라 칭하는 것이 바로 이것이다. 우리는 프로토타입의 실패 요소가 있으며 플레이테스트에서 드러나리란 것을 안다. 이것이 게임을 향상시키기 위해 필요한 '좋은' 종류의 실패다.

게임 디자인 과정 초기에는 구조적이고 흔한 버전 실패가 당연히 예상되며, 이는 환영할 일이다. 프로세스 내내 예측한 실패를 두려워해서는 안 되는데, 이를 통해 한정된 리스크 범위 안에서 팀이 안전한 해결책을 찾을 수 있기 때문이다. 영광스러운 실패 역시, 큰 리스크를 안음으로써 배울 수 있는 중요한 점들을 깨닫게 해 주므로 때로는 필요하다. 때로는 다음 프로젝트를 위한 초석이 되어주기도 한다. 그러면 끔찍한 실패는 어떤가? 이 유형은 절대로 피해야 한다. 또한, 최고의 디자이너들은 모두 어떤 방식으로든 이런 종류의 실패를 경험해 왔음을 알아야 한다. 하지만, 팀이 프로세스 초반에 실패를 무조건 두려워하고 피하는 자세가 아니라면 이런 문제도 분명 해결할 수 있다.

요약

게임을 만들 때는 협업이 필요한 경우가 많으며, 협업 자체에도 기술이 필요하다. 모두가 동참할 수 있는 환경과 절차를 만들어 두고, 최고의 아이디어를 내고 프로젝트가 잘 돌아가게 하려면 많은 계획과 숙고가 필요하다. 합치되는 의사 결정, 팀 합의서 작성, 모두 회의 결과와 액션 아이템을 확인할 수 있는 툴 사용 같은 의견 차이 관리 전략은 최선의 게임이 탄생하도록 보장하는 길이다.

Part III. 실행

9장

게임 컨셉 구상

이제 게임 제작이라는 여정을 시작할 때가 왔다. 그런데 어떤 게임을 만들 것인가? 텅 빈 화면만큼 디자이너를 겁먹게 하는 것은 또 없지만, 그럼에도 아이디어, 사람, 장소, 사물, 꿈, 영감을 주는 다른 게임들은 넘쳐난다. 게임의 컨셉 구상은 생각만으로도 시작할 수 있지만, 그렇다고 생각만으로 끝나지는 않는다. 브레인스토밍, 동기 부여, 디자인 가치 같은 기법을 활용하면 이런 아이디어가 게임으로 변신할 수 있다.

반복 적용 게임 디자인 과정 중 첫 번째 단계는 컨셉 구상으로, 게임과 플레이 경험에 대한 아이디어를 개발하는 단계다. 반복 적용 디자인 시작 단계의 중심은 게임의 컨셉 생성에 있다. 첫 번째 루프(loop)가 완료되고 나면 컨셉 구상 단계는 게임의 디자인을 다듬고 수정하며, 프로토타이핑과 플레이테스팅에서 드러난 디자인적 문제점을 해결하는 쪽으로 이동한다. 이 장에서는 게임의 초기 컨셉을 잡는 일련의 과정과 기법, 그리고 성공적인 반복 적용 루프를 진행해 가면서 게임이 심화되고 정제되는 데에 도움을 주는 브레인스토밍 같은 기법을 다루겠다.

그림 9.1 컨셉 구상은 반복 적용 싸이클을 가동시킨다.

게임을 위한 아이디어 착안

게임 아이디어를 구상하는 데에는 여러 방식이 있다. 일상의 경험이나 매체, 책, 다른 게임에서 떠올릴 수도 있다. 크리스 벨(Chris Bell)은 도쿄의 수산시장에서 길을 잃고서 나이 지긋한 일본 여성에게 손짓발짓으로 길을 물어 찾아나간 경험에서 웨이(Way)를 구상했다.[1]

웨이를 플레이하면서 두 명의 플레이어가 공통의 목표를 이루기 위해 말이 아닌 제스처를 이용해 소통하는 것을 보면 그의 경험이 게임에 어떤 영향을 미쳤는지 알 수 있다. 웨이는 벨에게는 특별한 의미를 갖는 경험에서 영감을 받은 작품이다.

하지만 이것은 단지 게임의 핵심 아이디어를 제공했을 뿐이다. 게임 자체는 비(非)언어 커뮤니케이션에 대한 것이지만, 도쿄의 수산시장을 배경으로 펼쳐지지는 않는다. 게임에 대한 아이디어는 많은 곳에서 올 수 있으며, 상상에서 탄생할 수도 있다.

우주 해병, 마법사, 조그만 배관공으로 가득찬 환상의 세계를 다룬 비디오 게임이 많지만, 그 밖에도 게임을 만들 수 있는 소재는 많다. 애나 앤트로피는 저서 "비디오 게임광의 대두(Rise of the Videogame Zinesters)"에서 실로 다양한 주제로 게임을 만드는 온갖 사람들에 대해 이야기한다. 애나는 게임에서 다룰 수 있는 것들을 열거하고 있는데, 이 중 많은 것이 개인적 경험에서 비롯되었다.

> **무엇에 대한 게임을 만들까?** 키우는 개, 고양이, 아이, 남자친구, 여자친구, 어머니, 아버지, 할머니, 친구, 상상 속 친구, 어젯밤 꾼 꿈, 차고를 열 때의 경험, 호숫가에서 고요히 보낸 순간, 시내 한복판에서의 소란한 순간, 상상 속 생물의 생활, 보트 여행, 비행기 여행, 숲 속 오솔길을 걸어가던 일, 20년간 잠들었다 깨어나는 것, 석양, 일출, 입가에 맴도는 미소, 마음 깊은 고마움, 가슴 아픈 이별. 전생, 미래의 삶, 들었던 거짓말들, 앞으로 하려는 거짓말, 일기 속 기록. 구덩이로 뛰어들기, 풀장에 뛰어들기, 절대 바닥에 닿지 않는 스카이다이빙. 그 무엇이든. 모든 것.[2]

이 목록에서 보다시피, 게임은 개인적인 것으로부터 환상 속 그 어떤 것에 대한 이야기도 될 수 있다. 아이디어는 어디에서든 올 수 있으며, 언제든 떠오를 수 있다. 사실, 어떤 종류의 경험에서든 올 수 있기 때문에 도쿄의 수산시장 한복판에서든, 해변에서든, 샤워하는

---

1   크리스 벨, "우정의 설계: 규칙과 자유를 통한 플레이어 관계 구상(Designing for Friendship: Shaping Player Relationships with Rules and Freedom)," GDC 2012. www.gdcvault.com/play/1015706/Designing-for-Friendship-Shaping-Player.

2   애나 안트로피, 비디오 게임광의 대두: 괴짜, 일반인, 아마추어, 아티스트, 몽상가, 부적응자, 여왕, 주부, 당신과 같은 이들이 어떻게 예술을 되찾아오는가(*Rise of the Videogame Zinesters: People Like You Are Taking Back an Art Form*). pp.137-138, 2012.

도중에는 아이디어가 떠오를 수 있다.

브레인스토밍

아이디어를 착안하고 포착할 수 있는 최고의 방법 중 하나가 브레인스토밍이다. **브레인스토밍**이란 디자인 질문에 대한 모든 답을 가능한 많은 아이디어로 탐구해 보기 위한 기법이다. 브레인스토밍의 기술은 알렉스 F. 오스본(Alex F. Osborn)이 1953년 응용상상력(Applied Imagination)에서 처음 설명했다.[3] 알렉스는 다음과 같이 브레인스토밍의 우선 원칙을 말한다.

- **질보다는 양**: 브레인스토밍의 원칙은 좋든, 나쁘든, 괴상하든 가능한 많은 아이디어를 모으는 것이다.

- **판단 보류**: 당신이나 팀, 남의 아이디어를 판단하지 말자. 브레인스토밍에서는 판단을 통해 제한하는 것이 아니라 자유로이 많은 아이디어를 내는 것이 주안점이다.

- **'그러나' 금지 ('그리고'만 허용)**: 각자의 (그리고 자신의) 아이디어에 덧붙여 나간다. 따라서 "하지만 숲 꼭대기에 다른 차원으로 가는 튜브를 넣을 순 없지"라고 말하는 대신, "…그리고 그게 금화와 보물이 가득한 방으로 통하면 어떨까?"라고 제안하자.

- **분방하게**: 가능한 한 분방하고 그럴 법하지 않은 아이디어를 내자. 지나친 것을 완화하는 것이 보수적인 아이디어에 재미와 창의력을 더하기보다 쉽다.

- **시각적으로**: 그림으로 표현하면 말보다 아이디어가 더 잘 전달될 때도 있다.

- **아이디어 결합**: 일단 아이디어를 적고 그렸으면, 서로 뒤섞고 어떻게 결합할 수 있는지 살펴보자. 서로 다른 아이디어들의 결합을 통해 독특한 것이 생겨날 수 있다.

---

3 알렉스 F. 오스본, 응용 상상력: 크리에이티브한 문제 해결의 원칙과 절차(Applied Imagination: Principles and Procedures of Creative Problem-solving), 1953.

브레인스토밍에는 다양한 방법이 있지만, 규칙은 언제나 똑같다. 우선 아이디어를 제한하지 않는 것이 중요하다. "그래요, 그리고…"에 집중하여 각자의 아이디어를 쌓아 올리며, 판단은 유보하는 것이다. 가장 유망한 방향으로 정리하고 싶어 하는 것은 우리의 본능이므로 어려운 일일 수 있지만, 곧 적응할 수 있으므로 걱정할 필요는 없다. 브레인스토밍은 많은 아이디어를 내서 나중에 좋은 것을 추려내기 위해 하는 것이다. 팀에 잘 맞는 브레인스토밍 기법도 있지만, 개인에게 더 적합한 기법도 있다. 하나의 질문에 더 초점을 맞추기에 더 좋은 것도 있고, 많은 다양한 가능성으로 확장하는 데에 적합한 기법도 있다. 컨셉 구상의 첫 단계에 잘 맞는 것도 있고, 후에 반복 적용 사이클에 더 잘 맞는 것도 있다.

브레인스토밍의 목적은 단순히 많은 아이디어를 짜내는 것만은 아니다. 창의력이 잘 흐르도록 하고, 팀원들이 디자인에서 어떤 역할을 맡고 있든 간에 즉흥적으로 서로의 아이디어를 이어나가 가치를 높이는 데 있다. 또한, 팀 전체가 무엇이 중요한지에 대해 합의에 이르게 하는 데에도 큰 도움을 준다. 아이디어를 내놓는 유일한 방법은 아니지만, 필자들은 작업 중 이 방식을 쓰고 있으며, 학생들과도 자주 활용한다. 그래서 컨셉 구상 과정에서 특히 도움이 됐던 몇 가지 브레인스토밍 기법을 소개하겠다.

아이디어 스피드 데이트

아이디어 스피드 데이트(그림 9.2 참고)를 이용해 그룹 단위로 의외의 흥미로운 게임 아이디어를 만들어낼 수 있다. 게임 디자인 과정의 초기에 게임 컨셉을 정하는 데에 사용하기에는 최고다. 또한, 팀에서 자신의 아이디어를 공유하기 위한 생산적인 방식으로, 이후 그 중 가장 가능성 있는 것을 찾는 데에도 좋다.

준비 과정에서는 모두 게임 아이디어를 가져와 그룹에 공유하는데, 타이머, 종이, 마커, 압정이나 테이프를 준비한 후 시작한다. 참가 인원은 모두 종이에 한 두 문장으로 "유니콘이 공룡과 대결한다"와 같이 간단한 게임 아이디어를 적어야 한다. 일단 모두가 아이디어를 적은 다음에는 그룹이 짝으로 앉아서 서로에게 자기 아이디어를 피칭한다. 예를 들어, 한 명이 유니콘과 공룡에 대한 아이디어를 내놓으면, 상대방은 "깜깜한 어둠 속에서 하는 축구. 공에서만 빛이 난다."라는 아이디어를 내놓는다. 그런 다음 짝과 함께 몇 분간 두 가지 아이디어를 합친 게임 아이디어를 구상한다. 이러면 "유니콘과 공룡이 집으로 가는 길을

그림 9.2 아이디어 스피드 데이트에 참여중인 그룹

찾기 위해, 어둠 속에서 빛을 내는 축구공을 서로 **빼앗으려** 경쟁한다."는 아이디어가 나올 수도 있다. ("그래요… 그리고?"를 기억하자) 이것은 서로의 아이디어를 발전시켜 새로운 의외의 컨셉을 구상하기에 아주 좋은 방법이다. 새로 합쳐진 아이디어가 원래 각자의 것보다 훨씬 매력적일 때가 많다. 짝은 종이에 합쳐진 아이디어를 적고, 원래의 아이디어와 함께 팀 전원이 검토하여 투표하거나 합의에 의해 선택한다.

필자들은 언제나 모두가 원하는 만큼 사용할 수 있는 투표수를 정해두고 실시하는 복수 투표를 권한다. 5번 정도가 좋은데, 아이디어 숫자와 투표자 수에 따라 바꿔도 좋다. 모두가 마음에 드는 아이디어 메모지를 마커로 표시하는 방식으로 투표한다. 참가자들은 가장 유망해 보이는 하나의 아이디어에 몰표를 줘도 되고, 여러 아이디어에 나누어서 투표를 해도 된다. 투표가 끝나고 나면 가장 많은 표를 얻은 항목을 논의하여, 팀 전원이 합의하거나 (8장 '협업과 팀워크'에서 이 내용을 다뤘다.) 아이디어를 통해 큰 팀을 소규모 그룹으로 나눌 수도 있다. 필자들은 학기 초에 이런 식으로 게임 디자인 강의 수강자들의 팀을 만든다.

"어떻게 하면…" 질문

아이디어 브레인스토밍의 또 다른 방식은 "어떻게 하면…"이라는 질문이다.[4] 이 질문이 브레인스토밍의 시작점이 된다. 예를 들어 "플레이어들이 지속 가능성, 비만, 자본주의에 대해 재미있게 배울 수 있는 패스트푸드 산업의 모델은 어떻게 만들 수 있을까"라는 질문이 가능하다. 아니면 "경외심과 동지애의 느낌을 줄 수 있는 여정은 어떻게 하면 만들 수 있을까?" 같은 질문도 좋다. "어떻게 하면…"이란 질문은 모든 가능성에 열린 브레인스토밍을 가능하게 해 준다.

앞에서 든 예를 참고해서 우리는 "유니콘과 공룡이 어둠 속에서 집으로 가는 길을 찾을 수 있게끔 빛을 내는 축구공을 뺏으려 경쟁하는 게임은 어떻게 만들 수 있을까?"라는 질문을 할 수 있다. 이 예제는 초반 아이디어 모색 단계에서는 너무 상세하겠지만, 게임 디자인 과정이 진행될 때는 잘 맞을 것이다. "어떻게 하면…" 질문은 너무 특정적이어서도, 너무 광범위해서도 (예컨대 "경쟁성 게임은 어떻게 만들까?") 안 된다. 우리는 가능한 수많은 컨셉을 질문 대상으로 삼고 싶으므로, "어떻게 하면 집으로 가는 길을 찾는 생물들에 대한 게임을 만들 수 있을까?" 같은 질문으로 다듬어보면 되겠다. 이렇게 "어떻게 하면…" 방법론에서는 이미 일반적 컨셉이나 디자인 문제를 제시하므로, 브레인스토밍으로 게임에서 이를 해결할 방안들을 찾아볼 수 있다. 게임이 어떻게 보이고, 느껴지며, 플레이될지 다양한 방식을 상세하게 탐구하는 방식으로 적합하다.

어떤 경우에는 "어떻게 하면…" 질문이 게임 플레이와 내용을 유보시키는 결과를 낳기도 한다. 예를 들어, "어떻게 어린이들이 건강한 식습관을 갖도록 교육하는 게임을 만들 수 있을까?"라는 질문을 생각해 보자. 이 질문으로부터는 다양한 종류의 게임 플레이, 다양한 테마, 스토리의 게임을 브레인스토밍으로 찾아볼 수 있겠지만, 그 목표는 항상 어린이들에게 올바른 영양 섭취를 알려주는 것이다. 궁극적으로, "어떻게 하면" 방법론은 브레인스토밍에 동력이 되어 주는 질문을 만들어내서 모두가 같은 주제에 집중하되 되도록 다양한 해법을 제시하도록 해 준다.

---

4 "어떻게 하면…"이란 방식의 질문은 디자인 업체 IDEO가 처음 제시한 연습법으로, 온라인에 공개된 디자인 키트에서 찾아볼 수 있다: www.designkit.org/methods/3.

필자들은 "어떻게 하면" 브레인스토밍을 말없이 진행하는 것을 좋아한다. (그림 9.3 참고) 이때는 가장 흔히 쓰이는 네모 모양의 포스트잇을 반드시 활용하자. 이 정도 크기가 하나의 아이디어를 적거나 그리는데 딱 좋다. 포스트잇은 한 장에 두세 가지 아이디어가 아니라 딱 하나만 적기 적합하다. 그리고 이 아이디어들을 나중에 정리해서 비슷한 것끼리 모으는 것 역시 중요하다. 마커도 꼭 필요하다. 마커로는 많은 내용을 적을 수가 없기 때문에 포스트잇 한 장에 하나의 아이디어만 적도록 하는데 도움이 된다. 또한, 적은 내용을 멀리에서도 볼 수 있으므로 보드에 붙여 논의할 때도 편리하다.

말없이 진행하는 브레인스토밍에는 말 그대로 침묵이 필수적이다. 타이머를 10분으로 맞춰 두고 모두에게 포스트잇 뭉치와 마커를 준 다음, 가장 많은 아이디어를 내는 사람을 뽑자. 이러면 모두의 아이디어를 받을 수 있고, 자연스럽게 모두가 '질보다 양'이라는 브레인스토밍 규칙에 따라 경쟁적으로 아이디어를 내는 분위기가 조성된다. 타이머가 다 되면 모두 아이디어를 벽에 붙이고, 순서대로 자기 아이디어를 발표한다. 그런 다음 스피드 데이트 예제에서처럼 아이디어를 테마별로 모으고, 아이디어들을 조합하여 새로운 아이디어를 만들어보고, 아이디어에 대해 투표를 해도 좋다. 마지막으로, 이런 아이디어들이 사라져버리지 않게끔 두 가지 방식으로 기록한다. 그룹으로 모은 포스트잇들을 사진으로 찍고, 공용문서에 옮겨 적는 것이다.

그림 9.3 브레인스토밍 재료

명사, 동사, 형용사 브레인스토밍

브레인스토밍의 마지막 방식은 명사, 동사, 형용사로 적는 것이다(그림 9.4 참고). 이런 형태의 브레인스토밍은 컨셉을 만들고, 이를 해체한 다음 그로부터 새로운 것을 만들게 해 준다. 혹은 더 복잡한 컨셉을 여러 부분으로 쪼개서 게임의 기초를 형성할 수 있게 해 준다. 이 활동의 결과로 게임을 통해 가능한 오브젝트(명사), 액션(동사), 감정(형용사)에 대해 더 잘 이해할 수 있다. 필자들은 실제 세계의 시스템을 쪼개서 이를 게임에 표현할 수 있는 방법을 브레인스토밍하는 데에 이 방법을 쓰곤 한다. 예를 들어 어린이들이 좋은 식습관을 기르도록 하는 게임을 디자인할 때, 우리는 머리에 떠오르는 많은 명사, 동사, 형용사를 하나씩 카드에 적는다. 명사로는 브로콜리, 스낵, 부모님, 선생님, 친구, 식료품점, 농장, 초코바… 동사는 먹기, 점프, 말하기, 플레이, 원함… 형용사는 짜다, 달다, 신난다, 말랑말랑하다, 커다란, 졸린… 등을 적는 것이다. 그런 다음 카드를 뒤섞어서 "어떻게 하면" 브레인스토밍의 질문을 만들어낸다. "어떻게 하면 점프하는 거대한 브로콜리로 건강한 식습관을 권장하는 게임을 만들 수 있을까?" 같은 것 말이다. 흥미롭게 만들기 위해 예상외의 동사와 형용사를 추가하기도 한다. 또한, 명사, 동사, 형용사의 다양한 조합을 브레인스토밍하거나, 하나 이상씩을 넣어 봐도 좋다. 명사, 동사, 형용사 브레인스토밍은 게임 디자인의 문제에 대해 의외의 해결책을 찾는 것이다.

그림 9.4 명사, 동사, 형용사 연습의 카드

시작하려면 세 가지 색의 인덱스카드와 함께 검은색 마커를 몇 개 순비한다. "어떻게 하면" 연습에서 논의했던 침묵 브레인스토밍 과정을 통해 모두가 각자 하나의 명사, 동사, 형용사를 해당되는 색깔의 인덱스카드에 적는다. 브레인스토밍이 끝나고 나면 그룹으로 모여서 내용을 검토하고, 모두가 좋아하는 것과 게임의 공통적 비전에 맞지 않는 것을 골라낸다. 이런 논의를 통해서는 거의 늘 더 많은 명사, 동사, 형용사가 나오게 마련이므로, 이것들도 적어둔다.

동기

일단 게임 아이디어를 잡고 나면, 그 다음은 게임의 중심에 관심을 옮겨야 한다. 플레이 경험과 플레이어가 하게 될 주된 액션이 중심인가? 아니면 서사적 세계를 탐험하는 데 중점이 맞춰져 있는가? 느낌이나 아이디어를 전달하기 위한 게임인가? 혹은 실제 세계에 있는 무언가를 시뮬레이션하는 게임인가? 기자들은 기사를 풀어내는 관점과 해당 사건을 조사하고 글로 작성하며 가졌던 의도를 설명할 때 '앵글'이라는 용어를 쓴다. 마찬가지로, 여러분이 게임을 만들어갈 때 가졌던 앵글을 이해하는 것은 질문에 대한 해답을 찾을 때 중요하다. 여러분이 게임 디자인에서 취했던 입장이 바로 동기다. **동기**는 2장 '기본 게임 디자인 툴'에서 논의한 기본 게임 디자인 툴과 3장 '플레이의 종류'에서 다룬 여러 가지 유형과 연결되며, 6장 '디자인 가치'에서 설명한 디자인 가치를 정해 준다.

주된 동기는 플레이어들이 하게 될 주된 일을, 제약, 스토리, 개인 경험, 추상적이고 사실적인 세계, 플레이어를 중심으로 디자인하는 것이다. 필자들은 이런 동기들을 상당히 광범위하게 시도해 봤지만 게임 아이디어는 어디에서나 올 수 있으며, 이런 것들 외에도 분명 게임의 동기는 있을 수 있다. 여기에서 핵심은 우리가 창조해내고자 하는 플레이 경험의 종류를 기반으로, 장르나 기술, 그 밖의 게임에 대한 선입견에 구애 받지 않으면서, 동시에 게임의 디자인 가치를 설정하는 분명한 방향으로 디자인하는 것이다.

플레이어가 하는 주된 행동 중심 디자인

게임은 우리가 현실 생활에서는 보통 할 수 없는 탐정이라거나 심지어 전사, 혹은 민첩한 배관공이 되도록 해 준다. 혹은 예컨대 저니처럼 모래 언덕 위를 서핑하는 단순한 즐거움을 주기도 한다. 이것은 직접적인 모델이 아니라, 모래 언덕을 달리는 실제 경험에서 받은 영감에 서핑과 글라이딩을 합쳐 또렷이 기억에 남는 경험으로 강화해낸 것이다. 플레이어들이 하는 주된 행동을 중심으로 디자인할 때 초점은 게임의 액션에 맞춰져야 한다. 플레이어 경험에 대해 생각할 수 있는 방식은 많지만, 여기 몇 가지 질문을 제시하겠다.

- 플레이어는 무엇을 하게 되는가? 게임은 행위에 대한 것이다. 플레이어는 두뇌로나 물리적으로나 어떤 액션을 수행하게 되는가?

- 게임에서는 무슨 일이 일어나는가? 게임 안에서 무슨 일이 일어나서 플레이어들이 이런 액션을 하고 싶도록 만드는가?

- 플레이 경험을 설명해 주는 형용사에는 무엇이 있을까? 플레이어들이 이런 액션을 수행하면서 어떤 느낌을 받기를 원하는가?

요한 세바스찬 저스트(줄여서 J.S. 저스트, 그림 9.5 참고)에서 플레이어들이 하게 되는 주된 일은 게임의 전반적 경험의 큰 부분을 이룬다. 이 게임의 크리에이터인 더글러스 윌슨(Douglas Wilson)은 '디지털로 강화한 놀이터 게임'[5]이라고 설명한다. J.S. 저스트에서 플레이어들은 플레이스테이션 모션 컨트롤러를 손에 쥐고서 마지막 한 사람이 남을 때까지 다른 플레이어의 컨트롤러를 쳐내려고 한다. 배경에서는 바하의 브란덴부르크 협주곡이 흐른다. 음악이 느려지면 모션 컨트롤러의 민감도가 높아져서, 플레이어 역시 슬로우 모션을 하듯 아주 천천히 움직여야 한다. 그리고 음악이 빨라지면 플레이어는 더 빠르게 움직여 다른 플레이어의 컨트롤러를 재빨리 쳐낼 수 있게 된다. 더글러스가 이런 게임을 디자인하도록 영감을 준 주된 액션은 무엇일까? 플레이어들이 게임을 하면서 마지막까지 살아남기 위해 노리는 것은 다른 플레이어의 컨트롤러를 쳐내는 것이지만, 이것은 더글러스가 의도한 주된 행동이 아니다. 실은 슬로우 모션이 정답이다. J.S. 저스트의 디자인은 슬로우 모션을 중심으

---

5   GDC China 2012, "요한 세바스찬 저스트의 믿기 어려운 이야기(The Unlikely Story of Johann Sebastian Joust)," 더글러스 윌슨.

로 디자인되었으며, 다른 행동들은 여기에서 파생된 것이다. 더글러스는 자신의 접근법에 대해 이렇게 설명한다. "B.U.T.T.O.N.과 J.S. 저스트를 디자인할 때의 경험에는 두 가지 시작점이 있을 수 있다. 친구들과 난투를 벌이거나 슬로우 모션으로 움직이는 것 같이 그 자체로 재미있는 활동을 찾고, 그런 다음 게임 시스템을 반복 적용해 보면서 잘 섞어보는 것이다."[6] 더글러스는 플레이어들이 슬로우 모션으로 움직이는 놀이터 게임을 보고는 플레이하는 이들이나 구경하는 이들 모두에게 주는 재미가 내재되어 있음을 깨달았다고 설명한다. 이렇게 단순하고 연극적인 행동에서 만들어진 J.S. 저스트는 그의 설명대로 하는 것만큼이나 보는 것도 재미있는 게임이 되었다.

그림 9.5 요한 세바스찬 저스트. 엘리엇 트리니다드(사진 제공). 인디케이드(IndieCade) 국제 독립 게임 페스티벌의 허가를 받아 게재.

---

6 "논쟁의 기쁨을 위한 디자인, 혹은 걷어 차며 친구 사귀기!(Designing for the Pleasures of Disputation—or—How to Make Friends by Trying to Kick Them!)" 더글러스 월슨, 박사 논문, 2012.

제약 중심의 디자인

이전에 던진 "플레이어가 무엇을 할 수 있는가?"라는 질문에 더해, "플레이어들이 할 수 없는 것은 무엇인가?" 쪽에서 접근할 수도 있다. 예를 들어 축구는 플레이어들이 공을 다룰 때 손을 써선 안되는 제약이 있다. 테리 캐버너(Terry Cavanaugh)의 플랫폼 게임 vvvvvv(그림 9.6 참고)은 플레이어가 절대 점프를 하면 안된다. 대신, 아주 낮은 계단이라도 나오면 플레이어는 중력을 거꾸로 뒤집어서 건너가야 한다. "플레이어는 무엇을 할 수 있는가"라는 접근법을 아주 색다르게 뒤집는 것으로, 목표를 달성하는 뻔한 방법을 우회한 다른 해결책을 찾도록 만드는 것이다. 이럴 때 게임의 재미는 우리의 액션이나 자원의 한계를 극복하는 도전에서 오게 된다.

게임 컨셉에서는 플레이어에게 제약을 줌과 동시에, 제약을 통한 이득도 줄 수 있다. 제약은 디자이너의 가장 좋은 친구다. 사실, 유명한 제품 디자이너 레이와 찰스 임즈(Ray and Charles Eames)는 "디자인은 대부분 제약에 의존한다."[7]고도 말했다. 제약이란 게임 디자인의 뒤에 숨겨져 있는 영감이라고도 할 수 있다. 비디오 게임의 초창기에는 기술이 엄청난 제약 요인이었다. 초기 아타리 2600 게임들에서 정사각형 픽셀보다 직사각형 픽셀을 더 이

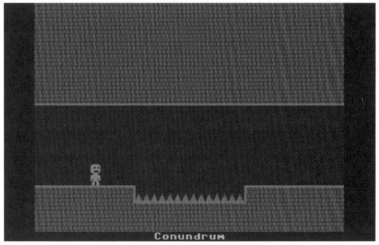

그림 9.6 테리 캐버너의 vvvvvv

---

7 Qu'est ce que le design? (디자인이란 무엇인가?), 1972년 루브르 박물관 장식 미술전.

용한 이유가 뭔지 궁금했던 적이 있는가? 바로 하드웨어와 TV가 정보를 처리하는 방식 때문이었다. 당시에는 디자이너들이 매체가 주는 제약을 다양한 게임에서 영감으로 활용하여, 수평으로 된 무지개 색 벽돌과 패들을 이용한 벽돌깨기(Breakout, 그림 9.7 참고)처럼 직선으로 된 8비트 그래픽으로 벽돌의 형태를 정의하기도 했다.

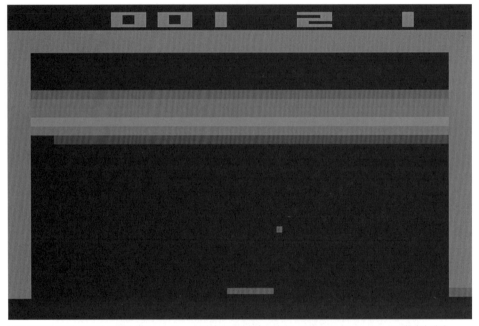

그림 9.7 벽돌깨기. 이미지: 푸유안 쳉(Fuyuan Cheng). 일반 크리에이티브 커먼스 Attribution Share Alike 2.0에 의거 게재.

기술적 제약은 오늘날에도 존재하지만, 이전과는 달리 훨씬 더 발전한 기술적 가능성을 제한하기 위해 사용되는 경우가 많다. 이 책의 앞부분에서 설명했던 카나발트에서는 버튼만 사용하도록 하여 게임의 도전을 만들기도 했다. 디자이너 애덤 솔츠먼은 이 게임의 원래 아이디어가 미니멀리즘에서 영감을 받았고 게임 잼을 통해 개발했다며 다음과 같이 설명했다.

"버튼 하나로 플레이하는 슈퍼 마리오라는 제약을 떠올리자마자 레벨 구조를 어떻게 만들어야 할지 분명해졌다."[8]

---

8 www.stuff.tv/features/weekend-read-how-canabalt-jumped-indie-game-jam-museum-modernart#kUCG9h1o2d8YOqiT.99.

플레이어가 할 수 있는 것을 제한하고 게임 디자인에서 흥미로운 제약을 만들어낼 수 있는 '제약'은 이를 극복할 때 창의력이 발휘된다. 다음은 제약을 중심으로 디자인할 때 주의해야 할 사항들이다.

- 플레이어가 계속 게임을 하게 만드는 것은 무엇인가? 플레이어는 어떻게 제약을 극복할 수 있는가? 이런 제약은 플레이어들에게 어떤 것을 열어주는가?

- 도전은 어디에서 비롯되는가? 플레이어가 목표를 달성하기 어렵게 만드는 것은 무엇인가?

- 플레이어들은 어떻게 결정을 내리는가? 실시간인가 턴제인가? 플레이어가 다양한 선택을 평가하여 다음에 취할 행동을 판단할 시간과 능력을 제한하는 것은 제약의 아주 좋은 활용법이다.

- 게임이 경쟁성인가, 협력 위주인가, 아니면 둘 다인가? 플레이어들이 어떤 목적으로 상호작용하는가 역시 제약을 이룬다.

- 전략, 기술, 운, 불확실성은 어떻게 조합되어 있는가? 게임에 예측 불가한 요소들이 있는가? 플레이어들은 어떤 흥미로운 선택을 내리게 되는가? 플레이어가 게임의 목표를 달성하려면 얼마나 능숙해야 하는가?

- 플레이어는 게임에서 무엇을 보고 듣고 느끼는가? 플레이어가 게임을 인지하는 능력을 통해서는 어떤 제약이 가해지는가? 숨겨진 정보가 있는가?

- 우리의 게임 디자인 과정에서는 제약을 어떻게 활용할 것인가? 디자이너로서 선택을 내리는 데 제약이 되는 것들은 무엇인가? 이런 제약을 어떻게 잘 활용할 수 있을까?

스토리 중심의 디자인

게임 디자인에서 또 한 가지 핵심은 흥미로운 이야기의 전달, 더 정확히 말하자면 게임에서 어떻게 스토리를 전달하여 스토리 세계를 구성할 것인가다. 여러분은 게임을 통해 흥미로운 캐릭터를 만들고 싶을 수도, 게임의 배경을 설정하거나 게임 속에서 역사적 순간이 펼쳐지기를 원할 수도 있다. 풀브라이트 컴퍼니의 곤 홈이 바로 스토리 중심 디자인의 대표적인 게임이다. 곤 홈은 캐릭터의 행동을 통해 시나리오를 따라가며 이야기를 풀어나가는 대신, 플레이어에게 텅 빈 집을 여기저기 살펴보며 이야기를 직접 발견하게 만든다. 곤 홈은 탐험과 게임 특유의 방식을 통해 이야기가 펼쳐진다. 플레이어는 대학에 다니다가 집에 와 봤더니 살던 집이 버려져 있는 대학생 케이틀린의 역할을 맡는다. 그래서 집을 돌아다니며 물건들을 살펴보고, 테이프에 녹음된 소리를 듣고 편지를 읽거나, 물건들을 통해 가족의 이야기를 알아나간다.

이렇게 스토리 위주로 디자인하고 싶을 때는 다음과 같은 질문을 해 보자.

• 게임의 테마는 무엇인가? 이 게임은 무엇에 대한 것인가? 스토리에 특별한 관점이나 가치관이 있는가? 어떤 세상에서 일이 벌어지는가? 역사적 시기에서 영감을 얻었는가?

• 플레이어는 이야기 전달에 있어 어떤 역할을 하는가? 플레이어는 스토리가 펼쳐지는 것을 보는가, 아니면 능동적으로 여기에 참여하는가? 이들의 행동은 어떻게 플롯을 전개시키는가?

• 스토리를 통해 얼마나 다양한 결과나 경로가 펼쳐지는가? 플레이어들은 미리 정해진 스토리 요소를 따라 진행하는가? 스토리에 분기가 있는가? 게임에 선택적으로 나오는 순간이 있는가?

• 플레이어들이 어떻게 느낄지 묘사할 수 있는 형용사에는 무엇이 있을까? 스토리를 통해 플레이어는 어떤 감정적 상태가 되는가?

• 스토리에서 가장 중요한 동사는 무엇인가? 중요한 명사는 무엇인가? 스토리를 핵심 액션, 동사, 핵심 인물과 사물, 혹은 명사로 추상화할 수 있는가? 이것들을 이용해 게임의 구조를 짤 수 있는가?

• 플레이어들은 플레이 경험이 끝난 후 어떤 생각을 하게 될까? 이런 아이디어는 여러분이 스토리를 통해 게임에서 겪기를 바랐던 것인가? 그렇다면, 플레이어는 이를 통해 어떤 생각을 하게 되는가?

개인 경험 중심의 디자인

게임에서 개인적 경험을 소재로 쓰는 일은 문학과 영화 같은 매체에 비해 그다지 흔치 않지만, 자신의 경험도 게임 제작에서 영감의 원천이 될 수 있다. 비디오 게임은 비교적 역사가 짧고, 게임을 통해 아이디어를 표현할 기술이 아직 발달 단계에 있다는 것도 그 이유 중 하나다. 그렇긴 하지만 개인적 경험으로 놀라운 게임을 만들어낸 선구자들은 물론 있다.

애나 앤트로피의 디스포이아(dys4ia, 그림 9.8 참고)는 애나가 호르몬 대체 요법(폐경기 후 에스트로겐 결핍을 완화하는 치료 – 역자 주)을 받은 경험을 일기 형식으로 풀어낸 게임이다. 플레이어는 애나가 겪은 일을 경험하며, 게임의 여러 부분을 진행하며 생각을 하게 된다. 웨이는 크리스 벨이 개인적으로 경험한 것을 추상화한 게임이다. 이 게임은 도쿄의 어시장이 배경도 아니고 벨 자신이 주인공도 아니지만, 이 사람의 경험에서 탄생한 것임은 틀림없다.

개인적 경험을 중심으로 디자인하고 싶을 때는 다음과 같은 질문을 해 보자.

• 게임을 얼마나 자서전적으로 만들 것인가? 게임이 특별히 기억에 남는 경험의 회고록인가? 실제로 일어났던 대화, 장소, 사람들을 묘사할 것인가? 살면서 기억에 남는 장면들을 담을 것인가?

• 게임이 실제 경험을 추상화하여 묘사하는가? 느낌이나 경험을 표현하되, 특정한 세부 사항들은 다른 것으로 대체할 생각인가? 어떤 표현과 설정, 캐릭터가 이런 경험을 표현하

그림 9.8 디스포이아의 스크린샷

는데 도움이 될까?

• 여러분의 경험과 느낌을 플레이어가 이해하도록 도와줄 수 있는 동사나 액션에는 무엇이 있을까? 어떤 물리적 행동이 여러분의 경험과 관련 있는가? 어떤 액션이 그 경험에 녹아 있는 갈등이나 도전을 표현해 주는가? 플레이어는 상호작용을 통해 어떤 경험을 하게 되는가?

실제 세계의 추상화

게임은 체계를 정의하는 매체다. 도넬라 메도우스(Donella Meadows)가 말했듯, "시스템이란 시간이 흐름에 따라 독자적인 행동 패턴을 만들어내도록 관련되어 있는 사람, 세포, 분자 같은 사물의 집합이다."[9] 메도우스의 정의는 세상이 돌아가도록 하는 대부분의 시스템을 설명하는데 쓰인다. 게임 역시 시스템이며 실제 세계에 존재하는 시스템들을 모형화하는 데 최적화되어 있다. 그와 동시에 추상적이기도 하다. 세상은 복잡한 곳이며, 게임 역시 이런 복잡성을 단순한 규칙으로 녹여낸 것이다. 실제 세계의 시스템을 추상화할 때 우리는 플레이어의 관점, 중심이 되는 액션, 자신의 액션이 어떤 영향을 주는지에 대한 피드백을 제공할 방식을 선택해야 한다.

몰레인더스트리아(Molleindustria)의 맥도날드 비디오 게임(그림 9.9 참고)에서 파올로 페데르치니(Paolo Pedercini)는 패스트푸드라는 시스템을 목장에서 사육장, 그리고 임원실로 연결되는 레벨을 통해 색다른 관점으로 플레이어에게 제시한다. 각 레벨에서는 서로 다른 액션과 제약, 재료가 주어지지만 결국 이 모두는 프랜차이즈가 궁극적으로 추구하는 수익 창출에 기여한다. 이런 모형화는 비용 절감이나 수상한 정책 도입 없이 수익성 있는 회사를 운영하기가 얼마나 어려운지를 분명히 보여준다. 추상화는 이렇게 스토리를 풀어나가고 페데르치니가 강조하고 싶어한 개념들을 보여주는 역할을 한다.

실제 세계를 추상화한 게임을 디자인할 때는 다음과 같은 질문을 해 보자:

• 실제 세계의 시스템은 어떻게 돌아가는가? 시스템의 요소들은 무엇인가? 서로 어떻게 연결되는가? 이런 연결의 역학은 무엇인가? 시스템의 입력과 출력은 무엇인가?

---

9 도넬라 H. 메도우스, 시스템적 사고: 입문(*Thinking in Systems: A Primer*), 2008년.

그림 9.9 맥도날드 비디오 게임의 스크린샷

• 게임은 이 시스템에 대해 무슨 말을 하고자 하는가? 해당 시스템은 얼마나 바뀔 수 있는가? 시스템은 어떤 행동에 보상을 주는가? 시스템이 사회, 혹은 인류의 문제점을 반영하는가?

• 플레이어의 시점과 피드백은 시스템이 어떻게 작동하는지 플레이어가 이해하는데 도움이 되는가? 플레이어는 시스템의 일부인가 아니면 전체를 내려다볼 수 있는 상위의 존재인가? 이들은 시스템의 작동 방식을 제어할 수 있는가, 아니면 시스템의 규칙에 지배되는가? 게임은 시스템 내에서의 활동에 보상을 주거나 활동을 개인화할 수 있게 해 주는가?

• 추상화에서 제외되는 것은 무엇인가? 실제 세계의 현상에서 무엇을 제거할지 고려하는 것도 게임을 위해 단순화하는 것만큼 중요하다.

플레이어 중심의 디자인

많은 게임에서 가장 중요하게 고려하는 것이 바로 플레이어다. 여러분의 게임은 대상층이 누구인가? 이들은 어떤 사람인가? 플레이어들을 구체적으로 그려보는 데 가장 좋은 도구는 바로 페르소나다. 앨런 쿠퍼가 저서 "정신병원에서 뛰쳐나온 디자인(The Inmates Are

Running the Asylum)"[10]에서 처음 설파한 '페르소나'는 우리가 상상하는 플레이어들의 특성을 토대로 구성한 가상의 플레이어다. 게임과 여타 매체에 종류가 있듯이 페르소나에도 이름, 나이, 직업, 학력 등이 있다. 보통 팀에서는 디자인 과정 중 도움이 되게끔 두세 개의 페르소나를 만들곤 한다. 첫 번째 페르소나는 디자이너가 염두에 둔 주된 플레이어층이다. 그리고 두 번째와 세 번째 페르소나는 이 게임을 좋아할 수 있는 부차적 대상으로, 팀에서 고려사항에 참고하는 대상이 된다.

페르소나를 만들든 아니든, 다음과 같은 질문을 던져보면 여러분의 대상 플레이어를 더 잘 이해할 수 있을 것이다.

- 플레이어는 누구인가? 특정 인물일 수도 있지만, 커뮤니티나 문화 집단 등의 집단으로 정할 수도 있다.

- 어디에서 플레이하는가? 특히 설치형이나 아케이드, 지하철이나 버스, 행사장 등의 용도로 디자인할 경우, 마음속에 특별한 장면을 그려보면 도움이 된다.

- 언제 플레이하는가? 낮이나 저녁 같은 시간대를 생각해 두는 것도 도움이 되지만, 그런 시간대에 플레이어들이 주로 친구를 만나는가, 집에 혼자 있는가 등을 감안하는 것이 더 중요하다.

- 이 외의 무엇을 플레이하는가? 이상적인 플레이어들이 어떤 종류의 게임을 즐기는지 파악하는 것도 도움이 된다.

- 그 외에 좋아하는 것은 무엇인가? 게임 외에 플레이어가 즐기는 것은 무엇인가? 캠핑? 요리? 뜨개질? 영화나 만화책을 보거나 음악을 들을까? 플레이어가 즐기는 활동과 매체를 생각해 두면 게임을 좀 더 폭넓게 구성할 수 있다.

팀 단위로 게임에 무엇을 넣고 싶은지와 디자인적 동기를 구체화하는 이 모든 사항을 고려하는 데에는 시간이 걸린다. 이럴 때 아이디어를 떠올리기 위한 브레인스토밍 세션들을 잠깐씩 가지면 도움이 된다. 모두가 이런 질문에 집중하는 데에도 도움이 되지만, 팀원 모두의 아이디어를 검토하고 포착할 수 있는 논의의 장이 되기 때문이다.

---

10 앨런 쿠퍼, 정신병원에서 뛰쳐나온 디자인: 기술 제품 때문에 돌아버리는 이유, 그리고 제정신을 차리는 방법 (*The Inmates Are Running the Asylum: Why Tech Products Drive Us Crazy and How to Restore the Sanity*).뉴욕: Sams-Pearson Education, 2004년.

동기를 포착하는 디자인 가치

아이디어 구체화 과정을 통해 게임의 동기가 만들어지고 나면 이를 잘 정리해 두는 것이 좋다. 필자들이 가장 애용하는 방법은 6장에서 소개했던 디자인 가치 정립이다. 디자인 가치는 여러분의 동기를 실행에 옮길 수 있는 원칙으로 바꿔놓음으로써 구조화해 준다. 반복 적용을 통해 게임을 제작할 때는 게임 디자인 가치를 이용해 프로세스를 이끌어가야만 게임 개발에 탄력을 받고 집중하며, 분명하게 유지할 수 있다. 협업 시에는 서로 게임의 맡은 부분을 작업하면서도 머릿속으로 같은 아이디어를 유지할 수 있게 해 주기도 한다. 디자인 가치는 지침의 역할 뿐 아니라, 게임의 얼개와도 같은 작용을 한다. 디자인 가치는 게임의 형태를 잡아주며, 예상하지 못한 방향으로 뻗어나가 핵심 목표에 쓰여야 할 시간과 에너지를 소모하는 일을 방지해 준다. 게임을 디자인할 때는 샛길로 빠지기 십상이다. 전체적인 프로세스는 구불구불 길게 이어진 길을 따라갈 수도 있어서, 게임이 복잡해지거나 비전을 희석시키는 요소에 불필요한 시간을 들이는 일은 피해야 한다. 디자인 가치는 게임이 형태를 잡고, 강력하고 분명한 방향성을 유지하는데 도움이 된다. 그럼 6장의 내용을 다시 정리해 보자.

- **경험**: 플레이어는 플레이 중 무엇을 하는가? 게임 디자이너이자 교육자인 트레이시 풀러튼(Tracy Fullerton)의 표현을 빌면, 플레이어는 무엇을 하게 되는가? 이것이 플레이어에게 물리적, 감정적으로 어떤 느낌을 주는가?

- **테마**: 이 게임은 무엇에 대한 것인가? 플레이어들에게 이것을 어떻게 보여주는가? 플레이어들은 플레이를 하면서 어떤 컨셉, 관점, 혹은 경험을 마주하게 되는가? 이런 것들을 어떻게 전달하는가? 스토리를 통해? 시스템 모델링을 통해? 은유적으로?

- **관점**: 플레이어가 무엇을 보고 듣고 느끼는가? 이는 어떤 문화적 기준점에서인가? 게임과 그 안의 정보는 어떻게 표시되는가? 단순한 그래픽을 빌어서? 고도로 정제된 지오메트리 형태로? 상세한 세부 묘사를 담은 모델링으로?

- **도전**: 게임이 어떤 도전 과제를 주는가? 정신적인 도전인가? 신체적인 도전인가? 아니면 도전적인 관점이나 주제, 테마에 대한 질문의 형태인가?

- **의사 결정**: 플레이어들은 어떻게 어디에서 결정을 내리게 되는가? 그런 결정은 어떻게 제시되는가?

- **실력, 전략, 운, 불확실성:** 게임이 플레이어들에게 어떤 기술을 요구하는가? 전략을 발전시키는 것이 플레이 경험 완성에 중요한 역할을 하는가? 운이 게임에 큰 요인이 되는가? 불확실성은 어떤 요인에서 생겨나는가?

- **맥락:** 플레이어는 어떤 사람인가? 이들은 어디에서 게임을 접하게 되는가? 게임에 대해서는 어떻게 알게 되는가? 플레이하는 시간은 언제인가? 플레이하는 이유는 무엇인가?

- **감정:** 게임이 플레이어들에게 어떤 감정을 일으킬 수 있는가?

기억하자. 디자인 가치는 지침일 뿐, 고정 불변의 진리는 아니다. 가끔 게임 디자인이 진전되고 아이디어가 떠오르면서 이에 따라 가치가 변화하기도 한다. 남들과 협업하든 혼자 작업하든, 디자인 가치를 재검토하는 일은 필요하다. 일이 표류할 때는 (그럴 가능성이 높을 것이다) 스스로 왜 이렇게 되고 있는지 질문하고, 디자인 과정 중 발견한 무언가에 맞춰 디자인 가치를 수정할 것인지 결정하도록 하자. 하지만 이럴 판단은 주의 깊게 내려야 한다. 종종 새로운 아이디어가 떠오르는데, 가끔 이런 아이디어는 한편으로 밀어두고 차후 새로운 게임에 사용할 필요가 있다. 목표에서 멀리 표류하고 있는지 아니면 제대로 전진하고 있는지 구별하는 능력은 연습을 통해 얻어진다. 경험에 따르면, 디자인 가치를 변경하는 것이 현재 게임의 플레이어 경험과 전하고자 하는 메시지를 강화하는지 고민해 보면 답이 나온다.

요약

반복 적용 게임 디자인 프로세스는 하나, 혹은 여러 아이디어로 시작된다. 이런 아이디어를 게임을 만들어낼 수 있는 자료로 바꾸는 것이 핵심이다. 이런 과정을 시작하기에 가장 좋은 방법은 다음과 같은 브레인스토밍 기법이다.

- ❖ **아이디어 스피드 데이트:** 둘씩 모여서 하나가 빠르게 게임 아이디어 하나를 피칭하고, 상대방도 자기 아이디어를 피칭한다. 그런 다음 둘이 내놓은 피칭에서 요소들을 결합시켜 새로운 아이디어를 만들어낸다. 그룹의 모두가 상대에게 피칭을 끝내고 나면 모두 함께 가장 강력한 아이디어를 투표로 정한다.

- **"어떻게 하면..." 질문**: 그룹이 게임 디자인을 시작하는 데에 도움이 되는 질문들을 탐구하는 과정이다. 우선, 질문을 하나 선택한다. 이 질문에 관해 각각의 아이디어를 포스트잇에 적음으로써 침묵 브레인스토밍을 진행한다. 정해진 시간이 지나면 모두 포스트잇을 벽에 붙이고, 서로에게 내용을 설명한다.

- **명사, 동사, 형용사 브레인스토밍**: 게임 컨셉의 '동작하는 부분'을 확인하는 과정이다. 세 가지 색깔의 인덱스카드를 이용해 게임 컨셉에 연관되는 명사, 동사, 형용사를 생각나는 대로 적는다. 정해진 시간이 지나면 모두 서로에게 내용을 설명한다.

컨셉 구상의 대부분 단계에서 게임 제작의 동기에 대해 생각하는 데에 도움이 된다. 이때 고려해야 할 여섯 가지 요소가 있다.

- 플레이어가 하게 될 주된 행동 중심 디자인
- 제약 중심의 디자인
- 스토리 중심의 디자인
- 개인 경험 중심의 디자인
- 실제 세계의 추상화
- 플레이어 중심의 디자인

이때 게임 제작의 동기를 디자인 가치들로 전환하면 도움이 되며, 이 주제는 6장에서 상세하게 다뤘다.

10장

게임 프로토타이핑

반복 적용 사이클의 두 번째 단계는 프로토타이핑이다. 디자인 프로세스의 어느 단계에 와 있는가에 따라 여기에는 종이와 마커, 테니스 공과 주걱, 기능하는 코드, 심지어 게임의 플레이어블 버전까지 해당할 수 있다. 프로토타입의 핵심은 아이디어를 구체적으로 보여주는 것이다.

일단 세임의 컨셉이 구제화뇌었으면 반복 적용 디자인 사이클의 다음 단계는 프로토타입을 만드는 것이다. 프로토타입이란 아이디어와 컨셉을 팀의 모두가 평가할 수 있는 보다 구체적인 것으로 바꾼 것이다. 프로토타입은 아이디어, 동기, 디자인 가치를 플레이할 수 있는 실제적인 형태로 만들어줌으로써 이런 역할을 한다. 아이디어를 유형의 것으로 바꾸는 이 과정은 근사해 보이는 아이디어가 실제로 멋진지 확인하는 단계다. 프로토타이핑에서는 의도치 않았거나 예상치 못했던 결과를 잔뜩 쏟아내는 경우가 많은데, 이것은 당연한 일이다. 결국 반복 적용이라는 접근법을 활용하는 목표가 이것으로, 프로세스 초기에 일찍 실패를 겪어 디자인이 디자인 가치와 게임의 목표를 잘 담아내고 의도한 플레이 경험을 전달하는지 테스트를 통해 확인하는 것이다.

그림 10.1 프로토타이핑은 반복 적용 사이클의 두 번째 단계다.

프로토타이핑에서는 기능이 얼마나 잘 돌아가고 사용하기에 편한지 테스트하기 위해 여러 개의 프로토타입을 만드는 일이 많다. 이런 개념은 사물의 성능에 중점을 두는 산업 디자인에서 유래한 것이다. 감자 칼을 예로 들어보자. 프로토타입에서는 손잡이가 손에 얼마나 잘 맞는가, 사용할 때 균형감이 얼마나 좋은가, 다양한 채소의 껍질을 얼마나 잘 벗기는가를 살핀다. 디자이너에게는 완벽한 감자 칼을 어떻게 만들지에 대한 아이디어가 있을 것이며, 이를 일련의 프로토타입에 담아서 아이디어가 어떻게 실제로 옮겨지는지 실험한다.

게임의 프로토타이핑도 이와 비슷하지만, 몇 가지 중요한 차이도 있다. 외형, 모양, 기능 대신 게임 디자이너는 플레이 경험에 중점을 둔다. 이는 플레이어가 게임 속에서 취하는 액션(캐릭터나 환경, 오브젝트, 다른 플레이어와의 상호작용)과 게임 밖에서 취하는 행동(컨트롤러, 화면 등) 양쪽 모두에서 온다. 감자 칼의 모델을 만들어 느낌이 적당하고 채소의 껍질을 벗기기 쉽게 수정해 나가는 것처럼 게임의 프로토타이핑도 플레이어가 게임을 어떻게 느낄지, 플레이어에게 게임이 어떤 경험을 선사할지, 게임을 통해 플레이어가 무엇을 생각하고 느낄지 게임 디자이너가 가지고 있던 아이디어를 구체적으로 형상화하는 것이다. 게임 디자인과 다른 많은 디자인 간의 큰 차이가 바로 이것이다. 무언가를 편리하게 만드는 대신 게임은 재미, 도전, 분위기를 강조하는데, 그래서 가끔 쉬운 사용성보다 더 까다롭게 만들기도 한다.

이래서 게임이 대단하다는 것인데, 플레이를 만들어내기 때문이다. 그런데 게임은 표현의 한 형식이기도 하다는 점을 기억해야 한다. 모든 게임이 다 '재미있을' 필요는 없지만, 플레이어에게 흥미로운 선택권을 주고 플레이어를 적극적으로 경험에 끌어들여야 한다. 그러려면 우리 게임의 측면들이 실제로 우리가 구상한 경험을 제공하는지 확인할 프로토타입이 필요하다. 게임 디자이너는 실제로 만들어지는 내용을 확인하기 위해 프로토타이핑과 플레이테스팅 과정에 크게 의존한다. 그러므로 프로토타입에서 살펴봐야 하는 주요한 질문은 팀이 제공하고자 하는 직관적이거나 재밌거나 도전적인 플레이 경험을 게임 내에서 감정적으로나 지적으로 제공하고 있는가다.

플레이의 질문으로서의 프로토타입

프로토타입을 만들기 시작할 때 고려해야 하는 한 가지 중요한 점은 어떤 아이디어와 목표를 평가할 것인가다. 그러려면 게임 디자인에서 해답이 필요한 측면에 이런 질문을 제기하는 것이 좋다. 주된 활동은 즐길만한가? 플레이어들이 게임의 테마를 이해하는가? 컬러 구성은 스타일에 있어서나 기능적으로 잘 어우러지는가? 프로토타이핑은 언제나 이런 질문을 기반으로 만들어져야만 게임 디자인이 진전될 수 있다. 컨셉 구상이 프로토타입으로 바뀌는 이 단계에서는 컨셉 구상 중 나온 목표와 디자인 가치를 가져와 플레이테스트에서 확인할 디자인적 질문들을 터놓고 물어야 한다.

아이디어를 프로토타입으로 옮겨야만 실제 액션으로 어떻게 표출되는지 볼 수 있기 때문에 프로세스 초반에 가능한 빠르게 만드는 것이 중요하다. 나중에 디자인 수정에 상당한 시간을 들여 새로운 프로토타입을 제대로 만들면 된다. 중요한 것은 게임의 디자인에 대한 질문을 더 효율적인 방식으로 형성하는 데에 계속 집중하는 것이다.

반복 적용 디자인 과정이 진행됨에 따라, 프로토타입들이 여러 형태로 만들어질 수도 있다. 초기에는 종이에 그리거나 주사위, 인덱스카드, 혹은 기존 코드 라이브러리와 구 모델 및 비주얼 에셋으로 프로토타입을 만들어도 된다. 중요한 점은 게임의 주된 액션과 전체적인 구조를 시험하여 플레이어들을 흡인할 잠재력이 있는지 확인하는 것이다. 어떤 게임 컨셉과 접근법은 프로세스 초기부터 디지털화해야 할 수도 있다. 그렇다고 하더라도 구조와 플레이어 액션에 초점을 맞춰야 한다. '완벽을 추구하면 일이 진행되기 어렵다'는 오래된 격언은 게임 디자인에도 적용되며, 최소한 초기 단계에서는 '다듬기는 반복 적용 게임 디자인의 적'이라는 표현에 공감이 갈 것이다. 이유는 두 가지다. 딱 떨어지게끔 만드는데 더 오랜 시간을 들일수록, 프로토타입에 심어둔 질문에 대한 해답이 나올 때까지 더 오래 기다려야 한다. 초기에 아이디어에 대해 감정적인 애착을 삼가는 것도 마찬가지로 중요하다. 다듬기에 시간을 더 들일수록 아이디어가 '좋게' 여겨지고 객관적으로 보기가 어려워진다. 이는 거의 모든 제품을 만들 때의 원칙과 상반된다. 하지만 프로토타입을 빨리 만들어낼수록 더 일찍 테스트할 수 있고, 게임을 더 일찍 다듬기 시작해서 결과적으로 더 좋은 게임이 태어나게 된다.

프로토타입을 작업할 때 게임 디자인에 가해지는 변경 횟수를 최소한으로 유지하는 것도 역시 중요하다. 규칙, 심지어는 변수 한 개만 변경해도 게임에서는 온갖 이상 현상이 일어날 수 있으므로, 게임에 큰 변화를 너무 많이 적용하기 전에 우선 플레이테스트를 해 보는 것이 중요하다. (플레이테스팅에 대해서는 11장 '게임 플레이테스팅'에서 더 자세히 다루겠다.)

프로토타이핑 중에 계속 디자인 가치를 참고하는 것도 잊지 말자. 디자인 가치는 프로세스 도중에 변경되거나 수정될 수도 있지만, 프로토타이핑과 내부 플레이테스팅 프로세스에서 새로운 디자인 가치가 나올 수도 있으므로 변경될 때 이를 인지하고 팀과 논의한 다음 반드시 문서에 넣어야만 한다.

여덟 가지 종류의 프로토타입

게임을 만드는 데에 다양한 동기가 있을 수 있는 것처럼, 프로토타입과 거기에 담긴 목표도 다양하다. 스토리를 중심으로 디자인할 때는 글쓰기부터 시작하라. 게임의 주요 액션을 중심으로 디자인할 때는 물리적으로 액션을 수행해 보거나, 어떤 느낌일지 확인할 수 있도록 코드를 대충 작성해 보라. 사실, 프로토타입을 만드는 데에는 너무나 많은 방법이 있기 때문에 그 자체만 다루더라도 책 한 권은 채울 수 있다. 하지만 이 장에서는 그 중 대표적인 종이, 신체 활동, 플레이어블, 아트와 사운드, 인터페이스, 코드와 기술, 코어 게임, 완성된 게임을 짚어보겠다.

종이 프로토타입

종이 프로토타입은 가장 추상적인 프로토타입 형태다. 사물을 표현하는 면에서는 그다지 추상적이진 않을 수 있지만, 하이 레벨 컨셉을 단순한 그림 형태로 보여준다는 면에서 그렇다. 비디오 게임 디자인에서 종이 프로토타입은 조그맣게 잘라낸 종이로 비디오 게임을 플레이하는 것처럼 보여주는 것인데, 대개 이 정도로 충분하다. 종이 프로토타입은 게임 컨셉이 형태를 잡아가는 첫 단계일 때가 많다. 때로는 도해가 포함되고, 종이 인형이 쓰이기도 하며, 작은 종잇조각, 토큰, 그 밖의 작은 물체가 동원되기도 한다. 종이 프로토타이핑의 주된 목표는 실제 플레이할 수는 없다고 해도 게임이 어떤지 확인을 시작하는 것이다.

필자들이 작업하고 있는 가제 씽!(Ping!)은 사무실에서 함께 탁구를 치다가 착안한 게임으로, 고전 게임 퐁을 패러디하여 다른 종류의 라켓과 여러 기술을 더해 전략적으로 비튼 것이다. 컨셉 구상 초기 과정에서 우리는 게임에 포함될 명사(혹은 오브젝트), 동사(혹은 액션), 그리고 형용사(혹은 감정)를 정할 필요가 있다는 것을 깨달았다. 그래서 일반적인 탁구를 하는 경험에서 출발하여 우리가 모형으로 만들려고 생각하는 명사, 동사, 형용사들을 추가해 나갔다. 그리고는 각각을 색상이 정해진 인덱스카드에 기재하여 정리했다. 카드들을 완성하고는 이를 함께 검토하여 비디오 게임에서 어떤 것을 유지하고 어떤 것은 뺄지 결정했다. 또한 이 기회를 이용해 우리 게임에 넣고 싶은 새로운 명사, 동사, 형용사를 논의했다. 이런 활동은 실험해 보고자 하는 오브젝트, 플레이 공간, 액션에 대한 목록을 더 강화하여 종이 프로토타입을 만들기 쉽게 해 줬다. 앞의 장에서 명사 동사 형용사 연습을 논의했던 것이 기억날 것이다. 종이 프로토타입에 넣을 요소를 확인하는 데에 이런 활동이 좋은 방법이란 것은 우연이 아니다.

필자들은 종이 프로토타입으로 테스트하면서 기본 컨셉에 대해 찾으려 했던 질문의 해답이 더 쉽게 도출되기를 바랐다. 종이 프로토타입 제작은 명사, 동사, 형용사 카드로 구체화한 추상적 아이디어가 단순한 아이디어의 단계를 넘어서도록 만드는 좋은 방법이다. 게다가, 이런 기본적 아이디어가 게임에서도 맞아 들어가는가라는 기본적 질문에 대한 답도 준다. 게임에 우리가 넣어야 하는 요소들은 무엇인가? 이런 요소들은 어떻게 움직이고 상호작용하는가?

필자들은 가능한 한 가장 단순한 재료를 활용하며 근사한 외형에는 신경 쓰지 않았다. 그래서 보통의 프린터 용지와 공작용 판지, 가위, 몇 개의 매직펜으로 빠르게 종이 프로토타입을 만들었다(그림 10.2 참고). 이렇게 게임에 들어갈 일련의 라켓과 공들을 만들고 나서 손가락으로 이리저리 움직여서 게임이 어떤 느낌일지 상상해 봤다. 종이 프로토타입은 점수를 어디에 넣을지, 점수 계산은 어떻게 처리할지, 그리고 그 외에 고려하지 못했던 중요한 세부 사항들을 포함하여 게임을 더 구체화할 대략적인 인터페이스 초안 스케치로 이끌어 줬다.

그림 10.2 종이 프로토타입 만들기

종이 프로토타입을 작업하면서 우리는 공의 크기, 라켓의 크기, 플레이어를 위해 더 역동적인 플레이 경험을 만들어낼 수 있는 방법 등의 아이디어를 빠르게 반복 재적용했다. 이 프로토타입을 만듦으로써 우리는 라켓이 어떻게 보여야 할까, 라켓을 사용 중이라는 것을 어떻게 보여줘야 할까, 그리고 공은 어디에서 들어와야 하는가와 같이 종이 프로토타입이 없었다면 생각해 내기 어려웠을 아주 기본적인 것들을 생각해낼 수 있었다. 우리는 시작할 때 공이 어느 정도 각도로 자동으로 중앙에서 서브되거나, 아니면 한쪽 라켓에서 서브되도록 해야 한다는 것을 알아냈다. 종이 프로토타입은 필자들이 화면의 레이아웃을 정하고 게임 속 오브젝트들이 어떻게 움직일지 결정하는 데에도 큰 도움이 됐다. 종이 프로토타입의 주된 용도는 이런 것이다.

앞에서 든 예처럼, 종이 프로토타입은 아주 예쁘게 만들 필요는 없다. 사실, 기본적인 플레이 경험에 대해 생각해 내는 시작 단계에서 게임의 모양새에 대해 많은 힘을 쏟아 붓는 것은 늘 도움이 되지만은 않는다. 그냥 대충 그린 스케치 정도면 충분하다. 다시 강조하지만, 종이 프로토타입의 목표는 게임의 배경이 되는 아이디어를 평가할 수 있도록 뭔가를 빠르게 만들어내는 데에 있다.

그림 10.3 프로토타이핑의 재료들

다양한 게임마다 서로 다른 종이 프로토타입이 필요하므로, 종이, 매직펜, 가위, 풀, 테이프, 자, 주사위 몇 개, 게임 토큰 등을 초등학교 미술 시간용 기초 문구 세트처럼 갖춰두면 좋다(그림 10.3 참고). 종이 프로토타입은 게임에 대한 기본적 질문을 던지기에 좋다. 화면에 보이는 요소들은 무엇인가? 플레이 공간은 어디인가? 플레이어들이 상호작용하는 오브젝트들은 무엇인가? 플레이 중 플레이어들이 수행하는 액션은 무엇인가? 이런 경험이 플레이어에게 어떤 느낌을 주는가?

신체 활동 프로토타입

신체 활동 프로토타입은 게임 액션이 어떻게 펼쳐지는지 알아보는 것이다. 신체 활동 프로토타입은 종이 프로토타입처럼 게임이 화면에서 어떻게 보이게 되는지를 표현하는 대신 빠르게 게임의 느낌을 적용해 본다. 신체 활동 프로토타입은 게임의 운동적 측면을 모형화한다. 이 프로토타입은 특히 게임이 실력 기반의 도전으로 구성되거나 공간 이동 도전이 들어 있을 때 플레이어가 게임의 규칙을 어떻게 따르는지 모델링한다.

필자들이 가장 좋아하는 멀티플레이어 아케이드 게임은 조쉬 드보니스(Josh DeBonis)와 닉 미크로스(Nik Mikros)가 처음엔 신체 활동 필드 게임(physical field game)으로 디자인했던 인 킬러 퀸(Killer Queen)이다. 필자들이 다루려는 것은 피지컬 버전의 킬러 퀸 필드 게임(그림 10.4 참고)이다. 킬러 퀸 필드 게임은 그 자체로도 신나는 게임이므로 신체 활동 프로토타입의 흥미로운 예가 된다. 이 게임은 2011년 컴 아웃 앤 플레이 페스티벌(Come Out and Play Festival)[1]에서 "사람들이 모여서 플레이를 하며 즐거운 시간을 보내게 하자"[2]는 목표로 개발되기도 했다. 그런 후 필드 게임 버전은 미국 전역의 다양한 게임 페스티벌에서 플레이됐다.

그림 10.4 킬러 퀸과 킬러 퀸 필드 게임. 린지 딜(사진 제공).

킬러 퀸 필드 게임은 10명의 플레이어가 2개 팀으로 플레이한다. 각 팀에서 한 명은 퀸이 되어, 풋볼의 쿼터백 같은 역할을 한다. 나머지 플레이어들은 일꾼이다. 이들은 뛰어다니며 음식을 상징하는 고무공을 모아 온다. 이기려면 음식을 다시 기지 바스켓으로 가져가서 채워 넣어야 한다. 아니면 음식을 이용해 병정을 만든 다음 퀸을 포함해 다른 플레이어들을 죽이면 된다. 적의 퀸을 세 번 죽이면 역시 이긴다. 일꾼들은 달팽이를 이동시키는데, 필드

---

1 아웃도어 게임과 거리 게임에 초점을 맞춘 게임 페스티벌.

2 인디케이드 이스트(Indicade East) 2014, "칼과 달팽이: 킬러 퀸 이야기(Swords and Snails: The Killer Queen Story)" www.youtube.com/watch?v=Fe6eUncuXFM.

게임에서는 폭탄이나. 세 번째 승리 방법은 적의 기지로 달팽이를 몰고 가거나 폭탄을 밀어 넣는 것이다. 킬러 퀸 필드 게임의 모든 규칙과 승리 조건은 비디오 게임 버전에서도 똑같다. 필드 버전은 조쉬와 닉이 규칙을 만들고 테스트하여 양 팀이 고안한 전략을 기반으로 조정할 수 있게 해 줬다. 또한 필드에서 공이 모여 있는 곳에서 기지로 어떻게 달려가는지, 그러면서 스티로폼 칼을 든 킬러들을 어떻게 피하는지 양 팀이 어떻게 동작과 신체적 능력을 관리하고 조율하는지도 배울 수 있었다. 이런 다양한 페스티벌에서 게임의 피지컬 프로토타이핑과 테스팅이 이루어져, 치밀한 전략이 강조되는 잘 다듬어진 스포츠가 탄생할 수 있었다.

이것은 조쉬와 닉이 함께 만든 세 번째 피지컬 게임으로, 모두 즐거운 구경거리라는 테마를 유지하고 있다. 킬러 퀸 필드 게임의 투어를 마친 후, 두 사람은 모든 게임 요소(스티로폼 칼, 배트, 십여 개의 고무공)를 다 가지고 다니는 것은 짐이 된다고 판단했다. 이미 비디오 게임을 전문적으로 만들었던 경험이 있던 이들은 좀 더 휴대하기 편하도록 이 게임을 비디오 게임으로 개발하기로 결심했다. 그런데 반전은 킬러 퀸(비디오 게임)이 10명의 플레이어가 함께 할 수 있는 초대형 화면의 커다란 아케이드 게임이 되었다는 점이다. 필드 게임에서 개발되고 테스트된 대부분의 규칙이 비디오 게임으로 옮겨지고, 고전 윌리엄스 일렉트로닉스 아케이드 게임인 저스트(Joust)에서 착안한 몇 가지 액션이 추가됐다. 이제는 필드에서 달리는 게 아니라 양 팀이 플랫폼에서 플랫폼으로 날아가거나 점프해서 음식을 모으고, 달팽이(필드 버전에서는 폭탄)를 홈 베이스로 이동시키고, 칼싸움을 하며 퀸을 죽이려 경쟁한다.

킬러 퀸 필드 게임은 피지컬 게임(과 프로토타입)이 어떻게 비디오 게임으로 변하는지 보여주는 훌륭한 예다. 다양한 이벤트에서 게임을 반복 재적용함으로써 조쉬와 닉은 볼거리로 유명한 게임을 전략이 부각되는 게임으로 변신시켰다. 여러분의 신체 활동 프로토타입이 킬러 퀸 필드 게임처럼 충분히 재적용되거나 개발되지 못했다 해도 플레이어의 전략, 신체적 한계, 심지어 게임과 게임의 물리 및 운동 법칙의 느낌은 부각시켜 줄 수 있다. 모래 언덕을 위아래로 미끄러져 가는 저니의 예를 기억하는가? 이 역시 신체 활동 프로토타이핑의 한 형태로 생각할 수 있다. 어떤 종류의 플레이 경험을 디자인하는지에 따라 프로토타입을 선택할 수 있는 것이다.

플레이어블 프로토타입

플레이어블 프로토타입은 보통 첫 번째 디지털 프로토타입이며 최종 게임의 기본을 이룰 수도 있다. 초기 플레이어블 프로토타입은 플레이어들이 행하게 될 코어 게임 활동을 모델 링한다. 게임은 언제나 플레이어들이 무엇을 할 것인지에 관한 것이므로, 초기 디지털 프 로토타입은 게임의 액션에 초점을 맞춰야 한다. 그래서 이 단계에서는 보기에는 안 좋아도 대강 만드는 것이 비결이다. 게임 요소들은 단순한 형태와 색채로 표현하고, 대신 실제 플 레이 경험에 시간과 노력을 쏟아야 한다. 저니의 멀티플레이 측면을 모델링한 이 초기 프로 토타입의 이미지가 좋은 예다(그림 10.5 참고). 완성된 게임과는 거리가 멀고, 카메라 시점도 완전히 다르지만 게임 내에서 플레이어의 상호작용에 대한 질문에 해답을 찾는 데에는 큰 도움이 된다.

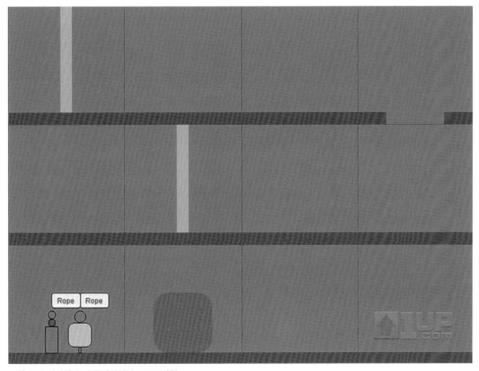

그림 10.5 저니의 초기 플레이어블 프로토타입

내부분의 프로토타입과 마찬가지로, 플레이어블 프로토타입 역시 아이디어가 신속하게 형태를 잡게 해 주는 것이 목표다. 그래서 때로는 의외의 수단을 활용하기도 한다. 필자가 에릭 짐머만과 함께 하는 회사 로컬 넘버 12에서는 프로그래머 피터 배리와 함께 로스워즈(Losswords)라는 모바일 단어 퍼즐 게임을 작업하고 있다. 이 게임에서 플레이어는 단어 퍼즐을 만들어서 풀게 된다. 초기에 우리는 기본 액션과 목표가 즐길만한지 보기 위해 플레이어블의 디지털 버전을 만들고자 했다(그림 10.6 참고). 그래서 백엔드와 인터페이스 코딩에 시간과 노력을 투입하는 대신, 스카이프의 채팅 기능을 활용하여 저충실도(low-fidelity)의 플레이어블 프로토타입을 만들기로 했다. 팀의 한 명은 게임 로직을 플레이하고, 나머지는 차례대로 단어 퍼즐을 만들어서 풀어봤다. 그러기 위해 게임 로직을 맡은 플레이어가 각각에게 스카이프로 책의 한 구절을 담은 메시지를 보냈다. 플레이어로서 우리가 맡은 일은 문장 중에 들어 있는 단어를 찾아서, 우리가 찾은 단어들의 버전을 회신하는 것이었다. 그러면 게임 로직 담당 플레이어는 단어 개수, 길이, 희귀도의 몇 가지 기준에 따라 각각 점수를 매기고 결과를 알려줬다. 단순한 테스트이고 최종적 게임 디자인의 요소를 전부 담고 있진 않았지만, 이를 통해 코어 게임을 어떻게 플레이해야 하는지 감을 잡을 수는 있었다. 로스워즈는 텍스트 기반의 단어 퍼즐 게임이므로, 스카이프의 텍스트 채팅 기능은 게임이 충분히 흥미로운지 알아내는 데에 활용할 만 했다. 이 방법론을 사용함으로써 우리는 며칠 동안 프로그래밍에 매달리는 대신 한 시간가량 기획을 짠 다음 게임의 플레이어블 버전을 만들어낼 수 있었다.

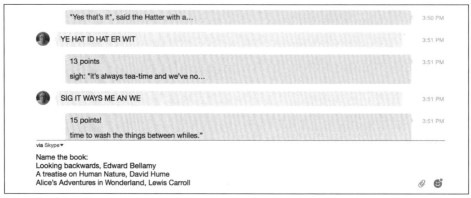

그림 10.6 스카이프를 활용한 로스워즈의 플레이어블 프로토타입

플레이어블 프로토타입에서는 디자인 가치에 유의하며 프로토타입에 담아내고자 하는 것을 잊지 않는 것이 중요하다. 꽤 잘 동작하는 플레이어블이 마련됐다고 생각되면 디자인 가치를 확인하자. 플레이어블 프로토타입이 이런 가치들을 얼마나 잘 반영하는가? 가치를 제대로 담아낼 때까지 계속 작업하거나, 프로토타입에서 경험을 개선해 줄 무언가를 발견하면 디자인 가치를 수정하자. 앞에서 말했듯 디자인 가치는 프로세스에서 중요한 지침이 되지만, 프로토타이핑 단계에서 게임에 새롭고 흥미진진한 요소를 발견하게 될 수도 있다. 핵심은 휩쓸려가지 말고, 디자인 가치 조정이 게임의 전체적인 플레이 경험을 향상시킬지 논의하는 것이다.

초기 플레이어블 프로토타입은 플레이어들이 게임 안에서 수행할 액션들에 대한 디자인 아이디어를 구현한다. 이런 종류의 프로토타입은 플레이어들이 계속 반복하는 액션이 재미있지 않다면 결국 게임도 재미없을 수밖에 없으므로 아주 중요하다. 대부분의 게임은 개발 과정 중 십여 차례의 플레이어블 프로토타입을 거쳐 게임의 주된 액션과 오브젝트, 플레이 공간을 다듬는다.

아트와 사운드 프로토타입

또 한 가지 프로토타입의 유형은 아트와 사운드 프로토타입이다. 플레이어블 프로토타입에는 최종 사운드나 아트가 들어 있지 않고 단순한 플레이스홀더만 사용할 수도 있다. 하지만 게임의 비주얼과 사운드에 대한 아이디어를 실험하기 위해서는 아트와 사운드 프로토타입을 개발할 수 있다. 전통적인 그래픽 디자인, 애플리케이션 개발, 애니메이션 등에서는 보다 전통적으로 사용되어 온 아트 디렉션의 접근법이다. 아트 프로토타입은 컬러 팔레트, 타이포그라피, 일러스트레이션, 모델링 스타일 같이 게임의 '룩 앤 필(look and feel)'에 부합하는 모든 부분에 집중한다. 종종 팀원 중 한 명은 플레이어블 프로토타입을 작업하고 다른 팀원은 아트 프로토타입을 작업하기도 한다.

테일 오브 테일즈의 분위기 있는 게임 더 패스(그림 10.7 참고)에서 오리아 하비(Auriea Harvey)와 마이클 새민(Michaël Samyn)은 실제 게임 플레이를 개발하기 전에 사운드와 아트를 위한 테마와 느낌 작업을 먼저 시작했다. 둘은 공포 영화 같이 재해석한 빨간 모자 동화를 테마로 시작했다. 크리스 포스(Kris Force)와 자보(Jarboe)의 음악 역시 영감을 줘서, 다른 프로젝드에 쓰인 음악의 배경 이펙트로 시작해서, 결국은 더 패스만을 위해 특별히 작곡한 사운드트랙이 만들어졌다. 게임 속 여섯 자매의 음악, 테마, 디자인의 느낌은 디자인 과정 전반에 걸쳐 영감과 지침이 되었다. 오리아는 다음과 같이 설명한다.

> 어떤 캐릭터를 제일 먼저 만들지 의논할 때, 저는 바로 "루비를 해야 해요!"라고 말했어요. 루비의 캐릭터와 스타일을 작업하면서 우리는 다른 캐릭터들을 어떻게 만들지 확정하게 됐죠... 그러기 전에는 뭘 만드는 건지 감도 잡히지 않았어요. 루비가 모든 것을 이끌어갈 수 있게 도와준 셈이죠.[3]

그림 10.7 더 패스

초기의 아트 프로토타입은 만화, 영화, 미술품과 사진에서 가져온 이미지를 모아 게임이 어떻게 보이길 바라는지 기준점으로 삼는 모음판(mood board) 이상이 될 필요는 없다. 더 패스의 캐릭터 개발이 바로 이런 예다. 루비의 개발에는 수많은 스케치와 비주얼 연구(그림

---

3 오리아 하비, 더 패스의 개발자 블로그 중 "루비 제작(The Making of Ruby)"에서, http://tale-of-tales. com/ThePath/ blog/2008/10/03/the-making-of-ruby/.

10.8 참고)가 수반됐고, 영화 등 타 매체에서 영감을 찾았다. 후반으로 가면 아트 프로토타입에 애니메이션이 들어가거나, 심지어는 플레이할 때 비주얼 스타일이 어떻게 느껴지는지 확인할 수 있게끔 어느 정도 상호작용도 가능해질 수 있다.

아트 프로토타입과 마찬가지로 사운드 프로토타입도 팀이 음악과 사운드의 톤을 결정하는 데에 도움이 되도록 기존 음악과 사운드 이펙트를 모아둔 모음집 정도여도 좋다. 사운드와 음악은 게임의 분위기에 큰 영향을 미치므로, 게임 디자인의 후반이 아니라 초기부터 팀이 이 측면을 고려하는 것이 중요하다. 더 패스에서 크리스 포스와 자보의 음악은 계속해서 영감의 원천이 되었으며, 결국 두 사람이 게임 제작에 참여하여 오리지널 곡을 작곡하게 됐다. 사운드 요소를 결정할 때 다양한 사운드 트랙과 사운드 이펙트를 시험해 보면 플레이 경험이 엄청나게 달라진다. 사운드는 게임에 생명을 불어넣기 때문에, 플레이어블 프로토타입에 적용하면 플레이테스터들의 반응에 큰 변화가 생긴다.

그림 10.8 더 패스의 아트 프로토타입

인터페이스 프로토타입

인터페이스 프로토타입은 플레이어가 게임과 상호작용하는 방식을 결정한다. HUD가 있는 가? 커스텀 컨트롤러나 전통적인 컨트롤러를 일반적이지 않은 방식으로 사용하는가? 인터페이스 프로토타입은 플레이어가 게임과 직접 상호작용하는 방식을 탐구한다.

필자들의 게임 로스워즈에서는 인터페이스가 바로 게임이었다(그림 10.9 참고). 즉, 게임의 모든 액션은 직접 화면의 요소들을 조작함으로써 이루어진다는 뜻이다. 게임 플레이에는 두 가지 모드가 있다. 한 가지 모드는 단어들 속에서 단어를 찾아 선택하면 텍스트에서 빠져나와 조각이 되어, 친구가 풀 조각난 단어 퍼즐이 생겨난다. 두 번째 게임 모드는 단어 조각을 다시 올바른 자리에 끼워 넣어 퍼즐을 풀며 충분히 높은 점수를 내면 라이브러리에 해당 책이 저장된다. 피터가 게임 로직을 작성하는 동안 우리는 화면 레이아웃, 플레이어가 새로운 퍼즐을 어떻게 찾아갈 것인가, 단어 선택과 단어 조각 이동은 어떻게 작용할 것인가를 거듭 프로토타입으로 테스트했다. 초기에는 구축 단계에 들어가기 전에 각 화면의 설계도를 개발하여 플레이어 경험을 만들고 게임의 로직을 정하는 데에 집중했다. 인터페

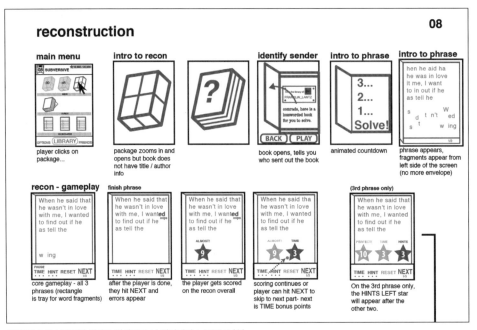

그림 10.9 로스워즈의 설계도 형식으로 된 인터페이스 프로토타입

이스 설계도는 이미지 편집 소프트웨어에 스크린별로 저장했고, 프레젠테이션 소프트웨어를 활용해 플레이어들이 게임 화면을 어떻게 이동하는지 재현했다. 이런 인터페이스 프로토타입은 게임의 아트 개발에 있어 얼개 역할도 한다.

인터페이스 프로토타입에 꼭 코딩이 필요한 것은 아니다. 그냥 이미지 편집 소프트웨어나 프레젠테이션 소프트웨어를 이용해서 인터페이스 컴포넌트를 그리고 어떻게 작동하는지 구상하면 된다. 또한 7장 '게임 디자인 문서화'에서 설명했듯, 그리고 필자들이 로스워즈 예제에서 한 것처럼 설계도는 인터페이스 프로토타입의 문서와 함께 두거나 같은 문서 안에 넣는 것이 좋다.

코드/기술 프로토타입

게임 플레이, 아트, 사운드, 인터페이스에 대해 고려하는 초기 프로토타이핑을 진행하다 보면 기술을 테스트하며 코드 작성을 시작해야 할 수도 있다. 플레이어블 프로토타입을 일단 개발하고 나면 더 큰 관점에서 게임의 기술에 대한 고려가 필요해진다. 예를 들면 두어 가지 머신에서 기본 코드가 실행되는지 확인하고 싶을 것이다. 혹은 서버의 입력/출력을 체크하고도 싶을 것이다. 이런 종류의 프로토타입을 코드 프로토타입이라고 부른다. 코드 프로토타입은 게임의 보다 완성도 높은 테스트에 필요한 인프라스트럭처와 함께 작동하는 내부용 프로토타입이 될 가능성이 높다.

게임 퍼펙트 우먼의 경우, 피터 루와 레아 쉔펠더는 키넥트를 이용하여 플레이어의 포지션을 포착하여 화면의 캐릭터와 매치하는 핵심 기술적 측면을 구축하기 시작했다(그림 10.10 참고). 피터는 전작 코즈미캣 크런치스(Cosmicat Crunchies)에서도 키넥트 게임을 만든 적이 있어서, 키넥트로 무엇을 할 수 있는지 상당히 잘 알고 있었다. 전작에서 키넥트의 얼굴 인식을 시도하면서 겪은 시행착오를 통해 그는 이 기술의 한계 뿐 아니라 가능성도 정확히 알고 있었다. 많은 기술 프로토타입은 기술이 갖고 있는 강점과 약점을 드러내며 게임 디자이너에게 기술로 처리할 수 있는 한계를 알려준다. 퍼펙트 우먼의 경우 피터는 코드를 작성하고 레아는 아트와 내러티브를 개발했다. 단 며칠 만에 두 사람은 키넥트에 몸의 포지션을 등록하고 이를 게임 캐릭터 중 하나의 2D 모델로 옮기는 게임 플레이 프로토타입 작업에 착수했다. 많은 기술과 코드 프로토타입이 최종 아트를 사용하지 않지만, 퍼펙트 우먼은 레아가 이미 다 만들어놓아서 피터가 그냥 넣기만 하면 됐기에 최종 아트워크를 활용했다. 기술 프로토타입에는 모든 씬이 다 들어가거나 실제의 게임 로직이 전혀 포함되지 않았고, 대신 몸의 포지션에 포즈를 맞추는 핵심 게임 플레이만 포함됐다. 키넥트를 유니티에 연결하여 이 핵심 액션을 작동하도록 하는 것이 이 시점에서의 주된 과제였다. 개발 과정 중 처음 며칠 동안에 있었던 또 한 가지 특징은 코드를 조정하여 플레이어와 화면 속 캐릭터의 동작 맵핑이 더 매끄럽게 이루어지고, 플레이어와 캐릭터의 동작이 너무 지연되지 않도록 하는 것이었다.

퍼펙트 우먼의 예에서 우리는 기술 혹은 코드 프로토타입에 두 가지 주요 기능이 있다는 것을 알 수 있다. 한 가지는 핵심 액션이나 게임의 측면이 기술의 제약 내에서 가능한지 확인하는 것이다. 그래서 피터는 키넥트를 위한 유니티 라이브러리를 적용하여 테스트했다. 그는 이미 이전 작품에서 키넥트 개발 경험이 있었기 때문에, 프로토타이핑 과정의 이 부분은 상당히 빠르게 진행됐다. 기술/코드 프로토타입의 두 번째 기능은 상호작용의 느낌이 적당해질 때까지 코드를 수정하여 코어 게임 플레이를 개발하는 것이다. 피터는 화면 속 캐릭터가 키넥트 입력에 매끄럽게 반응하도록 속도를 변경하여 둘 사이의 지연 현상을 해결했다.

그림 10.10 퍼펙트 우먼의 기술 프로토타입

(키넥트 기술의 특성상 지연 현상을 완전히 제거할 수는 없다.)

또한 기술과 코드 프로토타입은 게임의 적절한 입력 기기나 물리적 요소 (있을 경우)를 활용하는 데 가장 좋은 게임 엔진을 찾는 데에도 도움이 된다. 어떤 때는 게임에서 생소하거나 익숙지 않은 신기술을 사용해야 할 수도 있다. 이럴 때는 초기에 시험해 봐야만 게임에 적합한지 빨리 확인할 수 있다. 퍼펙트 우먼과 함께 출시된 키넥트 1.5 같은 신기술은 실제보다 과장돼서 광고될 수도 있다. 실제로 어떤 것이 가능하고 어떤 제약이 있는지 확인해야만 게임 플레이를 위한 적절한 정보로서 디지털 게임 디자인이 기술적으로 가능한 부분과 디자이너의 상상 사이에서 균형을 찾을 수 있다.

코어 게임 프로토타입

일단 플레이어블 프로토타입까지 오고 나면 핵심적 게임 경험을 담는 코어 게임 프로토타입으로 이행할 차례다.[4] 코어 게임 프로토타입은 게임의 한두 가지 측면에 집중하는 것이 아니라 모든 핵심적 부분을 모아서 전체적인 느낌과 플레이가 어떻게 되는지 모두 보여준다는 점에서 플레이어블 프로토타입과는 다르다. 이 단계에서는 기본적인 아트와 사운드 디자인을 추가해서 이 두 가지가 경험에 어떻게 접목되는지 확인하는 편이 도움이 된다. 또한, 일부 게임 콘텐츠, 스토리, 그리고 인트로 시퀀스나 튜토리얼 요소의 대략적인 플레이스홀더도 포함해야 할 때다.

또한 플레이테스터로부터 받은 피드백을 정리해서 작업하고 나면 추가적인 코어 게임 프로토타입을 만들고 싶어질 것이다. 다른 것들도 그렇지만, 아이디어를 제대로 구현해 내고 올바른 질문을 던져 플레이테스팅을 통해 확인하는 것이 프로토타이핑의 목적임을 잊지 말아야 한다. (이 점은 11장 '게임 플레이테스팅'에서 더 자세히 알아보겠다.) 게임이 완성된 디자인을 향해 나갈 수 있는 적절한 프로토타입을 결정하는 것이 중요하다. 그래서 추가적인 플레이어블, 아트, 코드 프로토타입을 만들어 코어 게임 프로토타입에 필요한 정보를 모아야 할 때가 많다. 따라서 영리하고 효율적으로 작업해야 한다. 이것이 플레이 중심 게임 디자인 프로세스의 목표다.

---

[4]　일부 개발자들은 '코어 게임 프로토타입' 대신 '알파'라는 용어를 쓴다. 우리는 '알파'라는 용어가 소프트웨어 개발에서 온 것이며, 디자인보다는 제작 쪽에 더 관련이 크기 때문에 그렇게 부르지 않겠다.

제인 프리드호프의 슬램 시티 오라클(그림 10.11 참고)에서 제인은 블램비어(Vlambeer)의 루프트라우저스(Luftrausers) 같은 게임을 플레이할 때의 압도되는 감각을 묘사하는 한편, 요란스러운 소녀들이 즐기는 모습도 보여주려 했다. 제인은 신속히 두 명의 플레이어가 오브젝트로 가득찬 환경에서 튕겨 다닌다는 아이디어를 착안했다. 그리곤 어떻게 보일지나 들릴지, 목표를 무엇으로 해야 할지 고민하는 대신, 게임의 코어 액션 프로토타입을 만들기로 작정했다. 제인은 플레이어 캐릭터들을 동그라미로, 월드 안의 오브젝트들은 네모로 표시하여 코어 게임 프로토타입을 만들었다. 게임에 목표는 없었고, 그저 이리저리 부수고 다닐 수 있는 플레이어의 기본 능력과 두 캐릭터가 오브젝트들을 부수며 난리를 부릴 수 있

그림 10.11 슬램 시티 오라클의 초기 프로토타입

도록 물리 법칙만 적용했다. 팡팡 튀어 다니며 물건을 부수는 재미가 핵심적인 게임 경험이 었으므로, 제인이 정말 확인하고 싶었던 것은 게임에서 의도한 플레이 경험을 제공하는가 뿐이었다.

완성된 게임 프로토타입

코어 게임 프로토타입과 플레이테스트를 두어 번 거치고 나면, 이제는 완성된 게임 프로토 타입으로 이행해야 한다. 완성된 게임 프로토타입에서는 게임에 들어가는 메뉴와 시작 화 면, 모든 액션과 오브젝트를 필요한 곳에 넣고 게임을 시작부터 끝까지 플레이해 볼 수 있 어야 한다. 나머지 프로토타입들과 마찬가지로, 이 프로토타입 역시 완벽하게 구축하는 것 이 아니라 빠르게 만들어야 한다는 점을 강조하겠다. 완성된 게임 프로토타입은 빠르게 작 업하며, 제작 과정 중에는 완벽해 보일 필요가 없다는 점을 기억하자. (이 점은 13장 '디자인 에서 제작으로'에서 다시 논의하겠다.) 그렇긴 하지만, 게임의 최종 빌드에서는 어떻게 조화를 이뤄야 할지 계속 주의해야 한다.

케빈 캔시엔의 도그파크(Dog Park, 그림 10.12 참고)가 그 좋은 예다. 네 명이 하는 로컬 멀티 플레이어 게임인 도그 파크에서 플레이어들은 개가 되어 달리고 신나서 뛰어다니며 짖고, 점프하고, 서로 장난치고, 즐겁게 논다. 재미는 다른 개들을 점프해 넘어가는 것처럼, 플레 이어들이 얼마나 많은 동작과 콤보를 수행하는지를 기준으로 측정된다. 케빈은 NYU 게임 센터의 2014 무제한 전시회에서 첫 선을 보일 때까지 몇 달 간이나 완성된 게임 프로토타 입을 작업했다. 전시회는 케빈에게 로컬 멀티플레이어 형태의 게임에 플레이어들이 어떻게 반응하는지 볼 수 있는 좋은 기회가 됐다. 별다른 지시 없이 게임을 접하고 플레이해야 하 는 게임이므로, 케빈에게는 가능한 한 완성도 높게 만드는 것이 중요했다. 하지만 이것은 프로토타입일 뿐이므로 아름다운 코드를 작성하거나 버그 테스트에 엄청난 노력을 기울이 지는 않았다. (물론 상당히 여러 번 버그 테스트를 하긴 했다.) 목표는 게임 전체의 디자인을 구 현하고 플레이할 수 있도록 해서, 게임의 전반적인 상태, 게임에 설정한 자신의 목표, 이에 대한 플레이어들의 반응을 측정하는 것이었다.

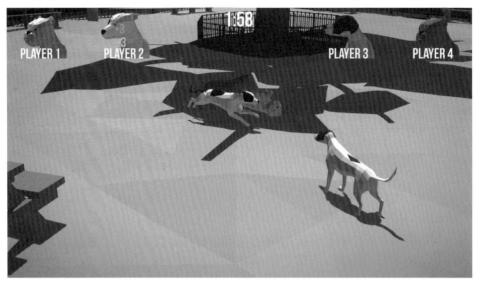

그림 10.12 도그 파크의 완성된 게임 프로토타입

프로토타입 문서화

프로토타입을 만들 때는 각각의 프로토타입을 통해 알아보고자 하는 질문과 아이디어를 포착하고 싶을 것이다. 그래서 각 프로토타입마다 왜 이것을 만들었는지 그 이유가 분명해야 한다. 그리고 이런 프로토타입에서 확인하고자 하는 질문들을 제대로 문서화해야 한다. 또한 이런 질문에 대한 해답이 무엇인지도 기록하는 것이 좋다. 이런 문서화는 글로 적거나, 그냥 사진이나 동영상으로 기록해도 된다. 그리고 어떻게 답을 찾았는지 확실히 하기 위해, 필요하면 프로토타입을 다시 만들어도 된다. 이런 형태의 문서는 글로 적거나 그냥 사진이나 동영상으로 기록해도 된다. 각자의 작업 내용에 따라 적합한 것을 선택하면 된다.

바로 이 지점에서, 7장에서 소개한 문서화가 활약하게 된다. 프로토타입 메모와 버전은 모두가 볼 수 있는 곳에 보관하고, 발생하는 이슈와 논의할 문제들은 관리용 스프레드시트의 '논의용' 부분에 적어둔다. 그리고 논의가 끝난 후에는 디자인 변경 사항을 디자인 문서에 반영한다. 여러분의 디자인 가치와 게임에 대한 아이디어를 어디에 기록해 뒀는지 기억나는가? 아직 프로토타입에 담아내지 않은 아이디어는 프로토타입에 추가를 고려해야 할 할

일 목록에 기록해 둬야 한다. 특히 팀 단위로 작업할 때는 꼭 필요한데, 하나의 중심 문서에 지금까지 결정한 모든 디자인적 결정을 담아야 한다. 결국 디자인 문서는 반복 적용 과정에서 라이브 도큐먼트로 쓰이므로 점점 두꺼워지게 된다.

디자인 문서 외에도 게임의 설계도가 많은 프로토타이핑 과정의 질문을 담게 된다. 사실, 인터페이스가 많이 들어가는 게임에서는 설계도가 인터페이스 프로토타입의 역할을 할 수도 있다. 마지막으로, 프로토타이핑 과정 중 나온 모든 할 일들을 관리할 필요가 있을 것이다. 이럴 때 관리용 스프레드시트가 유용한데, 프로토타입을 제작하는 목표와 해결해야 할 과제를 관리할 수 있기 때문이다. 필자들은 프로토타입과 디자인 문서, 설계도, 과제 목록을 함께 활용하여 과제나 할 일 항목의 종류를 확인하여 차기 프로토타입 제작을 결정하는 것이 효과적이라고 믿는다.

프로토타이핑 과정에서는 너무 많은 일이 진행되기 때문에 무엇을 처리했고 왜 했으며 다음엔 무엇을 해야 하는지 잊기 쉽다. 이 모든 것을 제대로 관리하려면 문서화가 특히 중요하다. 그렇다고 해서 길고 긴 문서를 작성하거나 아주 꼼꼼한 설계도를 만들 필요는 없으며, 프로토타입에서 왜, 무엇을, 어떻게 했는지 주의해서 꼼꼼히 적어두기만 하면 된다.

요약

프로토타입에는 신체 활동이나 종이에서부터 디지털, 그리고 그 절충안이 쓰일 수 있다. 각 프로토타입에서는 무언가를 움직이게 하거나 어떻게 보이게 할지, 어떤 느낌을 줄 것인가까지 디자인 컨셉의 측면을 구체적으로 구현하게 된다.

프로토타이핑은 우리의 게임이 무엇을 보여주고 들려주는지 확인할 수 있고, 어떻게 구현해야 할지 파악하게 해 준다. 프로토타입은 기술을 거의 활용하지 않고도 단순하게 시작할수 있다. 종이 프로토타입, 신체 활동 프로토타입, 아트 프로토타입, 심지어는 인터페이스 프로토타입이라 해도 마찬가지다. 처음 나온 디지털 프로토타입은 플레이어블 프로토타입이라고 부르지만, 코드/기술 프로토타입부터 만들어서 기술을 테스트해도 괜찮다. 게임 에셋이 만들어지고 첫 번째 플레이어블 프로토타입을 테스트한 후에는 코어 게임 프로토타입과 완성된 게임 프로토타입이 만들어진다.

- **종이 프로토타입**: 아이디어를 구체화할 때 좋은 초기 단계의 수단이다. 종이 프로토타입은 종이에 게임 화면에 보여줄 요소들을 그려넣어 만든다. 이 프로토타입은 화면에 무엇을 보여줘야 하는지, 다양한 오브젝트는 플레이 공간 안에서 어떻게 상호작용하는지 생각하는 데에 도움을 준다. 가장 중요한 것은 플레이어가 게임에서 취하는 역할을 정의해 준다는 점이다.

- **신체 활동 프로토타입**: 게임 플레이의 느낌을 잡는 데에 도움이 되는 도구다. 신체 활동 프로토타입은 실제 세계에서의 플레이 경험 측면을 활용하여 플레이 경험에 대해 생각해 볼 수 있게 해 준다.

- **플레이어블 프로토타입**: 기능이 작동하는 플레이어블 프로토타입으로, 플레이어들이 게임의 주된 액션을 경험할 수 있게 해 준다. 그래픽, 사운드, 심지어는 목표도 들어 있지 않은 대충 만든 것일 때가 많다. 플레이어블 프로토타입은 플레이어들이 게임에서 수행할 핵심 액션들을 탐구하는 데 목적이 있다.

- **아트와 사운드 프로토타입**: 이 프로토타입은 게임의 감각적 요소로 초점을 옮긴다. 시각과 청각적 스타일을 시험해 보는 데에 중점을 두며, 때로는 제작 과정에서 만들어지기도 한다.

- **인터페이스 프로토타입**: 플레이어가 게임과 상호작용하는 방식을 결정한다. 여기에는 화면에 뿌려지는 정보와 플레이어 액션의 피드백 시스템이 포함될 수도 있지만, 게임을 컨트롤하는 실제 메커니즘도 담는다.

- **코드/기술 프로토타입**: 이 프로토타입은 게임의 기술적 측면을 확인하며, 특정 종류의 기기나 컴퓨터에서 부드럽게 돌아가는지, 에셋 적용 파이프라인이 잘 돌아가는지 테스트한다. 또한 특별한 컨트롤러나 입력기기 같이 팀에게 생소한 신기술을 이해하는 데에도 도움을 준다.

◆ **코어 게임 프로토타입**: 핵심 플레이 경험을 테스트할 수 있게 해 준다. 대강 만든 플레이어블 프로토타입을 넘어서서 플레이어들이 할 수 있는 모든 액션을 담고 목표와 승패 상태를 적용하며, 기타 게임의 중요한 측면들을 포함한다. 코어 게임 프로토타입에는 기본적인 아트와 사운드를 넣어서, 이 요소들이 플레이 경험에 주는 영향을 평가할 수 있도록 하는 게 좋다.

◆ **완성된 게임 프로토타입**: 게임의 전체적인 플레이 경험을 구현한 프로토타입이다. 그렇기 때문에 게임의 디자인을 완전히 평가할 최선의 수단이다.

궁극적으로, 여러분은 아이디어를 형상화하여 플레이할 수 있는 무언가를 만든다. 하지만 이런 아이디어가 제대로 된 그릇에 담겨 재미를 전달하는지는 어떻게 알 수 있을까? 프로토타입은 플레이할 수 있는가에 대한 질문이며, 다음 장에서 확인하겠지만 그에 대한 해답은 플레이테스트가 제공해 준다.

11장

게임 플레이테스팅

반복 적용 사이클에서 플레이테스팅까지 오면 게임 디자인의 실체와 마주하게 된다. 프로토타입에서 제기했던 질문에 대한 해답이 나오며, 결과는 예상치 못한 것일 때도 왕왕 있다. 프로토타입에 여러 종류가 있는 것처럼 플레이테스트에도 여러 종류가 있으며, 각각 게임에서 표현하고자 하는 결과에 가까워지게끔 도와준다.

프로도타이입이 질문을 던지는 것이라면, 플레이테스트는 그에 대한 대답을 준다. 가끔 팀원들이 서로 이런 질문에 대한 해답을 줄 때도 있고, 팀 외부에 있는 플레이테스터가 해답을 제공해 줄 때도 있다. 플레이테스트는 아주 짧을 때도 있지만, 며칠이나 몇 주, 심지어 몇 달에 걸쳐 진행될 때도 있다. 이 모두가 프로토타입을 통해 던지는 질문이 무엇인가, 그리고 팀이 찾고 있는 해답이 무엇인지에 달려 있다.

플레이테스팅은 우리에게 무엇이 잘 작동하고 무엇이 잘 되지 않는가를 보여준다. 반복 적용 사이클마다 서로 다른 질문이 프로토타입의 형태로 제기되며, 플레이테스팅을 통해 다양한 해답이 모아진다. 초기에는 게임이 구동되긴 하는지, 컴포넌트들이 잘 작동하는지, 컴포넌트 간의 역학 관계에 균형이 잘 잡혀 있는지를 확인한다. 가끔 플레이테스트는 게임 디자인을 이끄는 디자인 가치가 플레이 경험에 구현되어 있는지 보여주기도 한다. 후반 단계의 플레이테스트는 플레이어들이 게임 플레이 방법을 얼마나 쉽게, 혹은 어렵게 받아들

그림 11.1 플레이테스팅은 반복 적용 사이클의 세 번째 단계다.

이는지에 집중하거나, 플레이의 진척도를 측정하고, 혹은 게임의 기술적 측면을 테스트할 수도 있다.

종종, 특히 반복 적용하는 게임 디자인 프로세스의 초기에는 테스트를 통해 의외의 답이 나올 때가 많다. 사실 이 때문에 플레이테스팅이 특히 중요한 것이다. 플레이테스팅은 플레이어가 악용할 수 있는 디자인의 약점, 분명하지 않거나 오해하기 쉬운 측면, 너무 쉽거나 지나치게 어려운 부분, 그리고 기대했던 바와 다른 여러 감정들을 드러내준다. 게임은 플레이어에게 다양한 감정과 반응을 불러일으키며 디자이너가 상상했던 바를 훨씬 뛰어넘을 때가 많은데, 이 부분은 이 책의 범위를 넘어선다. 여기에 대해 더 알아보고 싶다면 캐더린 이스비스터(Katherine Isbister)의 저서 "게임은 어떻게 우리를 감동시키는가: 디자인에 의한 감정(How Games Move Us: Emotion by Design)"을 참고하자. 이 책은 게임들이 어떻게 감정에 영향을 주는지를 과학과 인간 심리학의 관점에서 탐구한다. 이 책은 게임이 일으킬 수 있는 경험의 깊이를 보여주며, 다양한 게임들이 이를 어떻게 이뤄내는지 보여준다. 플레이테스팅은 이런 다양한 반응을 목격하고 기록할 수 있는 방법이며, 프로토타입이 제기하는 질문에 대한 해답을 모두 제공해 준다.

플레이테스트의 여섯 가지 종류

게임의 디자인 프로토타입에 여러 가지 방식이 있듯이 이런 프로토타입을 확인하는 플레이테스트에도 다양한 종류가 있다. 필자들이 게임 디자인 과정에서 활용하는 것은 내부 테스트, 게임 개발자 테스트, 친구 테스트, 타깃층 테스트, 신규 플레이어 테스트, 유경험자 플레이어 테스트의 여섯 가지가 있다.

내부 플레이테스트

플레이테스트의 첫 번째 종류는 내부 플레이테스트, 즉 팀원들과 함께 직접 하는 플레이테스트다. 내부 테스팅에는 두 가지 형태가 있는데, 그 중 하나는 팀원들과 함께 빠르게 돌려보고 리뷰한 다음 프로토타입이 팀 외부인들이 테스트할 준비가 되었는지 확인하는 것이다.

디자이너로서 게임 디자인에 대한 의문이 생길 때면 언제든 플레이테스트를 진행하여 적합한 해답을 찾을 수 있다. 아트, 사운드, 코드나 인터페이스에 대해 확인하는 프로토타입이라 해도 플레이테스트를 할 수는 있다. 내부 테스팅은 플레이테스팅이라고 생각하기도 전에 시작되는데, 프로토타이핑 중 코드를 테스트할 때마다 이것이 내부 플레이테스트가 된다.

또 한 가지 내부 플레이테스팅은 코어와 완성된 프로토타입에서 일어난다. 다른 이들에게 시간을 들여 플레이테스트를 부탁하기 전에 프로토타입이 제대로 작동하는지 확인하는 것은 중요하다. 이런 과정에서 팀 외부 사람들의 참여 없이도 버그와 기본적 게임 플레이의 문제점이 발견될 때가 많다. 플레이어블 프로토타입의 내부 플레이테스트는 이 프로토타입이 담고 있으며 검토할 게임 디자인을 살펴보는 기회로 삼는 것도 중요하다.

필자들의 탁구 게임 프로젝트인 핑!에서는 팀 내에서 수많은 내부 플레이테스팅을 진행했다(그림 11.2 참고). 필자들은 첫 번째 코드화된 프로토타입이 나오기도 전에 핑!의 종이 프로토타입을 작업하면서 이미 종이로 만든 요소들을 이리저리 움직이며 내부 테스트를 하여 빠르게 반복 재적용을 거쳤다. 이런 것이 내부 테스팅의 한 가지 형태다.

필자들은 이런 식으로 핑!의 물리적 컴포넌트에 대한 플레이테스팅을 하며 투사 각도를 어떻게 해야 할지, 다양한 재료를 사용할 때 날아가는 공은 어떻게 보이는지, 다양한 컨트롤

그림 11.2 종이 프로토타입의 내부 플레이테스팅

러에서 느낌은 어떻게 다른지 시험해 보며 게임의 물리 효과가 딱 들어맞을 때까지 코드를 수정해 나갔다. 코드 프로토타입과 초기 플레이어블 프로토타입에서도 우리는 이 게임을 위한 일련의 커스텀 컨트롤러를 만들어서 직관적이면서도 우리가 이 게임에 원하는 레트로 풍의 미적 기준을 어떻게 적절히 조합해낼 수 있을지 확인했다. 우리는 먼저 이런 요소들을 게임과 별개로 테스트하며 차례대로 슬라이드와 노브를 조작해 보고, 그 다음엔 플레이어블 프로토타입에 부착했다.

내부 플레이테스팅은 플레이어블 프로토타입의 상세한 측면들로 이어졌다(그림 11.3 참고). 예컨대 라켓과 공의 속도를 테스트하며 조정하고, 일단 만족스러운 결과가 나오고 나서는 점수를 올리면 라켓이 커지거나 작아지도록 라켓의 속성을 반복 재적용하기 시작했다. 플레이와 플레이테스트를 해 나가면서 우리는 마침내 흥미로운 옵션을 하나 찾게 됐다. 바로 공을 쳤을 때는 라켓이 줄어들거나 약해지고, 상대방에게 점수를 따내면 커지도록 하는 것이다. 실제 세계에서도 선수가 시합을 시작할 때는 커다란 라켓을 들고 있지만, 매번 공을 칠 때마다 작아진다는 (실제로는 약해진다는) 것이 일리가 있게 느껴졌다. 또한 게임 플레이를 한층 더 도전적으로 만들어주는 흥미로운 전략이기도 하다. 이 아이디어는 나중에 첫 번째 플레이어블 프로토타입에서 오브젝트 간의 상호작용 형태로 적용되었다. 우리는 공이 라켓에 미치는 다양한 물리적 영향을 적용해 보고, 둘의 조합에 의해 둘 중 하나가 줄어들거나 커지게 하는 것도 연구했다.

우리는 하루에도 여러 번 플레이테스트를 하며, 변수들을 조정하고 코드를 변경하고 나서 바로 다시 플레이테스트를 했다. 우리는 이 과정을 코드를 통해 게임을 조정하며 플레이의 역학이 어떻게 변화하는지 즉석에서 확인하는 '라이브 코딩(live coding)'[1]이라고 불렀다. 이런 식으로 빠른 반복 재적용을 할 때 한 가지 주의할 점은, 한 번에 너무 많은 것을 바꿔선 안 된다는 것이다. 그 대신 한 번에 한 개씩만 바꾸면 그것이 게임 전체에 어떤 영향을 미쳤는지 잘 파악할 수 있다.

때로는 위에서 든 예에서 짐작할 수 있듯 프로토타이핑과 플레이테스팅 사이의 구분이 모

---

1 라이브 코딩은 보통 성능과 관련된 수정에 활용된다. 2000년대 초반 컴퓨터 음악 커뮤니티에서 나온 개념인데, 우리의 버전은 이 개념보다는 빠른 프로토타이핑과 게임 플레이 측면에 대한 해답을 빠르게 찾기 위한 팀 내 플레이테스팅에서 온 것이다.

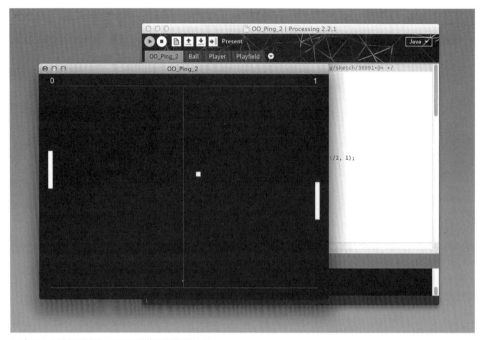

그림 11.3 초기 플레이어블 프로토타입의 플레이테스팅

호해질 수도 있다. 하지만 내부 플레이테스트의 핵심은 팀 전원이 시간을 내어 플레이하면서 즉석에서라도 게임에 대한 피드백을 나누는 것이다.

게임 개발자 플레이테스트

그 다음 플레이테스트 유형은 게임 디자인 과정에 대해 잘 아는 동료 게임 개발자와 함께하는 것이다. 이 플레이테스트는 대부분 프로토타입이 아이디어 점검용이거나 플레이 점검용이거나 상관없이 어떤 단계에서든 실행할 수 있다. 우리는 이 플레이테스트가 좀 더 목표에 집중하는 피드백을 수집하고 문제 해결을 위한 아이디어를 구상하는 데에 최고의 방법이라고 생각한다. 물론, 게임 개발자들은 게임에 대한 의견이 뚜렷한 경향이 있기 때문에, 눈앞에 주어진 게임 버전 대신 자기가 만들고 싶은 방식에 입각해서 피드백을 줄 때가 많긴 하다. 그래서 개발자들의 플레이테스트 피드백을 받을 때는 게임의 디자인 가치를 새겨두고 있어야만 팀이 게임의 목표에 대한 합의에서 벗어나는 일 없이 게임 디자인에 대한 건설적인 피드백을 걸러낼 수 있다. 게임 개발자 테스터들에게는 디자인 원칙을 주지하도록 디자인 가치를 공유하고 싶을 수도 있다.

게임 개발자는 게임에 대한 지식이 방대하여 아주 상세한 피드백을 제공할 수 있기 때문에 프로세스 초반에는 아주 훌륭한 플레이테스터 역할을 할 수 있다. 팀이 게임의 한 가지 측면이 어떻게 작동하는지에 대한 피드백을 원할 수도 있는데, 이럴 때는 플레이어블 프로토타입으로 동료에게 플레이테스트를 부탁하면 좋다. 비주얼 디자인이 잘 맞는지 확인하고 싶을 때는 아트 디렉터나 그래픽 디자이너 친구를 테스터로 초대하면 게임에 도움이 될 것이다. 코딩에서 난관에 부딪혔다면? 코더 친구가 코드 프로토타입 테스트를 해 줄 수도 있지 않을까?

핑!의 게임 디자인 초기에는 게임 디자이너인 친구 앤서니와 나오미가 플레이어블 프로토타입의 테스트를 도와줬다(그림 11.4 참고). (사실, 앤서니는 이 게임이 너무 마음에 든 나머지 개발 팀에 합류하게 됐다!) 플레이테스트를 통해 우리는 게임의 느낌과 게임 플레이에 대한 여러 중요한 것들을 배웠고, 더욱 중요한 것은 플레이스테이션 게임 스포츠프렌드(Sports-friends)에 숨겨져 있던 퐁의 흐느적거리는 버전인 베넷 포디의 플롭(FLOP)을 포함해 우리 게임의 전작들을 새로 참고해서 큰 도움을 받을 수 있었다는 점이다.

그림 11.4 게임 개발자 친구인 앤서니. 나오미와 함께 한 필자들의 게임 플레이테스팅

게임 개빌자 플레이테스터들은 세임에 내한 느낌과 넘이 합의에 도달한 디자인 가치에 잘 부합하는지 제대로 확인해 줄 수 있다. 하지만 게임 개발자의 피드백을 곧이곧대로 받아들이기보다 다소간 디자인 가치의 측면에서 살펴볼 필요는 있다. 가끔 디자이너의 피드백은 경험에 대해 그대로 알려주기보다는 해결책을 제시하려는 경향을 보이기도 한다. 그리고 이들이 제안하는 변경은 여러분이 만들어나가고자 하는 경험에서 멀어지는 결과를 낳을 수도 있다. 그러니 다른 게임 디자이너의 피드백을 고려할 때는 디자인 가치를 반드시 마음에 새겨두고 있어야만 한다.

친구와 가족 플레이테스트

또 한 가지 형태의 플레이테스트는 친구와 가족으로, 팀이 마음 편히 진행 중인 게임을 공유할 수 있는 사람들을 초빙하는 것이다. 친구 플레이테스트는 어떤 단계에서든 진행할 수 있다. 이들을 통해서는 다른 이들이 여러분의 게임에 어떻게 반응하는지 알 수 있다. 하지만 이 사람들이 되도록 좋은 말만 하려 하는 친구들임을 명심하자. 친구와 가족은 여러분이 성공하길 바라므로, 여러분의 게임에 대해 긍정적인 의견만 말할 가능성이 높다. 친구 플레이테스트에서는 이들의 말보다는 행동이나 표현이 더 중요하므로 이들이 게임에서 무엇을 하는지, 어디에서 가장 재미있어 하는지, 곤란해 하는 곳은 어디인지 잘 살펴보자. 얼굴 표정을 살피는 것도 중요한데, 말보다는 표정이 더 솔직하고 유용한 정보를 주기 때문이다.

로컬 넘버 12의 카드 게임인 메타 게임(Metagame, 그림 11.5 참고)에서 우리는 친한 친구와 가족을 초대하여 게임 디자이너가 아닌 사람들이 우리 게임에 어떻게 반응하는지 초기 플레이테스트를 진행했다. 게임이 폭넓은 플레이어층을 끌어들이길 바랐기 때문에 가족 모임이 좋은 테스트가 될 것이라 생각했다. 13세에서 70세까지 다양한 나이대의 사람들이 모였기에, 대중문화가 중심이 된 게임 테스트에는 적절한 연령대였다. 우리는 어리거나 나이든 사람들이 모여서 게임을 할 때 모르는 것에 부딪히면 어떻게 반응하는지 확인하고 싶었다. 그리고 친한 친구의 가족과 함께 플레이함으로써 우리는 플레이어들과 적당한 거리를 유지하여 게임 콘텐츠를 제대로 판단할 수 있었다.

그림 11.5 더 메타 게임

타깃층 플레이테스트

일단 게임 디자인이 코어 게임까지 진전되어 완전한 게임 프로토타입이 만들어지면, 이제 더 폭넓은 플레이테스터를 불러 모을 타이밍이다. 이 단계에서는 게임에 대해 전혀 모르거나 제한적으로만 접해본 사람들을 찾는 것이 도움이 되며, 가장 중요하게는 게임의 타깃층을 모아야 한다. 게임이 제공하는 경험의 종류를 즐기는 사람들은 게임 디자인이 의도한 플레이 경험을 만들어내는지 확인하는 데에 도움이 된다.

크리스 헤커의 2인용 게임 스파이 파티(Spy Party, 그림 3.5 참고)의 경우를 보자. 디자인 과정 초기에 크리스는 이 게임의 '얼리 아답터'를 찾기 시작했다. 그래서 게임 컨벤션에 가서 부스를 열고 커뮤니티 웹사이트를 만들기도 했다. 이런 창구를 통해 게임에 끌리게 된 플레이어들이 관심을 가지게 됐고, 크리스는 프로토타입을 테스트할 플레이어 그룹을 갖출 수 있었다. 이 테스터 그룹이 게임 플레이를 열심히 했기 때문에 크리스는 첫 번째 플레이어블 프로토타입이 나온 지 얼마 되지 않은 상당히 이른 시기부터 게임 디자인에 대해 귀중한 피드백을 나수 얻을 수 있었다. 이 덕분에 크리스는 디자인적 결정에 대한 뛰어난 직감을 얻을 수 있었고, 타깃층 플레이테스터가 새로운 기능, 아트, 그 밖의 측면들을 좋아하면 크리스는 제대로 된 방향으로 향해 간다는 것을 알 수 있었다. 그리고 반응이 좋지 않을 때는 이를 초기에 포착하여 새로운 솔루션을 찾기 위해 작업할 수 있었다.

신규 플레이어 플레이테스트

신규 플레이어 플레이테스트는 게임이 처음인 사람들이 참여하는 테스트다. 이들은 코어 게임과 완성된 게임 플레이테스트에서 신규 플레이어들이 어떻게 게임을 배우고 즐기는지 확인하는데 최적의 대상이다. 이 테스트는 다섯 번에서 일곱 번 가량 진행해야만 플레이어들의 반응을 전체적으로 확인할 수 있다. 다섯 번 이하일 경우는 다양성이 부족해지고, 일곱 번 이상 실행하면 테스트에 너무 많은 시간을 투자하게 된다. 플레이어가 일단 게임을 경험해 보고 나면 더 이상 '초보'가 아니므로, 진행 중인 게임의 플레이테스트에는 항상 새로운 사람을 찾아서 실행해야 한다는 점을 명심하자.

새로운 플레이어들과의 플레이테스트는 악용할 수 있는 의외의 요소를 드러내주기도 한다. 캐빈 캔시엔은 독립 게임 개발자 컨퍼런스인 인디케이드에서 네 명이 하는 게임 도그 파크(Dog Park, 그림 11.6 참고)의 프로토타입을 선보이는 중에, 한 플레이어가 끝없이 짖고 있으면 다른 활동보다 재미 포인트가 빠르게 쌓여서 늘 이길 수 있다는 규칙의 허점을 악용할 수 있다는 것을 발견했다. 캐빈과 친구는 플레이어들이 계속 짖기만 하지 못하게끔 짖는 개에게 다른 개들이 가서 제압하도록 했다. 그러자 개들이 서로를 쫓아 공원 이곳저곳을 뛰어다니면서 난장판이 벌어졌다. 이 모습을 보던 캐빈은 갑자기, 이 게임은 실제 세계에서 개들이 할 법한 일들을 정확히 재현하려는 것이라는 점, 이렇게 사람들이 개의 입장이 되어 놀 수 있는 기회를 주는 것이 바로 자신이 원하는 바였다는 것을 깨달았다. 그래서 게임에서 짖는 행동을 완전히 빼서 악용을 과도하게 막는 대신, 그냥 개가 짖을 때 획득하는 점수를 조정하기만 했다. 결과적으로 짖는 행동은 아직도 강력한 전략으로 남아 있지만, 짜증나는 행동을 하는 개가 있으면 다른 개들이 쫓아가서 싸우도록 하는 방식으로 이를 상쇄할 수 있도록 했다.

그림 11.6 도그 파크의 플레이테스트, 다니엘 라토레(사진 제공)

유경험자 플레이테스트

경험 있는 플레이어의 플레이테스트는 오랜 기간 프로토타입을 플레이하도록 한다. 이 종류의 플레이테스트는 그 특성상 경험 있는 플레이어들에게 며칠이나 일주일, 혹은 몇 주까지 시간을 줄 필요가 있다. 어느 정도의 시간이 적당한지는 게임에 따라 다르다. 오랜 시간이 걸리는 플레이테스트는 게임 디자인이 실제로 플레이 경험에 제대로 적용됐는지 확인하는 데에 큰 도움이 된다. 이런 종류의 장기간 플레이테스트는 테스터들이 게임 개발의 다양한 단계 내내 주위에 있을 것이기 때문에 게임에 가해진 변경이 경험에 어떻게 영향을 주는지 확인하기도 좋다. 유경험자 플레이테스트는 플레이어블 프로토타입이 준비되는 시점부터 시작하여 사실상 완성된 게임 프로토타입이 나올 때까지 '경험을 이어나가도록' 할 수 있는데, 이 유형의 플레이테스터들은 경험 전반에 대한 피드백을 줄 수 있기 때문이다. 장기간의 플레이테스트를 위해서는 정기적인 이메일(플레이어들이 확인할 수 있도록), 웹사이트 기반의 양식, 게임이 멀티플레이어용일 때는 여러 차례 대면 세션을 계획하는 것이 좋다.

크리스 헤커는 스파이 파티를 위한 타깃층 플레이테스터 집단을 만든 덕분에 경험 있는 플레이테스터 집단을 형성해 낼 수 있었다. 그래서 코어 게임에 집중하여, 플레이어들이 게임에 관련한 기술을 연습하고 전략을 만드는 데 쏟는 시간과 노력이 어떻게 변화하는지도 집중적으로 확인할 수 있었다. 이런 종류의 정보는 플레이어의 실력과 목표 중심 플레이를 중시하는 게임에는 아주 중요한 것이지만, 실험적인 게임에서도 사정은 별로 다르지 않다.

플레이테스트와 프로토타입 매칭

플레이테스트와 플레이테스터로는 반복 재적용 사이클이 한 번 돌 때마다 여러 종류가 활용된다. 각 사이클에서는 경험, 독자와 디자인 팀, 그리고 테스트하는 프로토타입의 종류에 따라 프로토타입이 묻는 질문에 대해 다양한 답을 제공한다. 사실, 프로토타입에 맞는 플레이테스터는 따로 있다.

서로 다른 프로토타입은 다양한 종류의 플레이테스트에 맞춰진다(그림 11.7 참고). 왜냐하면 다양한 플레이테스트는 다양한 것들을 평가하는 데 더 적합하기 때문이다.

- 종이 프로토타입은 내부 및 게임 개발자 플레이테스트에 가장 적합하다.

- 신체 활동과 코드 프로토타입도 마찬가지다.

- 아트와 플레이어블 프로토타입에는 친구와 가족까지 포함할 수도 있다.

- 코어 게임 프로토타입은 조금 더 개방하여 타깃층 플레이테스터를 포함할 수 있다.

- 완성된 게임 프로토타입은 가장 폭이 넓어서, 모든 종류의 플레이테스터를 포함할 수 있다.

- 마지막으로 경험 있는 플레이테스터들은 거의 모든 종류의 프로토타입에 적합하며, 초기부터 플레이테스터로 참여해도 된다. 그렇지 않고는 경험이 생길 수 없으니 당연한 일이다.

playtesters / prototypes	internal	game developer	friends & family	target audience	new players	experienced players
paper	x	x				
physical	x	x				
code/tech	x	x		x		
art	x	x	x			
playable	x	x	x	x	x	x
core game	x	x	x		x	x
complete game	x			x	x	x

그림 11.7 플레이테스트와 프로토타입 매칭

플레이테스트 준비

플레이테스트 운영이란 그저 몇 명의 친구를 데려와서 게임을 플레이하도록 하면 되는 일이 아니다(물론 그런 식으로 될 때도 있긴 하다). 에릭 짐머만과 협업자인 건축가 나탈리 파찌(Nathalie Pozzi)는 함께 만든 갤러리 게임의 플레이테스트에 대해 부담스러우면서도 잔인한 이야기를 한다.[2] 나탈리가 말하듯 플레이테스팅, 특히 초기 프로토타입은 사람들에게 완성도가 낮거나 잘 안 된다는 것을 알고 있는 무언가를 시도해 보도록 부탁한다. 에릭은 "초기 플레이테스트란 디너파티에 갔는데 어떤 음식은 맛이 없거나 제대로 익지도 않은 것"이라고 설명한다. 플레이테스트는 모두에게, 가장 중요하게는 플레이테스터에게 많은 것을 묻는다. 플레이테스팅을 최대한 활용하려면 프로토타입이 제대로 준비됐는지 확인하고, 팀 역시 플레이테스트에서 나올 대답에 준비가 되어 있어야 한다.

시간과 장소 선정

플레이테스트 준비의 기본은 시간과 날짜, 장소, 또한 플레이테스터를 준비하는 것이다. 시간과 장소 선정은 플레이테스터를 충분히 수용할 수 있되 프로토타입 평가가 사소한 일은 아니라는 분위기를 줘야 한다. 예를 들어 시끄러운 카페에서나 바에서 하는 것이 좋아 보일 수는 있지만, 게임이 집중해야 하고 주의가 분산되지 않아야 하는 종류일 때는 플레이테스트가 금방 망가질 수 있다.

플레이테스트 계획

플레이테스터들의 답변이 플레이테스트 계획에 집중할 수 있도록 하는 것이 바로 플레이테스트 계획으로, 게임을 어떻게 소개할지, 플레이테스터가 게임의 현재 상태를 이해하기 위해 필요한 것이 무엇인지 등, 이들이 원할 수 있는 어떤 정보든 미리 생각해 두는 것이다.

이것은 팀이 플레이테스트를 시작하기 전에, 모두가 플레이테스트에서 배우고자 하는 것이 정확히 무엇인지 파악해야 한다는 뜻이다. 애초에 프로토타입을 만들게 이끌었던 질문을

---

2   우리는 나탈리와 에릭과 동영상 시리즈 반복 적용: 디자인과 실패(Iterate: Design and Failure)에서 프로토타이핑 경험에 대해 인터뷰했다. http://www.designandfailure.com/nathalie-pozzi-and-eric-zimmerman/ 2015.

나시 생삭해 보는 것이 시작점이 될 수 있다. 핑!에서 첫 번째 플레이어블 프로토타입을 만든 다음 우리에게는 몇 가지 질문이 떠올랐다.

- 플레이어들이 라켓을 조작하기가 얼마나 쉬운가?
- 얼마나 오랫동안 받아칠 수 있는가?
- 특정 물질이나 설정이 다른 것보다 더 재미있는가?

이런 것들이 우리 스스로는 대답할 수 없는 종류의 질문이다. 우리는 프로토타입을 쭉 플레이해왔기 때문에 게임이 얼마나 쉬운지 어려운지 감을 잃었다. 게임 개발 중에는 흔히 발생하는 일이다. 이럴 때는 난이도를 적정 수준으로 유지하고 게임의 상호작용이 신규 플레이어에게도 분명하게 이해되도록 다른 이들이 테스트해 줄 필요가 있다.

피드백 파악

계획만큼 중요한 것이 피드백 파악이다. 팀원들이 플레이어들을 관찰하거나 이들과 함께 플레이할 것인가? 세션을 녹화하여 나중에 검토할 것인가? 화면 기반 프로토타입이라면 스크린샷을 찍거나 동영상을 캡처할 것인가? 누가 관찰하고 메모를 할 것인가?

플레이테스트 중 일어나는 많은 일은 웃음, 게임 도중 내뱉는 짧은 말들, 특히 어려운 도전 과제에서는 주먹을 꽉 쥐는 행위, 지루해하며 휴대전화를 보는 행동 등 비언어적인 것이다. 이 모든 것이 플레이테스트에서 중요한 실마리가 되며, 따라서 동영상 녹화가 상당히 도움이 될 수 있다.

플레이테스트 진행

일단 프로토타입이 준비되면 플레이테스트를 진행해야 한다. 플레이테스트는 놀랍거나 때로는 상당히 충격적인 경험이 될 때가 많다. 하지만 게임 디자이너라면 이런 일에는 곧 적응하게 된다. 플레이테스트에서 가장 어려운 일은 느긋이 앉아서 테스트 자체에 관심을 기울이며, 지나치게 끼어들지 않는 것이다. 플레이어들이 게임에서 뻔해 보이는 무언가를 이해하지 못하는 것을 그저 지켜만 보고 있기는 어려운 일이다. 사실 누군가 애 먹는 것을 보고 있기는 고통스럽다. 하지만 게임에서 무엇인가 분명치 않거나, 너무 어렵거나, 제대로 작동하지 않는 지점을 찾는 것이 바로 플레이테스트의 목적이다. 플레이테스트에 집중하는 분위기를 유지하기 위해 플레이테스트에서는 소개, 관찰, 경청, 논의 네 가지에 유의해야 한다.

소개

먼저, 플레이테스터에게 어떤 것을 경험하게 될지 **소개**해야 한다. 이들에게 프로토타입의 현재 상태에 대해 어느 정도 알려주자. 테스터들이 프로젝트가 현재 중점을 두고 있는 것이 무엇인지 알도록 해야 한다. 예를 들어, 아트가 최종이 아니거나 승리 조건을 구현하지 않았다면 플레이테스터에게 이 점을 알린다. 그러면 자신들이 현재 플레이하는 것이 무엇인지 더 잘 이해하고, 어떤 코멘트를 남겨야 할지도 알 수 있다.

관찰

두 번째는 **관찰**이다. 우리는 플레이테스트를 관찰할 때 바디 랭귀지, 플레이어들이 화면에서 실제 무엇을 하고 있는지, 플레이하면서 어떤 이야기를 하는지, 얼마나 플레이하고 싶어 하는지, 그리고 우리 게임의 경우에는 플레이어들이 서로 어떤 이야기를 나누는지 온갖 것을 지켜본다.

그리고 우리가 강조하고 싶은 것이 하나 있다. 관찰이란 이야기를 걸거나 도움을 주거나 코치를 하는 것이 아니다. 플레이테스터와의 상호작용은 최소한으로 유지하자. 사실, 테스터들이 플레이하는 중에는 곤란을 겪고 있다 해도 아예 어떤 간섭도 하지 않는 것이 좋다. 이 과정은 실제론 정말 어렵다. 플레이테스터들이 게임에서 어떤 것이 불분명해서 애먹고 있거나 의도한 것과 전혀 다른 방향으로 플레이하는 것을 그저 보고만 있는 것은 쉬운 일이 아니다. 때로는 플레이어들을 관찰하면서 그 덕분에 게임 디자인을 강화할 수 있는 데에 놀라기도 할 것이고, 때로는 끼어들어 가르쳐주고 싶어 하는 본능을 깨달으며 무섭기도 할 것이다. 하지만 이런 본능에 지면 플레이테스팅의 목적 자체를 달성할 수 없으므로 반드시 피해야 한다. 플레이테스팅의 목적은 관찰을 통해 이런 실패 지점을 발견하는 것이지 이를 막는 것이 아니다. 충동을 이기려면 말을 아끼고, 플레이테스터들이 하고 있는 행동과 어떤 요소가 잘 삭동하고 어떤 것은 작동하지 않는지 메모하는 것이 좋다.

경청

세 번째는 **경청**이다. 경청이란 관찰과는 다르다. 경청에는 플레이어들이 플레이 중 시끄럽게 떠드는 것을 듣는 것도 포함된다. 플레이어의 머릿속에서 무슨 일이 일어나고 있는지 파악하려면 플레이하면서 떠오르는 것을 소리 내어 말하도록 부탁하는 편이 좋다. 플레이어는 어떤 결정을 왜 했는지 말해줄 수도 있고, 게임에서 어떤 느낌이 드는지, 혹은 잘 모르는 것이 무엇인지 얘기해 줄 수 있다.

논의

플레이테스트에서 해야 하는 마지막 사항은 **논의**다. 플레이테스트 스케줄을 짤 때는 플레이테스터들과 게임에 대해 의논할 수 있는 시간을 반드시 남겨두도록 하자. 토론에서는 "예/아니요" 질문이나 "게임이 재밌었나요?"와 같이 뻔한 질문은 피하는 게 좋다. 대신 "게임을 플레이해 보니 어떤 느낌이 들었나요?"와 같이 열린 질문, 혹은 "게임의 목표가 뭐라고 파악했는지 말씀해 보세요"처럼 응답을 이끌어내는 질문이 좋다. 토론의 목적은 플레이테스터의 게임에 대한 반응을 살피는 것이지, 게임에 대해 홍보하는 것이 아님을 명심하자.

어떤 플레이어, 특히 타깃층 플레이테스터라면 플레이테스트 전후에 자신이 어떤 게임을 선호하는지, 자기는 어떤 사람인지 등 게임을 어떤 관점으로 플레이했는지 이들을 이해하는데 도움이 될 것들을 물어보는 토의 시간을 가지도록 하자.

여기까지다. **소개**하고, **관찰**하고, **경청**하고, **논의**하라. 이것이 플레이테스트 진행의 4단계다.

플레이테스트 이후

플레이테스팅 과정에서는 너무 많은 일이 진행되기 때문에 무엇을 처리했고 왜 했으며 다음엔 무엇을 해야 하는지 잊기 쉽다. 플레이테스팅은 컨셉 구상과 프로토타입 과정에서 제기했던 질문에 대한 해답을 찾을 때 더 깊은 통찰을 제공하므로 반복 적용되는 게임 디자인 과정에서 매우 중요한 단계다. 이 모든 것을 제대로 관리하고 각 테스트를 최대한 활용하려면 문서화가 특히 중요하다. 이전 장에서 프로토타입의 문서화를 왜, 무엇을, 어떻게 해야 하는지 다뤄봤으니, 이제는 플레이테스트의 피드백을 누가, 언제, 어떻게 기록해야 하는지 알아보자.

누가 플레이하는가? 플레이테스터의 이름과 추가적인 질문을 해야 할 경우 연락을 취할 수 있는 수단을 꼭 기록하자. 플레이테스트를 했던 맥락상 적절한 정보를 알아야 하므로 시기와 장소를 기록하는 것도 중요하다. 문서화할 때 가장 필수적인 것은 피드백이다. 플레이테스터들이 게임을 접하여 무엇을 했고 어떤 생각을 했는지 확인하는 것이 플레이테스트를 하는 첫 번째 이유다. 플레이테스터의 시간과 노력을 가장 잘 활용하려면, 이들의 경험에 세심하게 주의를 기울여야 한다.

우리는 언제 테스트했는지, 플레이테스터가 누구였는지, 어떤 프로토타입을 테스트했는지, 누가 메모했는지 같은 기본 정보를 적는다.

- 게임 플레이: 플레이 자체에 대한 메모를 적는 곳이다. 플레이어들이 즐겨서 했는가? 문제를 겪었는가? 어떤 것이 잘 돌아갔는가? 잘 돌아가지 않은 것은 무엇인가?

- 그래픽과 오디오: 게임이 제시하는 층위에 대한 메모다. 사운드에 대한 반응이 있었는가? 게임의 시각적 요소에 대해서는 반응이 있었는가?

- 버그: 플레이테스트 중 튀어나온 버그가 있었는가? 어떤 일이 일어났으며 플레이테스터들이 무엇을 할 때 버그가 발생했는지 주의하여 기록하는 것이 게임을 다시 살펴서 버그를 수정하는 데에 중요하다.

- 코멘트: 플레이테스터가 자신들의 느낌과 감정을 입 밖으로 내면 이런 코멘트를 유발한 것이 무엇이었는지와 함께 적어두자.

- 관찰: 가끔 플레이테스터가 말이 아닌 피드백, 즉 미간을 찌푸리거나 미소를 짓고, 플레이하며 웃음을 터뜨릴 때가 있다. 플레이테스터는 플레이를 통해서도 피드백을 준다. 화면에서 무슨 일이 일어나고 있는가, 디지털 게임이 아닐 때는 보드나 손에 든 카드를 살피는 것 역시 많은 것을 보여준다.

- 아이디어: 테스트 동안 떠오르는 아이디어 역시 잊어버리지 않도록 적어둬야 한다. 무엇을 추가할까, 문제를 어떻게 해결할까, 향상하고 개선할 것이 무엇인가 같은 아이디어가 이런 것이다. 이런 아이디어를 모두 적어두자.

메모를 적는 것 외에 사진을 찍고 플레이 세션을 녹화해 주는 캡처 소프트웨어를 이용해 동영상을 녹화하는 것도 고려하자. 그러면 플레이테스트 세션이 끝난 후 이런 추가 자료를 팀이 함께 검토할 수 있다. 하지만 몇 시간이나 되는 동영상을 그저 보기만 하는 대신, 메모를 확인하면서 관련된 부분을 찾아보는 것이 좋다. 이런 부분을 쉽게 표시하고 검토할 수 있게끔 느낌표를 넣거나 시간대, 혹은 레벨을 표시해 두길 바란다.

그리고 모든 문서와 마찬가지로, 팀 전원이 쉽게 찾아 검토할 수 있는 곳에 두자. 이 평가 단계에서는 플레이테스트의 어떤 반응이든 디자인 문서에 추가하고 설계도 및 과제 목록에 반영한다. (이런 문서의 종류에 대해 자세히 살펴보려면 7장 '게임 디자인 문서화'를 참고하자.)

의견과 피드백의 차이

다음 단계로 진행하기 전에, 반복 적용 프로세스에 대한 몇 가지 논쟁을 알아두는 것이 중요할 것 같다. 반복 적용 디자인에 강경하게 반대하는 이로 평론가이자 디자이너인 매티 브라이스가 있다.[3] 매티는 플레이어 중심적인 반복 적용 사이클은 디자이너가 플레이어에게 주려고 했던 원래의 메시지를 변경시키거나 희석시킨다고 지적한다. 도전적인 작품을 만들고 싶어 하는 게임 제작자에게 이는 의도한 표현과 게임 경험을 희석시키는 것이므로 문제가 될 수 있다. 라나 폴란스키(Lana Polansky) 역시 비슷하게, 플레이어 중심적 접근법은 게임 제작자가 플레이어에게 너무 쉬운 길로 가게 만든다는 주장을 한다.[4] 나아가, 플레이어를 중심에 둠으로써 게임 제작자는 무의식적으로 플레이어들이 안락하게 느끼고 늘 원하는 뻔한 상황을 만들 위험도 있다. 브라이스와 폴란스키 둘 다 플레이어 중심 디자인에는 문제

3 매티 브라이스, "플레이어의 죽음(Death of the Player)", 다른 엔딩(Alternate Ending), www.mattiebrice. com/death-of-the-player, 2014.

4 라나 폴란스키, "고객은 틀릴 때가 많다(The Customer Is Often Wrong (Fuck the Player))," *Sufficiently Human*.

와 한계가 있다고 지적한다.

게다가 플레이테스팅이 불가능한 종류의 게임도 있다. 매티는 에세이에서 플레이테스팅을 연애편지의 초안에 피드백을 부탁하는 낭만적인 상황에 비교한다. 이런 일은 편지를 쓰는 이가 생각을 완전히 다듬기도 전이라 너무 성급한 것이다.

매티와 라나의 플레이테스팅에 대한 이런 생각은 입력과 피드백을 구분하는 것이 중요하다는 점을 일깨워준다. 게임 디자이너가 이런 과정을 통해 게임 디자인에 대한 플레이어의 생각을 활용할 때는, 게임이 플레이어의 흥미와 취향에 더 잘 맞는 게임으로 변경시킬 가능성이 높다. 이것은 피드백을 받는 것과는 다른데, 피드백은 디자이너가 참고는 하되 반드시 이를 따르지 않는다는 차이가 있다. 게임 브레이드와 더 위트니스의 디자이너 조나단 블로우(Jonathan Blow)는 반복 적용과 플레이테스팅에 있어 흥미로운 사례를 보여줬다. 블로우에게 비디오 게임은 특별히 전하고 싶은 것을 표현하는 매체다. 그는 플레이테스터의 아이디어를 얻는 데에는 관심이 없지만, 그래도 플레이테스트를 한다. 그리고 플레이어들을 더 즐겁게 만들어줄 방법을 찾는 대신 블로우는 플레이테스트를 통해 자신이 의도한 플레이 경험이 제공되는지를 확인했다. 그래서 플레이테스팅은 플레이어들이 원하는 것을 주려는 방법론이라기 보단 블로우의 표현을 조절하는 도구 역할을 했다.

그런데 창작 매체는 거의 모두 피드백 메커니즘으로서의 플레이테스팅 버전이 있다. 시인과 작가들에게는 워크샵이, 극작가와 각본가에게는 리딩이, 예술가에게는 평론가가 있는 것이다. 이럴 때 시, 연극, 그림을 만들어내는 사람은 동료들의 피드백을 구한다. 작업이 의도한 목표에 못 미치는 곳에 대한 메모의 형태가 될 수도 있고, 작업을 어떻게 수정할지에 대한 의견이나 제안이 될 수도 있다. 피드백은 문제를 지적하는 반면 의견은 제작자의 의도와 맞을 수도 다를 수도 있는 변경을 제안하는 것이다. 중요한 것은 창의적인 과정에 예술가나 디자이너가 어떤 관점의 분야를 가져오든 피드백의 여지는 늘 있으며, 가끔 제작자가 어떻게 할지 알고 있을 때는 의견을 제시할 여지도 있다는 점이다.

요약

플레이테스팅은 프로토타입이 제기한 질문에 대해 답을 찾을 수 있는 기회다. 또한 플레이테스터들이 게임을 하는 중 애를 먹고 게임이 잘 진행되지 않는 것을 확인하여, 원하는 플레이 경험을 제공할 수 있는 기회가 되기도 한다. 이것이 바로 게임을 더 개선하기 위해 필요한 것이다. 팀 내에서 초기에 하는 테스트에서는 동료 게임 디자이너와 친구들이 게임에서 어떤 것은 잘 되고 잘 안되는지 파악하는 것을 도와준다. 나중에 타깃층과 플레이테스팅을 하면 새로운 플레이어와 경험 많은 플레이어들이 게임을 다듬고 멋지게 만들어내는 것을 도와준다. 플레이테스터들에게는 소개하고 관찰하고 경청하고 설문 조사와 함께 토의도 하여 결과를 기록한 다음, 팀 내에서 이를 다시 논의하여 반복 적용 사이클의 다음 단계인 평가로 이어지도록 하자.

플레이테스트의 여섯 가지 종류는 다음과 같다.

◉ **내부 테스트**: 팀원들과 함께 직접 하는 플레이테스트다. 내부 테스팅에는 두 가지 형태가 있는데, 그 중 하나는 팀원들과 함께 빠르게 돌려보고 리뷰한 다음 팀 외부인들이 프로토타입을 테스트할 준비가 되었는지 확인하는 것이다.

◉ **게임 개발자 테스트**: 게임 디자인 과정에 대해 잘 아는 동료 게임 개발자와 함께하는 플레이테스트다.

◉ **친구와 가족 테스트**: 또 한 가지 형태의 플레이테스터는 친구와 가족으로, 팀이 마음 편히 진행 중인 게임을 공유할 수 있는 사람들을 초빙한다.

◉ **타깃층 테스트**: 일단 게임 디자인이 코어 게임까지 진전되어 완전한 게임 프로토타입이 만들어지면, 이제 게임이 제공하는 종류의 플레이 경험을 좋아하는 사람들, 즉 타깃층 플레이어를 불러 모은다.

◉ **신규 플레이어 테스트**: 신규 플레이어 플레이테스트는 게임이 처음인 사람들이 참여하는 테스트다. 이들은 코어 게임과 완성된 게임 플레이테스트에서 신규 플레이어들이 어떻게 게임을 배우고 즐기는지 확인하는데 최적의 테스터다.

◆ 경험 있는 플레이어 테스트: 경험 있는 플레이어의 플레이테스트는 테스터들이 오랜 기간 프로토타입을 플레이하는 것이다.

현재의 프로토타입에 어떤 종류의 플레이테스트가 필요한지를 정하는 것보다 중요한 것이 있다. 플레이테스트의 기회를 최대한 활용하려면 계획을 세워야 한다. 성공적인 플레이테스트를 돕기 위한 단계는 다음과 같다.

1. 시간과 장소 선정
2. 평가해야 할 것을 계획
3. 플레이테스트를 어떻게 문서화할지 결정

플레이테스트가 시작된 후에는 네 가지 단계가 있다.

1. 소개
2. 관찰
3. 경청
4. 논의

어떤 것이 플레이테스팅 되는가에 따라, 관찰하고 문서화하는 것들이 있다.

- 게임 플레이
- 그래픽과 오디오
- 버그
- 플레이어 코멘트
- 플레이어 행동양식
- 테스터 관찰
- 플레이테스트 중 생성된 아이디어

12장

게임 평가

평가는 게임의 디자인을 고려하고 플레이테스트의 결과를 해석하고 디자인 계획을 어떻게 다듬을지 결정하는 것이다. 이 단계는 첫 번째 단계인 컨셉 구상과 바로 연결된다. 여러분은 질문과 답을 (예상한 것과 예상치 못한 것 모두) 검토한 다음 게임을 어떻게 향상시킬지, 다음 번 프로토타입은 어떤 종류로 만들지와 같은 결정을 내린다.

평가는 반복 적용 사이클의 최종 단계이며, 가장 어려울 때도 있다. 이 단계에서는 팀이 모여 플레이테스트에서 얻은 피드백을 모두 검토한다. 프로토타입에서 제기한 질문이 플레이테스트에서 해답을 찾았다면, 평가 단계에서는 이런 해답들을 검토하고 디자인 수정을 위한 실용적인 아이디어로 바꾼다. 하지만 플레이테스트에서 얻은 해답이 늘 분명한 것은 아니다. 자신을 의사라고 생각하고 게임을 환자라고 하면, 플레이테스트 세션은 환자가 자기 증상을 이야기하는 것이라 할 수 있다. 플레이테스터의 피드백은 게임이 여러분의 디자인 가치와 플레이어 경험이 잘 맞아떨어지는지 알려준다. 플레이테스트에 대한 팀의 관찰과 플레이테스터가 한 행동과 말은 게임 디자인을 진단할 때 고려할 증거가 되는 것이다. 의료의 경우와 마찬가지로, 문제를 정확히 진단하려면 시간이 걸리며, 처방 역시 "아스피린 두 알 드시고 아침에 전화하세요"부터 복잡한 수술까지 다양할 수 있다.

그림 12.1 평가는 반복 적용 사이클의 네 번째 단계다.

플레이테스트 결과 검토

평가를 시작하려면 프로토타입에서 제기했던 질문들을 다시 생각해 보자. 이 프로토타입이 플레이 경험을 알아보는 것이었나? 그렇다면 평가는 게임의 그 측면에 집중해야 한다. 프로토타입이 아트, 코드, 혹은 플레이 이외의 다른 요소를 알아보기 위한 것이었다면 평가도 그에 따라 해야 한다. 여기서 중요한 것은 제시됐고 평가하고자 했던 것에 집중해서 평가하는 것이다.

그 다음은 플레이테스트에서 떠올랐던 질문을 고려하자. 이건 생각만큼 쉽지 않은 일이다. 프로토타입과 플레이테스트 메모, 작성한 문서들을 가지고 팀은 플레이테스트 중 어떤 일이 일어났는지 검토해야 한다. 각자 검토한 후 모여서 토론하거나, 함께 모여 검토하며 토론할 수도 있다. 팀이 어떤 결정을 내리든, 모두가 건설적으로 이슈에 대해 고민하고 무엇을, 언제, 왜, 그리고 없애야 하는 것에 집중해야 한다.

- 무엇을: '근사했어, 플레이어들이 재미있어 했어, 게임이 너무 어려웠어'와 같이 넓은 의미로 생각하는 대신, 플레이테스트에서 나온 피드백과 관찰 내용을 여러 순간으로 나눠서 게임과 그 디자인, 이것이 프로토타입에 어떻게 적용되었는지 좋았던 순간과 나빴던 순간을 부각시켜야 한다. 자신이나 팀원의 분석이 아니라 실제로 무엇이 일어났는지에 집중하자. 플레이테스터가 특정 액션을 어떻게 써야 하는지 알아내지 못했는가? 플레이어들이 특정한 순간에 계속 웃거나 짜증을 냈는가? 이때에도 팀의 해석이 아니라 증거에 집중하자.

- 어디에서: 플레이테스트 피드백 평가의 중요한 측면은 어떤 맥락에서 해당 순간을 관찰했는가다. 때로는 게임 플레이의 어떤 특정 순간이었는지 아는 것도 중요하다. 플레이어가 특정한 목표를 달성하려 하고 있었는가? 게임에서 특히 도전적인 순간을 겪고 있었는가? 가끔 아트 디렉션이 적용되지 않았을 때 게임이 너무 평범하다고 불평하는 것처럼, 아직 적용되지 않은 게임의 측면 때문에 문제가 발생할 때도 있다.

- **왜**: 이런 순간들에는 왜 발생했다고 생각하는지 진단하자. 플레이어가 특정 액션을 어떻게 써야 하는지 알아내지 못했다면, 조작 방법을 설명하지 않았기 때문인가? 게임이 희망한 경험을 제공하지 못했는가? 아니면 액션이 기대한 방식으로 작동했는가? 프로토타입에 대한 피드백의 원인이 무엇이었을지 이해하려 노력하자.

- **뺄 것**: 플레이테스트 검토에서 가장 중요한 것은 플레이테스트에서 게임 디자인에 대해 드러내 준 것에 대한 합의를 이루는 것이다. "라켓 컨트롤이 너무 엉성하다", "플레이어들이 기어오르는 대신 점프하려 하는 것 같다", "객체 지향적 스토리텔링 때문에 부차적 캐릭터를 소개하지 못한다"는 자세한 코멘트를 목표로 하자. 이러려면 플레이어 피드백을 게임 디자인을 재검토하는 결정으로 옮기는 진단 능력이 어느 정도 필요하다. 다시 한 번 말하지만, 의사가 환자의 증상을 검토할 때 취하는 방법과 매우 비슷하다. 피드백은 무엇인가의 증거일 수 있지만, 그래도 내재된 원인은 자신이 직접 진단해야만 하는 것이다. 이 진단은 플레이어가 "화면에서 점수를 더 크게 보여줘야 할 것 같아요"와 같이 특정한 디자인 변경을 제안할 때는 특히 중요하다. 이를 그저 "점수를 더 크게"라는 디자인 과제로 해석하는 대신, 플레이테스터가 왜 이런 제안을 했는지 이해해 보자. 예를 들어 병원에 와서 "발목이 삐었어요"라고 얘기하는 환자가 있다고 하자. 환자가 스스로 진단을 할 수도 있지만, 그렇다 해도 의사는 환자가 왜 발목이 삐었다고 생각했는지 이해하고, 진단을 내리기 전에 모든 증거를 살펴야 한다. 증상은 무엇인가? 플레이테스터들은 점수 변화가 안 보인다고 하는 것일 수도, 혹은 점수가 중요한데 빠르게 전개되는 게임에서 놓치기 십상이라고 말하는 것일 수도 있다. 점수를 더 크게 넣는다고 해서 이런 문제가 해결되지는 않는다. 대신, 점수와 플레이어의 성과를 부각시켜 주는 매치 사이사이의 화면 같은 플레이어의 성과에 대한 피드백 형태가 더 알맞은 해답일 수 있다.

여러분 자신을 게임 디자인의 의사라고 생각하자. 이런 피드백을 디자인의 관점에서 고려할 수 있는 다양한 방법이 있다. 하지만 가장 중요한 것은 여러분의 디자인 가치 측면에서 생각하는 것이다. 즉, 게임을 디자인 가치에 더 잘 맞춰주는 기회로 생각하는 것이 좋다. 팀이 주의를 기울이지 않으면, 이 과정은 휴 로리 캐릭터가 되어 동료들을 질책하고 독단적으로 구는 미국 드라마 '하우스'의 한 장면이 돼 버릴 위험도 있다. 그러니 평가 과정에서는 건설적인 태도를 유지하도록 특히 주의하자.

생각해야 할 것

게임 디자인의 평가 과정에서 가장 중요한 측면은 디자인 가치가 플레이어 경험으로 해석되는 곳들이다. 플레이어들이 어떻게 의도한 경험을 하는지, 혹은 하지 못하는지는 기본적 게임 디자인 도구의 적용과 플레이어들이 게임을 실행하는 메커니즘 사이의 조합이 어떻게 이루어져 있는지와 관계가 크다. 프로토타입과 플레이테스트를 평가하는 동안에는 이 각각을 철저히 고민하는 것이 중요하다. 이 검토를 시작하기 전에, 게임에 설정했던 디자인 동기 및 관련된 디자인 가치를 다시 생각해 보는 것이 중요하다. 여유를 가지고 디자인 가치를 돌이켜 보며 팀의 기대를 환기하면 플레이테스트에 대해 팀이 집중해서 평가하는 데에 도움이 된다.

- **액션**: 플레이어는 게임을 플레이할 때 무엇을 할 수 있고 할 수 없는지 이해하는가? 컨트롤은 배우고 익히기에 직관적이고 쉬운가? 플레이어들이 게임의 코어 액션에 대한 기술을 발달시킬 수 있는가?

- **목표**: 플레이어들이 게임의 목표를 이해하는가? 플레이어들이 게임 자체의 목표에 추가하거나 대체할 자신만의 목표를 만드는가? 게임이 목표를 얼마나 잘 알려주는가? 액션, 오브젝트, 플레이 공간, 스토리 등이 목표를 받쳐주는가?

- **도전**: 게임이 적당한 정도와 종류의 난이도나 걸림돌을 제공하는가? 게임이 플레이어에게 계속하도록 만드는 흡입력이 있는가? 도전이 주제로부터 나온다면, 플레이 경험 동안 오는 것인가?

- **정보 공간**: 플레이어들이 게임이 제공하는 정보를 이해할 수 있는가? 플레이 경험의 속도에 비해 너무 많은 정보를 주는가? 너무 적은가? 플레이어들이 필수적인 정보를 놓치는가?

- **피드백**: 플레이어의 액션과 게임의 반응 순환이 분명한가? 플레이어들이 자신이 한 행동의 결과를 자신 있게 해석할 수 있는가?

- **의사 결정**: 플레이어들이 목표를 어떻게 추구하고 원하는 경험을 하는 데에 대해 결정을 내릴 수 있는가?

- **플레이어의 인식**: 플레이 공간 제시 방식이 의도한 플레이 경험을 보조하는가?

- **플레이의 맥락.** 게임이 일어나는 공간이 플레이 경험에 영향을 주는가? 시간대는 어떤가? 그 외에 플레이 세션에 관련되는 것이 있는가?
- **뺄 것:** 게임이 의도한 메시지, 컨셉, 경험을 전달하는가?
- **감정:** 플레이하는 중에 어떤 감정이 드는가? 이런 감정은 희망한 바와 부합하는가?

관찰 내용 해석

일단 팀이 플레이테스트를 관찰한 핵심을 포착하고 나면, 이런 관찰이 게임 디자인에 대해 무엇을 말하는지 생각할 차례다. 이 과정은 강점과 약점, 더 나아가서는 의도된 것과 의도되지 않은 강점과 약점의 두 가지 부류로 나눌 수 있다. 종종 플레이어들은 게임에서 여러분이 플레이 경험으로 기대하지 않았거나 의도하지도 않았던 것들에 반응한다. 분석에서는 이런 순간들에 주의를 기울여야 한다. 의도된 강점은 디자인 가치에 연관되면 좋지만, 디자인 가치에 완전히 반대될 수도 있다. 논의할 때 이런 면을 기억해뒀다가 이야기하면 평가를 위한 또 하나의 지표가 되므로 도움이 된다.

가끔 플레이어 반응 중 부정적으로 보이는 것도 실은 여러분이 달성하려 했던 것일 수 있다. 플레이어가 게임이 너무 어렵다고 하는데 그걸 의도했거나 너무 짧다고 안타까워하는데 디자인상 원래 그런 것일 때가 여기에 해당한다. 혁신적인 디자인이라면 플레이어의 기대와 디자인적 동기, 그리고 게임의 디자인 가치 사이에 간극이 발생할 수 있다. 특히 장르의 관습을 비틀고 플레이어가 게임 플레이하는 방법을 배워가도록 디자인한 경우 이럴 가능성이 높다. 관습을 비틀고 깨는 것은 실험적이고 혁신적인 게임 디자인의 전형적인 특징이지만, 디자인이 잘못됐다는 뜻일 때도 있다. 의도적인 혁신과 디자인적 착오 간의 균형을 적절히 맞추는 것은 정말 어려운 일이다. 게임에서 무엇을 성취하길 기대하는지, 플레이어의 기대가 게임의 초점과 잘 맞는지 아닌지 판단할 때는 항상 디자인 가치로 돌아가 고민하도록 하자.

한 번은 고등학교 학생들에게 게임 디자인을 가르친 적이 있는데, 플레이테스트 후 한 명이 플레이테스터에게 "잘못 플레이했다"고 말한 적이 있다. 물론 플레이테스트에서 떠오른 게임의 약점을 이런 식으로 해석할 수도 있긴 하지만, 테스터들이 '잘못' 플레이했다면 디자인에서 해결해야 할 문제가 있다고 생각하는 편이 더 적절한 해석이다. 혹은 플레이어의 플레이 방식이 맞고, 디자인했던 플레이 방식보다 더 직관적이고 재미있을 지도 모른다. 둘 중 어떤 경우든, 이는 플레이테스트가 얼마나 중요한지 보여준다. 플레이어가 약점을 드러내 주는 것이야말로 비할 수 없이 중요하다는 것은 언뜻 직관에 벗어날지 모르지만 사실이다. 무언가 잘 안 되고 있다는 게 분명해지면 반드시 고쳐야 한다. 플레이테스트는 무엇이 제대로 작동하고 무엇이 아닌지 분명히 알게 해 준다. 그리고 게임을 향상시킬 길도 제시한다.

게임의 강점이 보일 때는 의도한 것과 의도하지 않은 문제점을 찾아보자. 일부는 예상한 것일 테지만 필연적으로 이전엔 보이지 않던 우려 사항이 나올 것이다. 문제는 아직 해결할 수 있을 때 발견하는 것이 낫기 때문에 이것은 좋은 일이다. 프로토타입의 강점과 약점에 집중해서 시간을 들이면 다음 단계인 게임 다듬기로 갈 수 있다.

해결책 구상

이제 모든 피드백을 취합했다. 이것을 게임 디자인에 가하고 싶은 실제의 변경으로 어떻게 바꿀까? 이제 반복 재적용용 디자인 사이클의 첫 단계인 컨셉 구상으로 돌아가야 할 때다. 많은 기법은 9장 '게임 컨셉 구상'에서 다뤘던 브레인스토밍, 디자인 동기와 디자인 가치의 확인과 동일하지만 맥락은 달라진다. 프로토타이핑, 플레이테스팅, 그리고 평가라는 하나의 사이클이 완료되고 나면 이제 우리 게임의 일부 측면을 플레이어의 눈으로 들여다본 것이다. 게임 디자인의 어떤 부분이 잘 작동하고 그러지 못하는지 경험했거나, 적어도 프로토타입에서 잡아낸 측면에 대해서는 경험한 것이다. 그렇기에 더욱 구체적인 피드백을 해석하고, 프로토타입에서 변경해야 할 것들을 식별하는 데에 더 많은 시간을 들여야 할 수도 있다. 따라서 우리는 디자인 과정의 초기에서나 플레이어블 프로토타입 단계의 후반이거나 다름없이 적용되는, 게임 수정과 관련한 판단을 내릴 때의 여섯 가지 접근법인 검토, 숙고, 브레인스토밍, 결정, 문서화, 그리고 스케줄을 추천한다.

검토

작업 중인 이슈에 대해 모두가 알게 하려면, 2단계 검토 프로세스가 특히 도움이 된다. 먼저, 플레이테스트 과정에서 발견된 강점과 약점을 검토하고, 팀이 이를 분명히 인지하고 잘못 해석되지 않도록 한다. 두 번째 단계는 팀의 디자인 가치를 다시 살펴서 피드백을 해석한 방식이 실제의 디자인 과제에 도움이 되어 우리가 처음 설정한 가치에 가까워지는지를 확인하는 것이다. 매 단계마다 디자인 가치로 돌아가, 게임 디자인에 우리가 내린 결정과 맞춰 전진할 수 있도록 하는 것은 악기를 조율하거나 자동차의 타이어 공기압을 조정해 휠 얼라인먼트를 조정하는 것과 마찬가지다.

숙고

강점과 약점, 디자인 가치를 마음에 새기고 나면 특정 이슈에 대해 숙고할 차례다. 가끔 이슈들이 서로 연결되어, 해결책을 결정하기가 훨씬 어려울 때도 있다. 필자들의 경우 종종 모두가 스스로 문제에 대해 생각할 시간을 가지고 주어진 이슈에 대한 아이디어들을 적고 나서 시작한다. 이러면 모두가 해결책에 대해 생각할 수 있다. 사람에 따라 생각하는데 걸리는 시간은 다르다. 10에서 15분을 줄 때도 있고, 며칠간 여유를 줄 때도 있다. 어떤 사람들은 조깅이나 낮잠, 설거지 중에 좋은 생각을 떠올린다. 이 모든 것은 이슈에 따라, 게임이 디자인 과정의 어느 단계인지, 그리고 여타 요인에 따라 달라진다. 하지만 일반적으로 이슈가 클수록 해결하는데 드는 시간은 더 길어진다.

브레인스토밍

숙고 단계가 지나면 한 데 모여 게임을 강화할 아이디어 브레인스토밍을 진행한다. 이때 모두가 볼 수 있는 곳에 아이디어를 게시하면 도움이 된다. 한 데 모여 일할 때는 화이트보드나 칠판, 혹은 모두가 볼 수 있는 컴퓨터 모니터를 사용한다. 원격으로 일할 때는 공유 문서나 가상 화이트보드, 또는 이 외의 공유 방법을 쓰자. 이런 논의는 모두가 아이디어를 나눌 수 있도록 포괄적으로 진행해야 한다. (브레인스토밍 규칙을 기억해 보자.) 논의 중인 각 이슈에 대한 아이디어를 모두 듣고 나면 이제는 어떤 해결책이 다음 프로토타입에 가장 적합한지 생각하기 시작할 때다. 종종 아이디어는 여러 개가 합쳐지고 더러 새로운 아이디어로 이어지기도 한다. 이런 아이디어 역시 취합하자.

여러분의 디자인 해법을 위한 브레인스토밍에서 참고할 두어 가지를 알려주겠다. 이 지점쯤 오면 프로토타입으로 만들어서 확인해 보고픈 새로운 아이디어들이 나올 것이다. 좋은 일이긴 하지만, 주의도 기울여야 한다. 바로 이럴 때 디자인이 과해질 위험이 생기기 때문이다. 다음번 프로토타입과 플레이테스트에 반드시 넣어야 할 것과 우선순위가 떨어지는 것을 구분하는 것이 핵심이다. 이때 나온 아이디어가 근사해 보인다 해도, 현재 게임에 딱 들어맞지는 않을 수 있기 때문이다. 그러므로 적어두고, 향후 프로젝트를 위해 저장해 두자.

결정

논의한 모든 옵션과 그 장점을 가늠해 봤다면 팀은 어떤 해결책을 적용할지 결정해야 한다. 어떤 것이 올바른 결정인지는 어떻게 알 수 있을까? 때로는 분명하지만, 알아내기가 정말 어려울 때도 있다. 하지만 디자인 가치를 늘 염두에 두면 어떤 것이 게임에 최선인지 정하는데 도움이 된다. 팀 내에서 해결책들을 두고 논쟁하는 데에 너무 많은 시간을 들이기보다는 뭐가 됐든 결정을 내리는 것이 낫다. 다음 프로토타입 적용으로 진행하는 것이 완벽한 아이디어를 구상하는 것보다 나으므로, 가능할 때마다 디자인 가치의 측면에서 실행에 옮길 수 있는 결정에 무게를 두도록 하자.

문서

결정을 내렸다면 이제는 팀 내에서 해결책을 실현할 수 있게끔 과제를 나눌 때다. 먼저 게임 디자인 문서에서 수정해야 할 부분을 찾자. 그런 다음 이 부분들을 일련의 과제로 전환한다. 모두 자신이 맡은 부분을 잘 알도록 해야 한다. 7장 '게임 디자인 문서화'에서 설명했던 관리용 스프레드시트와 비슷한 것을 활용하면 도움이 된다.

스케줄

일단 모두 자신이 해야 할 일을 알았다면 팀은 다음 프로토타입을 완성할 스케줄에 합의해야 한다. 게임의 규모에 따라, 프로세스의 어느 지점에 와 있는지, 다른 팀원들이 이 프로젝트 외에 어떤 일들을 하고 있는가에 따라 몇 시간이 될 수도, 며칠이나 몇 달이 될 수도 있다. 역시 관리용 스프레드시트를 사용하면 모든 세부 사항을 정리하는데 편하다.

요약

평가는 반복 적용 게임 디자인 프로세스에서 도전적이고 복잡한 단계 중 하나지만, 게임이 더 향상되는 단계이기도 하다. 충분히 시간을 들여 플레이테스트 피드백을 검토하고, 팀이 모여서 이를 논의하고 진단하는 것이 중요하다. 기본 게임 디자인 툴과 플레이어들이 게임을 할 때 활용했던 메커니즘을 고려하고, 성급히 결론을 내리기보다는 브레인스토밍을 통해 해결책을 찾아내자. 물론, 이 모든 사항은 디자인 가치에 의해 진행하고 문서화해야만 게임을 완성하여 출시하기까지 올바른 길을 따라갈 수 있다.

다음은 디자인 평가의 단계다.

1. **검토**: 플레이테스트 중 알게 된 강점과 약점을 확인하고, 디자인 가치를 검토하여 디자인이 올바른 방향으로 가고 있는지 확인한다.

2. **숙고**: 강점과 약점, 디자인 가치를 마음에 새기고, 피드백과 가능한 해결책에 대해 시간을 들여 숙고한다.

3. **브레인스토밍**: 9장에 소개했던 기법을 활용하여 게임을 강화할 아이디어들을 브레인스토밍한다.

4. **결정**: 논의한 모든 옵션과 그 장점을 가늠해 봤다면 팀은 어떤 해결책을 적용할지 결정해야 한다.

5. **문서**: 먼저 게임 디자인 문서와 설계도에서 수정해야 할 부분을 찾고, 과제 목록의 과제들로 나눈다.

6. **스케줄**: 일단 무엇을 해야 할지 알았다면 팀은 다음 프로토타입을 완성할 스케줄에 합의해야 한다.

13장

디자인에서 제작으로

반복 적용 게임 디자인 사이클을 처음 끝내는 것은 게임 디자인 과정의 끝이 아니라 시작일 뿐이다. 게임이 이 프로세스를 얼마나 여러 번 반복해야 할지는 게임마다, 또 팀에 따라 다르다. 디자인 단계가 언제 완료되는지를 판단하기 역시 쉬운 일이 아니다. 이 장에서는 반복 적용 프로세스를 진행하는 다양한 게임 디자이너들의 다양한 방식 중 일부를 살펴보고, 디자인이 언제 완성됐다고 할 수 있을지 생각해 본다.

"도전했다. 실패했다. 상관없다. 다시 도선하라. 다시 실패하라. 더 멋지게 패배하라."**1**

이 명언은 새무얼 베켓이 반복 적용이 우리에게 가르쳐주는 귀중한 교훈, 즉 창의력은 성공보다는 실패에서 온다는 것을 한 마디로 압축한 것이다. 실패를 받아들이고, 시간을 들여 실패를 좋은 게임 제작의 원재료로 사용하는 것, 이것이 바로 반복 적용 디자인이 가진 힘이다. 우리는 반복 적용 사이클을 활용할 때 컨셉 구상 단계에서 이론화한 질문을 제기하고, 프로토타입 단계에서는 이것을 형상화하며, 플레이테스팅 단계에서는 답을 하고, 평가 단계에서는 그 답을 해석한다. 그리고 이 과정이 다음번 질문으로 이어지고, 그렇게 다음 번 반복 적용 순환이 시작된다. 가끔 이런 사이클을 여러 번 반복하여 똑같은 질문에 대한 다른 답을 찾아보기도 한다. 그리고 하나의 반복 적용 사이클에서 질문에 대해 만족스러운 해답을 찾게 되면 다음번 반복 적용 사이클은 게임의 다른 측면으로 진행해도 된다.

컨셉 구상, 프로토타입, 플레이테스트, 평가 단계가 널리 쓰이긴 하지만, 반복 적용 사이클을 실제로 진행하는 방법론에는 여러 접근 방식이 있다. 반복 재적용이라는 접근법을 거의 사용하지 않는 경우를 포함하여 그 다양성을 독자들이 가늠할 수 있게끔, 우리는 네 개의 케이스 연구를 통해 반복 적용 게임 디자인 프로세스에 대한 여러 접근법을 보여주려 한다. 네 개의 예제는 각각 디자인 가치, 사용하는 기술적 툴, 그리고 가장 중요하게는 게임 제작자가 제공하고자 하는 플레이 경험의 종류에 따라 서로 다른 반복 적용 프로세스를 보여준다. 예제는 로컬 넘버 12의 메타 게임, 디 구트 파브릭의(Die Gute Fabrik)의 요한 세바스챤 저스트, 테일 오브 테일스의 더 패스, 애나 앤트로피의 세상 끝의 동성 연인들이다.

사례 연구: 메타 게임

메타 게임(그림 13.1 참고)은 필자 둘이 다 참여했던 파티 게임이었는데, 반복 재적용 사이클 동안 게임 쇼에서 컨퍼런스 게임, 다시 파티 게임에서 아트 프로젝트, 그리고 다시 파티 게임으로 아주 다양한 최종 게임의 형태가 만들어졌다. 프랭크 란츠(Frank Lantz)와 에릭 짐머만이 MTV 게임 쇼를 위한 디자인으로 시작한 메타 게임은 일종의 게임 플랫폼이 되어, 지

---

1 베켓의 소설, 워스트워드 호(Worstward Ho), 1983.

금 현재의 필자와 에릭 짐머만의 회사인 로컬 넘버 12의 파티 게임 형태가 되면서 새 생명을 얻게 됐다. 원래의 아이디어에서 첫 번째로 다시 디자인한 것은 2011 게임 개발자 컨퍼런스(GDC)에서 수집 카드 게임으로 만든 것이었다. 우리는 이미 GDC에서 발표된 것들과 자연스럽게 들어맞는 게임을 만들고 싶었다. 그리고 사람들이 컨퍼런스 세션 사이에 저녁 늦게까지 다양한 비디오 게임의 장점에 대해 논쟁하며 많은 시간을 보낸다는 점을 알아챘다. 그래서 이미 존재하는 행동양식을 기반으로 게임을 개발할 수 있는 방법을 찾아봤다. 게임 플레이, 아트 디렉션, 규칙 정리, 심지어 컨퍼런스 참석자들에게 카드를 어떻게 나눠줄지를 정하는 데에 여섯 달 가량이 소요됐다. 우리는 재직하는 학교와 소규모 컨퍼런스, 그리고 소수의 친구들을 모아, 그야말로 기회가 닿는 대로 플레이테스트를 진행했다. 이런 노력이 결실을 맺어, GDC에서 메타 게임의 컨퍼런스 게임 버전이 채택되어 컨퍼런스가 끝날 무렵에는 3,000명이 넘는 사람들이 이 게임을 플레이했다.

그 주 끝에 우리는 일 년 후 출시한 풀 데크를 제작하기 위한 킥스타터(Kickstarter) 캠페인을 개시했다. 그러려면 그저 기존 카드를 가져와서 박스로 포장하는 이상의 일이 필요했다.

그림 13.1 수년 간 만들어진 메타 게임 프로토타입들의 샘플

컨퍼런스의 플레이 세션이 대규모 플레이테스트가 되었기에, 우리는 카드에 넣어야 하는 정보의 종류, 이미지 처리에 대한 접근법, 카드에서 발생하는 대화 등을 배울 수 있었다. 이 모든 정보를 이용해 우리는 게임에 수정을 가했다. 그리고 게임에 대해, 또한 다양한 플레이 맥락에 어울릴 콘텐츠에 대해 다시 생각해야 했다. 컨퍼런스 홀과 바 대신, 이제는 거실, 교실, 그 밖의 장소에 어울리게 디자인해야 했다. 기본 게임 구조를 수정하고, 소규모 그룹과 맥락에서 쉽게 할 수 있는 새로운 플레이 모드를 추가하기 시작했다. 그래서 플레이 모드들과 이를 담아내는 규칙 설명집 마련에 빡빡한 반복 적용 사이클 기간이 이어졌다. 이런 일과 병행하여 우리는 새로운 카드 아이디어와 일러스트레이션도 작업했다.

메타 게임 비디오 게임 에디션의 박스 버전을 출시하면서 우리는 아트 매거진 에소푸스 (Esopus)를 위한 프로젝트로 접근했다. 우리는 메타 게임의 다른 버전을 만들기로 하고, 이번에는 비디오 게임의 콘텐츠에 영화에서 패션, 문학에서 순수 예술 등 온갖 문화를 망라하여 확장하기로 했다. 그래서 콘텐츠를 확대하는 새로운 반복 적용 단계로 이어지면서, 동시에 새로운 플레이어에게 플레이 모드가 납득되도록 하고, 더불어 카드의 크기와 잡지에 어떻게 넣을 수 있을지를 다시 고민했다.

에소푸스 독자들의 반응은 대단했고, 덕분에 우리는 더 폭넓어진 콘텐츠를 담아내는 박스 버전의 출시를 위한 킥스타터 캠페인을 다시 열 용기를 얻었다. 현재의 버전에는 포커에서 낚시까지 무엇이든 플레이할 수 있는 전통적 카드 덱 같이, 덱으로 플레이할 수 있는 열 가지 게임이 들어 있다. 이전 버전과 마찬가지로 우리는 콘텐츠와 덱으로 플레이할 수 있는 게임을 수백 번 반복 적용했고, 처음에는 인덱스카드를 사용했지만 나중에는 좀 더 진짜 카드 같은 느낌을 주기 위해 소규모 인터넷 프린터로 출력하여 작업했다. 우리는 다양한 연령과 문화적 배경의 사람들을 모아 플레이테스트를 진행해, 가족이 명절 식사 후 함께 할 수 있는 세대를 아우르는 모임에 매력적으로 잘 조합된 콘텐츠를 엮었다. 콘텐츠의 대부분은 이런 플레이테스트에서 영감을 얻었으며, 사람들은 TV 쇼, 패션 디자인, 예술품의 이것저것을 자연스럽게 추천했다.[2]

---

2 이 게임의 시각 디자인의 반복 적용에 대해 더 자세히 살펴보려면 존의 에세이, "메타 게임 카드가 스포츠 카드 스타일에서 사전 스타일로 변한 과정(How the Metagame Cards Went from a Sports Card-Like to Dictionary Chic)" www.heyimjohn.com/metagame-card-design/을 찾아보자. 2015.

그렇게 메타 게임은 5년에 걸쳐 다양한 콘텐츠, 대상층, 형태를 탐구한 반복 적용의 과정을 기록하게 됐다. 플레이 모드, 대상층, 콘텐츠가 변화하면서도, 대중문화에 대해 이야기하는 장난스러운 구조를 제공한다는 게임의 우선적인 목표는 변한 적이 없다. 이렇게 목표에 집중함으로써 우리는 게임의 연속적인 버전 각각에 대해 분명한 목표를 세울 수 있었고, 거의 모든 것을 바꾸면서도 플레이 경험의 중심은 고스란히 유지할 수 있었다.

사례 연구: 요한 세바스찬 저스트

또 다른 파티 게임인 요한 세바스찬 저스트(그림 13.2 참고)는 훨씬 짧은 시간 내에 디자인이 완성됐다. 사실, 코어 플레이 경험은 2011 노르딕 게임 잼(Nordic Game Jam)에서 48시간 만에 완성됐다. 이렇게 짧은 시간 안에 디자인 프로세스를 마치긴 했지만, 게임의 디자이너인 더글러스 윌슨은 사실 이 게임이 모션 감지 컨트롤러를 연구하는 훨씬 긴 과정에서 시작됐다고 설명한다. 더글러스와 동료들은 당시엔 실패한 프로젝트로 여겨졌던 모션 컨트롤러를 실험하는 동안 귀중한 교훈을 얻었고, 결국 이것이 더글러스가 J.S. 저스트를 만들어내기 위해 적합한 실험이 되어준 것이다. 모션 감지 컨트롤러가 어떻게 활용될 수 있는가에

그림 13.2 요한 세바스찬 저스트. 엘리엇 트리니다드(사진 제공). 인디케이드(IndieCade) 국제 독립 게임 페스티벌의 허가를 받아 게재.

대힌 기술직 실험과 이를 통해 쌓은 시식은 게임 샘에서 화면이 중간에 들어갈 필요 없이 플레이어 간의 상호작용만을 강조하는 게임, 즉 비디오 요소가 없는 비디오 게임을 만들 방법을 찾는 데 활용됐다. 잼 동안 이런 기술의 실험에서 코어 게임을 구상한 후, 멀티플레이면서 화면의 영상 요소 대신 음악을 핵심 요소로 활용하는 데에 초점을 맞췄다.

원래의 의도는 플레이어들이 컨트롤러가 흔들리지 않게끔 슬로우 모션으로 하는 경주 게임을 만드는 것이었다. 그래서 더글러스와 동료들이 컨트롤러의 민감도를 테스트하는 중 우연히 행운이 찾아왔다. 더글러스의 설명을 들어보자.

> "닐스와 내가 방의 반대편에서 서로에게 걸어가다가 문득 돌파구가 찾아왔다. 서로를 마주 보고 걸어가다 보니, 둘이 서로 장난기가 발동해서 서로 닿을 거리가 되자마자 상대가 지게 만들려고 서로 밀친 것이다. 바로 그 순간, 우리가 실제로 게임에 원한 것은 서로 적이 되어 결투를 벌이는 것이라는 점이 분명해졌다. 어떤 면에서 보면 내가 J.S. 저스트를 '디자인했다'고 하는 데에는 논쟁의 여지가 있다. 내가 보기엔 닐스와 내가 다소 협업하여 이 게임을 만들었다는 편이 맞을 것 같다."[3]

이것은 디자인과 플레이테스팅이 어떻게 뒤얽히며, 때때로 어떤 기술을 가지고 놀기 시작해 보면 게임의 재미 요소를 발견할 수도 있다는 좋은 예제다. 더글러스는 이런 접근법을 '장난감 중심(toy-centric)' 디자인이라고 부른다. 새로운 기술인 모션 컨트롤러를 플레이에 접목할 방법을 연구함으로써 더글러스는 이런 컨트롤러를 게임을 구성하는 장난감으로 변모시켰다. 그리고 동시에 컨트롤러의 균형을 잡으면서 상대의 컨트롤러를 쳐내려 하는 플레이어들에 집중함으로써 더글러스와 협업자는 게임 디자인에 딱 들어맞는 장난감을 찾아냈다. 그 다음 24시간 동안 더글러스는 코어 플레이 경험의 코드를 작성했다.

2년여 간, 이 게임은 최대 16명까지 자기 컨트롤러를 들고서 더글러스나 그 외의 다른 사람이 기본 지시를 한 다음 게임 진행을 기술적으로 지원해야 하는 모습을 유지했다. 이 이벤트는 코어 게임의 플레이테스트 역할을 했고, 더글러스는 거의 언제나 현장에서 준비를 하

---

3 더글러스 윌슨의 박사 논문 120페이지에서 인용, "논쟁의 기쁨을 위한 디자인, 혹은 걸어 차며 친구 사귀기!(Designing for the Pleasures of Disputation—or—How to Make Friends by Trying to Kick Them!)", 2012.

고 게임을 진행했다. 이로써 플레이와 게임 소프트웨어에 작은 개선이 적용될 수 있었다.

그래서 몇 년 후, J.S. 저스트는 로컬 멀티플레이어 컴필레이션인 스포츠프렌즈(Sports-friends)라는 이름으로 플레이스테이션으로 출시되었으며, 기본 디자인은 첫 48시간에 개발된 것과 큰 차이가 없다. 물론 게임 잼에서 만든 코드를 플레이스테이션 플랫폼에서 작동하도록 포팅하는 일은 쉽지 않았다. 기술에도 변화가 있었고 (위리모트에서 PS 동작 컨트롤러로) 플레이어 피드백에 의한 세밀한 조정도 적용됐으며, 플레이어들이 스스로 게임을 진행할 수 있도록 하는 인프라스트럭처도 구성됐다. 가장 큰 도전은 사람들이 직접 게임을 구동할 수 있도록 하는 자립형 시스템의 개발이었다. 이를 위해서는 플레이어들에게 게임 방법과 게임 설정을 차근차근 알려주기 위한 인터페이스와 메뉴 시스템의 개발이 필요했다. 디자인과 적용에 2년이 걸렸는데, 최초의 디자인에 비해서는 엄청난 시간이 걸린 것이다.

J.S. 저스트를 통해 우리는 마치 마법처럼 짧은 시간 안에 형태를 갖출 수 있는 게임도 있다는 것을 알 수 있다. 하지만 게임 잼 이전에 모션 컨트롤러의 실험에 수년이 걸렸으며, 그후 자립형 게임 버전을 디자인하고 개발하는 데에 2년 넘는 시간이 걸렸다는 사실도 그만큼 중요하다. 할리우드에서 J.S. 저스트의 메이킹 스토리를 만든다면 첫 48시간에 초점을 두겠지만, 노르딕 게임 잼에서 디자인이 확실한 형태를 갖춘 그 순간 외에도 실제 만드는 데에는 4년이 걸렸던 것이다.

사례 연구: 더 패스

테일 오브 테일즈의 더 패스는 앞의 두 예제와는 아주 다른 반복 적용 접근법을 택했다. 게임 플레이에 대한 아이디어나 신기술에서 재미 요소를 찾는 데에서 시작하는 대신, 아우리아 하비와 미카엘 사민은 설정(숲에 난 오솔길), 스토리(빨간 모자), 그리고 장르(호러)에서 출발했다. 이 모든 디자인 동기는 게임의 개발을 지원하는 제안서를 작성하는 과정에서 만들어졌는데, 이 책에서 제약 요소로 자금을 다룬 적은 없지만 실제로는 어떤 개발 과정이든 자금이 큰 걸림돌로 작용한다. 이들이 받은 지원금은 그리 크지 않았기에 초반에는 이미 편하게 사용하던 툴을 활용하고 이전에 작업해 본 엔진을 선택했다. 이전 프로젝트였던 무한의 숲(The Endless Forest)에서 환경 렌더링 시스템을 가져오고, 일부가 완료된 프로젝트인

드라마 프린세스(Drama Princess)기 개릭디 행동양식 매니저 역할로 변경됐다.

설정, 스토리, 장르, 툴을 결정한 후에도 게임에 대해 생각해야 할 것들이 한참 남아 있었다. 이 게임의 사운드 트랙을 함께 작업했던 크리스 포스와 자보의 음악에서도 큰 영감을 받았다. 이들의 음악은 아우리아와 미카엘이 게임에 담아내고자 했던 무드와 감정적 분위기를 공고히 만들어줬다.

이것이 이전 예제들과 더 패스(그림 13.3 참고)가 구분되는 지점이다. 게임의 감정적 영향을 플레이테스트하기 위해서는 환경, 아트, 사운드를 제대로 개발해야 했다. 다시 말해, 환경의 모델링과 텍스처링, 그리고 이벤트 사운드와 음악의 코딩이 상당히 완성도 높게 들어가 있지 않았다면 플레이테스트하기 어려운 작품이었다. 그래서 이들은 디자인 사이클 초기부

그림 13.3 오리아 하비가 그린 더 패스의 플레이테스터 스케치

터 게임 플레이보다는 내비게이션이 가능한 월드 제작에 집중했다. 감정적인 반응을 테스트하기 위해 때로는 아트와 미디어를 프로토타입으로 만들어야 했다. 아우리아와 미카엘은 늘 외부 플레이테스터와만 테스트하진 않았지만, 더 패스에서는 게이머와 비 게이머 양쪽 모두의 관심을 끄는 것이 목표 중 하나였기에 제대로 되고 있는지 확인하려면 플레이테스트 밖에 방법이 없었다. [그림 13.3]을 보면 아우리아와 미카엘이 플레이테스터를 얼마나 세심히 관찰했는지 알 수 있다. 아우리아는 게임을 플레이하는 플레이어들을 스케치했다.

이들이 게임 제작에 활용한 엔진인 퀘스트 3D 개발 환경 자체에 '라이브 코딩'적 성질이 있기에 프로토타이핑과 플레이테스팅 사이의 구분이 희미해지는데, 이것은 반복 적용 프로세스에는 흔치 않은 면이기도 하다. 캐릭터의 행동양식을 변경하면 마치 다른 세상 속의 살아 있는 존재들의 동기가 바뀌기라도 한 것처럼 실시간으로 적용된다. 하늘의 색깔이나 식물군의 크기 변경은 즉시 일어나며, 환경 내의 다른 요소들도 함께 변화한다. 근본적으로, 아우리아와 미카엘은 게임을 프로토타이핑하면서 동시에 실시간으로 월드 안에서 플레이와 수정을 동시에 처리하며 인형 놀이를 하듯 플레이테스트까지 한 것이다. 그래서 플레이어블 프로토타이핑과 내부 플레이테스팅이 유연하게 진행될 수 있었다. 사실, 이런 프로세스인 덕분에 아우리아와 미카엘은 플레이테스팅 과정에서 많은 디자인적 결정을 내릴 수 있었다.

결국, 완전히 구현된 게임 월드의 내부적 외부적 플레이테스팅을 충분히 거친 후 게임 플레이가 나왔다. 두 사람은 일련의 어드벤처 게임풍 퍼즐과 오브젝트 수집 목표를 디자인하고 적용했다. 그리고 크리스 포스와 자보가 완성한 사운드 트랙을 듣고 나서는 게임 플레이를 급격하게 변경했다. 게임의 액션과 음악이 잘 어울리지 않는다는 것을 깨달았던 것이다. 두 사람은 자신들이 디자인한 소소한 퍼즐 풀기 과제를 대폭 삭제하고 게임을 탐험과 발견에 가깝게 만들었다.

이것은 디자인 가치를 지키는 훌륭한 예로, 게임이 추구하는 감정적 톤을 잘 잡아내고, 잘 들어맞지 않는 부분이라면 애착이 가더라도 미련 없이 버려야 한다. 더 패스의 반복 적용 프로세스는 처음으로 게임을 만드는 학생들에게는 추천하고 싶지 않다. 그 이유는 플레이어블 프로토타입과 플레이테스트에 도달하기까지 오랜 시간이 걸리며, 아트를 제작하는데 엄청난 공을 들이고는 결국 모두 버려야 할 수도 있기 때문이다. 하지만 더 패스 프로젝트

틀 시작할 때 아우리아와 이전 프로젝트에 투입했던 수천 시간의 작업 결과물을 개발 프로세스에서 사용하고 이를 통해 범위를 가늠할 수 있었다. 따라서 '직접 시도해 보지는 말기'를 바라긴 하지만, 감정적인 영향을 불러일으키며 디자인 가치에 성실한 디자인의 독보적인 예라는 점만은 강조하고 싶다.

사례 연구: 세상 끝의 동성 연인들

마지막으로 연구해 볼 사례는 애나 앤트로피의 트와인(Twine) 게임 세상 끝의 동성 연인들(그림 13.4 참고)이다. 경험 많은 게임 디자이너로 다양한 개발 환경 하에서 일할 수 있었지만, 애나는 누구든 컴퓨터만 있고 기본적인 영어 구사력만 있으면 게임을 만들 수 있는 툴인 진입 장벽이 낮은 트와인에 끌렸다. 애나에게는 트와인 게임을 프로그래밍이나 비주얼 디자인 없이 만들어내서 게임 제작자를 꿈꾸는 이들에게 하나의 모델을 제시하는 것이 중요했다. 이렇게 게임 제작 도구로서 트와인의 접근성을 보여준다는 게임의 중요한 디자인 가치가 정해졌다.

그 좀 전에 애나는 S. 아스트리드 빈(S. Astrid Bin)의 트와인 게임 패닉!(PANIC!)에서 모든 플레이어가 결정을 내려야 하는 타이머라는 흥미로운 기능을 발견하고는, 모든 트와인 게임의 읽고 생각해 본다는 코어 액션에 추진력을 가하는 영리한 도전을 추가하기에 좋다고 생각했다. 이 기능에는 프로그래밍이 필요했기에 애나는 나중에 구현할 아이디어로 미뤄뒀다.

그리고 좀 지나자 누군가 트와인에 타이머를 추가하는 작은 오픈 소스 코드를 출시했고, 애나는 이를 게임에 활용해야겠다고 생각했다. 그리고 애나는 다가오는 루둠 데어(Ludum Dare)가 10초짜리 게임에 도전하는 테마로 열린다는 것을 알게 된다. (루둠 데어는 48시간에 걸쳐 치르는 게임 잼으로, 매 회마다 테마가 정해져 있다.) 그래서 애나는 트와인 타이머를 활용하자는 생각에 이르렀다. 루둠 데어에 참가하지는 않았지만, 애나는 10초만 지속된다는 제약 기반의 대표적 게임을 만들기로 결심했다. 또한 이 게임에서 시간을 제약으로 활용할 때 실력이나 퍼즐 풀이가 아니라 이를 사회적인 압박으로 활용하고자 마음먹었다.

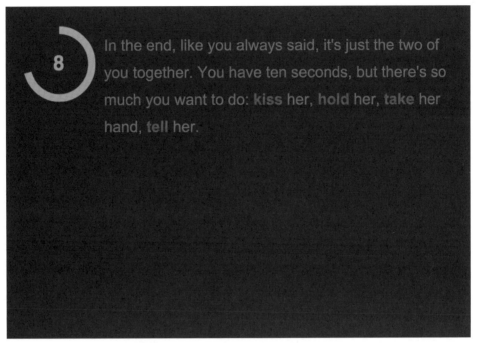

In the end, like you always said, it's just the two of you together. You have ten seconds, but there's so much you want to do: kiss her, hold her, take her hand, tell her.

그림 13.4 세상 끝의 동성 연인들의 스크린샷

당시 원거리 연애를 하고 있던 애나는 애인과 충분한 시간을 보내지 못하는 것이 늘 안타까웠다. 그녀는 늘 시간을 최대한 활용해야 하는 입장이었기에 애인과 있을 때 정말 필요한 것이 무엇인지 늘 고민해 결정해야 했고, 애인에게도 최선을 다해주길 기대하는 상황에 대해 곰곰이 생각하기 시작했다.

그렇게 세상의 종말까지 단 10초만이 주어진 동성 커플이라는 게임의 테마가 탄생했다. 그녀는 트와인의 첫 번째 분기 구조에 "키스한다, 안아준다, 손을 잡는다, 말해준다."라는 선택지를 빠르게 생각해 냈다. 그리고 나서 "키스한다"를 선택하면 나오는 경로들을 작업하기 시작했다. 각각 선택을 내릴 때마다 더 많은 결정들이 생겨나서, 애나는 수백 가지 선택지를 써내려가게 됐다. 이 게임의 시적 느낌은 부분적으로는 각 선택지가 충동적이며 솔직한 마음을 드러내는 데에서, 그리고 짧은 시간이 줄어들며 다급함이 커지는 데에서 온다. 이 느낌을 유지하기 위해 애나는 편집을 최소한만 하여, 맞지 않는다고 느껴지거나 동성애자 여성인 자신의 경험에 반하는 결정만 수정했다.

세임이 나급한 느낌에 지중해 있는 동시에 사랑하는 이와 있을 때 시간이 주는 압박감에 대한 것이기도 하기에 플레이테스팅 과정 역시 이전의 사례들과는 달랐다. 애나는 플레이테스팅에서 타이머가 항상 작동하지 않는다거나, 분기의 내러티브 중 작동하는 것이 없는지를 확인했다. 즉, 게임을 더 향상시킬 아이디어를 찾거나 게임에 콘텐츠를 추가할 의사는 없었고, 단지 게임이 디자인한 대로 플레이가 가능한지를 확인했다.

애나의 컨셉, 디자인, 플레이테스팅은 분명히 몇 달 간에 걸쳐 진행됐지만, 다른 사례 연구에서 디자인의 일부로 이용됐던 사이클은 존재하지 않았다. 세상 끝의 동성 연인들은 이 책에서 설명한 반복 적용 게임 디자인의 개념에는 딱 들어맞지 않는다. 우리는 모든 게임 제작에 다 반복 적용 프로세스를 반드시 적용해야 하는 것은 아니란 점을 보여주기 위해 이 게임을 마지막 사례 연구로 택했다. 게임 디자인이나 프로그래밍 경험이 있는 사람이라면 트와인을 사용할 만 하다는 것을 애나가 보여주고 싶었던 것처럼, 여러분도 반복 적용 프로세스에 대한 깊이 있는 지식이 게임 제작의 필수 요소가 아니라는 점을 알아둘 필요가 있다. 똑같은 견지에서, 반복 적용 디자인 과정에 투입할 수 있는 시간과 자원은 가늠하기 어렵다. 때로는 짧은 시간 내에 게임을 만들어야 할 수도 있는 것이다.

디자인이 끝났는지 어떻게 아나

파트 III '실행'편에서 분명히 짚었듯이, 반복 적용 디자인 프로세스는 시간과 인내심, 노력이 많이 필요하다. 하지만 이것은 게임 제작의 첫 단계인 디자인 부분이기도 하다. 게임을 만들려면 또 다른 단계인 제작 역시 필요하다. 제작은 게임의 디자인, 기술적 계획, 그리고 관련된 준비 작업이 완료되고 이제 최종적 게임을 구축할 일만 남아 있는 단계다. 물론 팀이 이미 디자인 과정 중 반복 적용 사이클을 통해 반복적으로 여러 번 게임을 구축했을 수도 있다. 하지만 이것은 컨셉 구상, 프로토타이핑, 플레이테스팅, 그리고 게임 디자인의 평가를 위한 것일 뿐이다. 이 과정은 탄탄하고 스트레스 테스트를 거친 소프트웨어 구축이 아니었다.

반복 적용 디자인의 규칙은 빨리 실패를 맛보라는 것이다. 반복 적용 동안 팀은 최종적 게임에 대해 생각하되, 일을 제대로 해 내기 위해 오랫동안 매달리는 일은 피해야 한다. 실패할 것을 알고 있는데 모든 것을 완벽하게 만드느라 시간을 낭비할 필요가 어디 있는가? 하지만 제작 과정에서는 그 반대가 적용된다. 실패하지 않기 위해 모든 것을 제대로 해 내야 하며, 팀은 게임의 인터넷 트래픽을 처리하기 위해 완벽한 서버 코드를 만들어야 하고, 플레이어가 서로 상호작용하는 모든 일을 견딜 수 있게 충돌 방지 코드의 디버깅도 해 내야 한다.

그래서 어떤 단계를 반복 적용과 디자인에서 빼고 제작으로 이관해야 하는지를 게임 디자인에서 정해야 한다는 까다로운 문제가 대두된다. 그럼 제작에 돌입할 때가 됐다는 건 어떻게 알 수 있을까? 언제 프로토타입 구축과 테스팅을 그만하고 사람들이 진짜 보고 플레이할 최종 게임을 구축해야 할지 어떻게 판단해야 할까?

- **완성된 게임 프로토타입**: 일단, 팀이 최소한 한 번은 완성된 게임 프로토타입을 만들었어야 한다. 여기에는 게임 플레이, 메뉴, 점수, 버튼 같은 게임의 인터페이스 요소, 아트 디자인, 사운드 디자인 등 게임의 모든 기능이 포함되어 있어야 한다. 다시 말해, 경험을 만들어내는 모든 요소가 결정되고 확정되어야 한다.

  완전히 테스트를 거친 게임 프로토타입을 테스트했다면, 어떤 이슈가 아직 남아 있는지 상당히 확실해져 있을 것이다. 그리고 이제 눈앞에 커다란 디자인적 결정의 갈림길이 남아 있어선 안 된다. 또한 사운드나 그래픽에 대한 어려운 결정도 남아 있어선 안 되며, 게임을 어떤 플랫폼으로 출시할지 몰라서도 안 된다. 이제는 다만 게임에서 마무리하지 못한 요소들을 완성하는 일만 남아 있어야 한다.

- **플레이테스팅**: 완성된 게임 프로토타입에서 게임의 디자인이 상당한 플레이테스팅과 수정 보완을 거쳤는지 확인하자. 확신을 가지려면 팀은 타깃층의 테스트를 거쳐야 한다. 이들의 피드백은 게임의 시금석이 되어 디자인 가치에 얼마나 부합하는지 보여준다. 새로운 플레이어와 경험 있는 플레이어의 플레이테스트 역시 큰 도움이 된다. 새로운 플레이어의 플레이테스트는 게임의 학습 곡선이 어떤지 이해하게 해 준다. 그리고 경험 있는 플레이어의 플레이테스트는 게임이 반복 플레이를 유도할 수 있는지, 반복할 때 재미가 떨어지거나 여러 번 플레이하면 지나치게 쉽게 느껴지는지 알려준다.

- **아트 디렉션:** 게임의 그래픽과 사운드 디자인에 대한 고려 역시 중요하다. 팀은 아트와 사운드에 대한 디렉션 샘플이 있을 것이다. 그렇다고 해서 모든 에셋이 마련됐다는 뜻은 아니다. 예를 들어, 게임에 수많은 공룡이 나온다고 하면 이미 스테고소러스, 벨로시랩터, 테로딕틸 같은 몇 개의 샘플 공룡은 디자인했겠지만, 티라노소러스 렉스, 브론토소러스, 트리세라톱스는 아직 견본으로만 됐을 수도 있다. 팀이 모든 공룡의 코드와 게임에서의 상호작용을 테스트하고 나서도, 최종 모델, 텍스처 등 남아 있는 작업이 있다. 이것이 바로 제작이다.

- **코드:** 팀이 완성된 게임 프로토타입의 모든 코드를 작성하고 테스트했어도 최적화와 클린업이 남아 있고 코드 리뷰도 필요하며, 물론 최종 아트와 사운드 에셋을 적용하는 작업도 필요하다. 코드에 있는 버그를 처리하기 위한 최종 테스트도 진행해야 한다. 한 발 물러나서 제작에 지침이 되도록 최종 소프트웨어를 위한 계획을 세우는 것이 현명한 길이다. 코드가 어떻게 작동하는지, 다양한 라이브러리는 어떻게 상호작용하는지 다이어그램을 만들어 두면, 팀이 코드를 정말 최적화하고 제작 기간을 좀 더 단축할 방안을 찾을 수 있다.

- **텍스트:** 게임에 글이 들어간다면 대부분은 완성된 게임 프로토타입에서 작성되어 테스트를 거치겠지만, 정확하고 일관된지 확인하기 위해 최종 편집을 하고 싶을 수도 있다.

- **디자인 가치:** 팀은 완성된 게임 프로토타입을 디자인 가치에 비교해서 검토해야 한다. 완성된 게임 프로토타입에서 디자인 가치를 얼마나 근접하게 실현했는가? 플레이어들이 완성된 게임 프로토타입을 테스트할 때 모든 디자인 가치에 부합했는가? 게임에서 이런 가치를 더 강하고 확실하게 표현하기 위해 추가하거나 빼야 할 것이 있는가?

- **문서화:** 게임이 디자인에서 제작 단계로 넘어갈 준비가 됐다는 분명한 표지 중 하나는 게임 디자인 문서와 설계도가 마침내 게임의 전체적인 경험을 담아냈을 때다. 이것이 게임의 비주얼과 사운드 제작을 위한 상세한 제작 요건과 인터페이스 및 메뉴를 위한 정확한 설계도를 포함하여 제작의 청사진 역할을 할 것이다.

이 모든 것들이 완료됐다면 팀은 이제 반복 적용을 끝내고 제작으로 넘어갈 준비가 됐다고 할 수 있다.

제작 준비

팀이 이미 컨셉 구상, 프로토타이핑, 플레이테스팅, 평가의 반복 적용 사이클에서 벗어나 게임의 최종 제작 단계로 접어들었다면 이제 제작 계획을 만들어야 한다. 제작 과정은 제대로 준비하지 않으면 정말 힘든 일이 될 수 있다. 디자인 과정의 달콤한 기간은 이미 끝났다. 흥미로운 결정들이 모두 내려졌고, 이제는 그대로 실행하는 일만 남았다.

게임 디자인 문서, 설계도, 기타 자료들을 검토하고 업데이트했다면, 다음 단계는 제작 계획을 잡는 것이다. 이 계획은 7장 '게임 디자인 문서화'에서 논의했던 과제 관리용 스프레드시트의 새 버전을 만들어서 처리하는 경우가 많다.

누가 제작 팀원이 될 것인가? 디자인 프로세스에 참여한 사람들이 될 가능성이 높다. 하지만 특별한 기술이 필요할 경우에는 창의적인 결정과 관련 없는 과제에 대해 도움을 받을 수 있는데, 그래픽이나 최종 텍스트의 카피를 편집하는 작업에는 이런 사람들을 불러와야 한다.

제작 팀에 **누가** 참여할지 결정하고 나면, 이제 이들이 **무엇을** 할 것인지 식별하여 적어 내려가야 한다(그림 13.5 참고). 핑!에서 우리는 프로토타입에서 무엇을 성취해야 하는지, 누가 이 작업을 할 것인지 문서를 통해 관리했다. 또한 다른 사람이 먼저 끝내야만 완료할 수 있는 '의존성'이나 과제가 있는지도 식별했다.

PROTOTYPE	TASK	PERSON	TIME	DEPENDENCIES	NOTES
Core v3	**Basic elements - test with 5 designers**				
3 days	Interface to tweak paddle and ball physics	CM+AM	4 hours		
	Final Art Direction	JS	2 hours		
	Asset generation	JS+LB	8 hours	ALL: Review final art	
	Swappable paddle assets implemented	CM+AM	4 hours	JS+LB: Assets	
	Final sounds selected	JS	2 hours	ALL: Review final sound	
	Sounds implemented	CM	2 hours	JS: Sound selects	
	Scoring system - implement	CM	2 hours		Sets to matches
	Controller final prototype/test	BB	6 hours	ALL: Internal playtesting	
Complete v1	**Complete game playtest - test with 5 people**				
5 days	Final revisions to paddle and ball physics	CM+AM	4 hours	ALL: Internal playtesting	
	Controller v1	BB	8 hours		
	Visual asset revisions	JS+LB	4 hours	Designer test	
	Visual assets implemented	CM	3 hours	JS+LB: Visual asset revisions	
	Sound revisions	JS	2 hours		

그림 13.5 제작 스프레드시트

마시막으로, 모든 과제가 그렇듯이 분명한 데드라인을 세우는 것은 필수다. **누가, 무엇을, 언제** 해야 하는지 확인하자. 데드라인이 없다면 아무 일도 완료되지 않는다. 아마도 첫 번째 몇 편의 게임은 팀이 일을 해 나가면서 데드라인을 조정할 필요도 있을 것이다. 사람은 원래 무언가를 해내기까지 걸리는 시간을 과소평가하게 마련이다. 추정치의 2배가 걸릴 것이라 예상하고 (존의 경우에는 이 방법이 잘 통했다), 그 다음 필요한 만큼 숫자를 더하자. 어떤 공식을 사용하든, 이 과정에서 데드라인은 어떤 식으로든 마련하도록 하자.

데드라인 외에 팀의 정규 회의도 정해야 한다. 디자인 프로세스에서 미해결된 질문에 대한 해답을 모두 찾았다고 생각하여 더 이상 논의할 것이 없는 것처럼 보이기 쉽지만, 아직도 팀이 신경 써야 할 일들이 나타나게 마련이다.

정규 미팅은 주 단위건 더 자주 하건 여러분을 솔직하게 만들어주는 효과도 있다. 지난주에는 얼마나 일을 마쳤는가? 보고할 내용이 없다면 게임에 투입할 시간을 더 늘려야 한다는 징후라고 봐야 한다.

제작 과정에서 **누가, 무엇을, 언제**할 지 고려하고 이를 관리하다 보면 게임의 결승선이 눈에 들어오기 시작한다. 일이 많고 야근도 해야 하겠지만, 게임이 세상의 빛을 보고 플레이되는 것을 보는 것은 그 자체만으로도 뿌듯한 보상이 된다.

요약

지금까지 이 책에서 다룬 비디오 게임들은 모두 소규모 팀이나 개인이 만든 작품이다. 비디오 게임 제작은 큰 도전이며, 많은 연습이 필요하기도 하다. 그러니 작은 규모로 시작하고, 실패를 두려워하지 말자. 실패란 과정의 일부일 뿐이다. 반복 재적용은 작은 아이디어를 키워서 게임으로 만들어내는 한 방법이다. 게임을 어떻게 만드는지 배우는 일에도 역시 반복 적용되는 사이클이 있다. 일단 게임을 만들고, 출시하고, 그 다음 새 게임을 만들자. 필자들은 이런 게임을 플레이하게 되길 고대한다.

게임 디자인이 완성되고 나면 반복 적용 과정을 멈추고, 다음 요소들이 완성되면 제작에 돌입하자.

- 완성된 게임 프로토타입 구축

- 타깃 플레이어층과 함께 성공적인 플레이테스트 완료

- 새로운 플레이어와 함께 성공적인 플레이테스트 완료

- 경험 있는 플레이어와 함께 성공적인 플레이테스트 완료

- 디자인 가치 도달

- 분명한 아트 디렉션

- 타깃 플랫폼용의 탄탄한 코드 베이스

- 게임을 위한 대부분의 최종 텍스트

- 업데이트된 게임 디자인 문서

용어집

AAA AAA, 혹은 '트리플 A' 게임이란 대규모 스튜디오에서 큰 예산을 들여 디자인한 게임이다.

NPC(Non-Player-Character) 비디오 게임에서 컴퓨터에 의해 컨트롤되는 캐릭터.

가능성 공간 게임은 쌍방향성이기에 플레이어들에게 가능한 다양한 액션과 해석을 제공한다. 디자이너는 플레이어가 겪을 수 있는 모든 액션과 경험을 미리 정의할 수 없지만, 게임의 액션, 규칙, 목표, 플레이 공간, 오브젝트의 조합을 통해 가능성 공간을 제한하거나 열어줄 수 있다.

간접 액션 게임 디자인의 도구. 간접적 액션은 플레이 도중 주로 활용하는 오브젝트에 직접 닿지 않으면서 액션을 수행하는 것이다.

간파 일본어 '요미(読み)'에서 온 것으로 상대의 수를 내다보는 것을 뜻한다. 보통은 일대일 경쟁 상황에 적용되지만, 스포츠에서도 볼 수 있듯 한 팀이 상대 팀의 지난 플레이를 분석하여 앞으로 일어날 액션을 예측해 전략적 이득을 취하는 것은 모두 여기에 해당한다.

감각 레이어 제시 제임스 개럿의 사용자 경험 층위 중 감각 레이어는 게임의 표면, 혹은 플레이어가 게임을 플레이하면서 보고 듣고 느끼는 것이다. 프레임 레이어, 정보 레이어, 상호작용 레이어, 목적 레이어 참고.

거짓 행동 유도 행동 유도성의 네 가지 형태 중 하나. 거짓 행동 유도는 오브젝트로 할 수 있는지 잘못 해석하는 것을 칭한다. 밀랍으로 만든 사과를 보고 이걸 먹는 것으로 착각하거나, 3D 게임에서 문이 있는데 열리지 않는 경우가 여기에 해당한다. 행동 유도성 참조.

게임 개발 디자인과 제작을 포함하여 게임을 만드는 전반적인 과정.

게임 디자인 액션, 목표, 규칙, 오브젝트, 플레이 공간, 플레이어 수를 포함하여 게임이 작동하는 방식을 구상하고 만들어내는 과정.

게임 상태 현재의 시간, 점수, 플레이 공간 내에서 오브젝트들의 위치, 기타 플레이어의 액션과 게임의 반응으로 인한 요소들을 포함한 게임의 현재 순간.

게임 제작 게임의 디자인에서 표시한 대로 게임을 만들어내는 과정.

경쟁형 플레이 플레이어들이 서로 경쟁하며 승자나 패자가 결정되는 플레이.

경험 기반 플레이 탐구적이며 감각 기반의 플레이 경험을 강조하는 플레이 유형.

공생적 협동 플레이어들이 게임에 의해, 혹은 플레이어 자신이 세운 목표를 달성하기 위해 서로에게 의존하게 되는 상황.

관리용 스프레드시트 게임의 디자인, 프로토타입, 플레이테스트에 있어 큰 그림과 순간순간 필요한 작업을 적어 넣은 문서.

규칙 게임이 어떻게 작동하는지에 대한 지시 사항

기술 플레이어가 게임의 액션을 얼마나 숙달했는지 측정한 것.

기회 플레이어가 직간접적인 액션의 결과를 예측할 수 있는 능력에 영향을 주는 무작위성의 도입.

대면 경쟁 플레이어 사이의 직접적인 경쟁. 탁구와 농구가 바로 대면 경쟁의 예다.

대칭적 경쟁 각 플레이어에게 똑같은 능력, 역할, 도전을 제공하는 경쟁형 플레이의 한 형태.

대칭적 정보 모든 플레이어가 게임의 상태에 대해서 같은 정보를 얻을 수 있는 것.

대칭적 협동 각 플레이어에게 똑같은 능력, 역할, 도전을 제공하는 협동형 플레이의 한 형태.

도전 게임이 플레이어가 목표를 달성하는 것을 방해하거나 게임 콘텐츠와 주제의 난이도를 통해 저항하는 것.

독립 게임 개인이나 소규모 팀에 의해 개발되고 서비스되는 게임.

동기 디사이너나 팀이 게임의 디자인에서 중점을 두는 곳. 동기는 플레이어들이 하게 될 주된 일을, 제약, 스토리, 개인 경험, 추상적이고 사실적인 세계, 플레이어를 중심으로 디자인하는 것이다.

디자인 가치 게임의 경험적인 목표들. 디자인 가치는 게임의 디자인이 반복 재적용 프로세스 내내 초점을 잃지 않도록 해 주는 지침으로 활용된다. 여기에는 경험, 테마, 관점, 도전, 의사 결정, 실력, 전략, 운과 불확실성, 맥락, 감정이 있다.

디자인 문서 게임을 위해 적어 두는 주요 문서. 디자인 문서는 게임이 어떻게 작동하는지 세부 사항을 공유하는 데 사용된다.

로컬 멀티플레이어 게임 둘 이상의 플레이어가 같은 공간에 앉아서 서로 경쟁하거나 협력하는 게임.

롤플레잉 플레이어들이 캐릭터 하나가 되어 그 역할을 수행하는 플레이 형태.

맥락 플레이 경험의 질에 영향을 미치는 시간, 장소, 기타 환경적 요인.

목적 레이어 제시 제임스 개럿의 사용자 경험 층위 중 목적 레이어는 플레이어들이 게임에 대해 갖는 목표다. 감각 레이어, 프레임 레이어, 정보 레이어, 상호작용 레이어 참고.

목표 측정 가능한 것이든 순전히 경험적인 것이든, 플레이어들이 플레이를 통해 이루려 노력하는 결과. 가끔 목표는 게임에 의해 측정하고 판단될 수 있으나, 목표가 느슨하고 결과가 열려있는 경우도 있다.

몰입 플레이어가 완전히 주의를 집중할 정도로 게임에 몰두한 상태.

바른 기각 행동 유도성의 네 가지 형태 중 하나. 바른 기각은 사람들이 어떤 물체의 용도가 아닌 것을 판단할 때 일어난다. 예를 들어, 베개를 망치로 쓸 수 없다는 것이 이런 것이다. 행동 유도성 참조.

반복 재적용 디자인 최종 디자인이 개발되기 전에 프로토타입을 개발하고 테스트하는 게임 제작의 한 과정. 반복 재적용 디자인 과정에는 컨셉 구상, 프로토타입, 플레이테스트, 그리고 평가 단계가 있다.

방향 찾기 플레이어들이 게임과 그 가능성 공간의 공간, 정보, 상호작용, 목표를 어떻게 진행하는지 이해할 수 있는 것. 방향 찾기는 길리언 크램튼 스미스의 잘 만든 상호작용의 다섯 가지 특성 중 하나다.

불완전한 정보 게임 상태는 모두 플레이어가 볼 수 있거나 파악할 수 있도록 되어 있지는 않다. 포커는 플레이어들이 손에 든 카드에 따라 서로 다른 정보에 노출되는 불완전한 정보의 게임이다.

브레인스토밍 알렉스 페이크니 오스본이 특정한 질문이나 문제에 대해 많은 아이디어를 만들어내기 위해 개발한 프로세스. 브레인스토밍 프로세스에는 판단 유보, 질보다 양, 하지만이 아니라 그리고, 대담하게, 시각적으로, 아이디어 합치기라는 규칙이 있다.

비대칭 경쟁 플레이어들이 서로 다른 액션이나 오브젝트를 이용하여 서로 경쟁하는 멀티플레이어 게임.

비대칭 협동 플레이어들이 서로 다른 액션과 능력으로 서로 힘을 합쳐 게임에 승리하는 멀티플레이어 게임.

비대칭적 정보 플레이어들이 게임의 상태에 대해 서로 다른 정보를 접하는 플레이 형태.

비대칭적 플레이 플레이어들에게 게임에서 서로 다른 역할과 능력을 부여하는 멀티플레이 형태.

비동기식 경쟁 플레이어들이 가능할 때는 다른 시간대에 각자 플레이한 성과를 비교하여 경쟁하는 게임. 선수들이 돌아가며 점프하여 그 거리를 비교해 승자를 정하는 트랙과 필드에서 하는 멀리 뛰기 같은 것이 그 예다.

사교가 리차드 바틀의 온라인 MUD(멀티 유저 던전) 플레이어 유형에 따른 구분으로, 사교가는 게임에서 다른 무엇보다 다른 플레이어와 상호작용하는 데에 관심을 둔다.

상호작용 레이어 제시 제임스 개럿의 사용자 경험 층위 중 플레이어들이 게임을 하면서 무엇을 할 수 있는지 이해하는 것. 감각 레이어, 프레임 레이어, 정보 레이어, 목적 레이어 참고.

설계도 게임을 어떻게 플레이하며 제작하기 위해서는 무엇이 필요한지 등 게임의 기본 사항을 설명해 주는 청사진.

성취가 리차드 바틀의 온라인 MUD(멀티 유저 던전) 플레이어 유형에 따른 구분으로, 게임의 목표를 세우고 이를 달성하는 데에 관심을 둔다.

수행형 플레이 플레이어의 액션이 주가 되는 플레이 경험. 수행형 플레이는 관람에 이상적일 때가 많다.

숨겨진 행동 유도 행동 유도성의 네 가지 형태 중 하나. 숨겨진 행동 유도란 오브젝트로 존재하지만 그 모습이 눈에 바로 띄지 않는 상호작용을 일컫는다. 모자로 물을 마실 수 있는데 모른다거나, 공중에 떠 있는 벽돌에 부딪히면 동전으로 바뀌는데 가끔 이를 모를 수도 있는 것이 이런 경우다. 행동 유도성 참조.

스토리 비트(story beat) 스토리에서 중요한 순간. 잭과 질이 언덕을 뛰어 올라가는 것은 잭과 질의 이야기를 구성하는 여러 스토리 비트 중 하나가 된다.

스토리월드 게임의 장소, 설정, 시간을 구현하기 위해 디자인된 공간으로, 플레이어의 캐릭터가 거주하고 아바타를 통해 액션을 수행하는 곳.

시뮬레이션 기반 플레이 실제 세계의 시스템을 모델링하는 플레이 유형.

시스템 역학 사물이 특정 목적으로 상호작용하는 것을 보아서 사물의 작동 원리를 이해하는 접근법.

신체 활동 프로토타입 디지털이 아닌 프로토타입으로 게임의 규칙과 액션을 모델링한다. 신체 활동 프로토타입은 보통 게임의 정보 공간보다는 물리적 액션을 모델링한다는 면에서 종이 프로토타입과는 다르다.

실질적 갈등 레베카 버넷의 저서 "WOVENtext에서 구분한 세 가지 갈등" 중 하나. 게임 그 자체와 연관되는 팀의 갈등이 포함되며, 어떤 종류의 게임이며 팀이 플레이어에게 제공하고자 하는 경험은 어떤 것인가라는 데에서 온다. 이런 갈등은 팀이 게임에 대한 합의된 이해에 도달하는 데에 도움을 준다. 정서적 갈등과 절차적 갈등 참조.

실패 게임과 임 디자인의 중요한 경험. 실패는 사물과 우리가 어떻게 배워 나가는지의 관계를 드러내준다. 제이머 헌트는 끔찍한 실패, 구조적 실패, 영광스러운 실패, 흔한 실패, 버전 실패, 예측된 실패의 여섯 가지로 실패를 분류한다.

심상 모형 플레이하려면 무엇을 해야 하는가 뿐만 아니라 게임의 가능성 공간 안에서 자신의 행동이 무엇을 뜻하는지 인지함으로써 플레이어가 게임을 해 나갈 수 있도록 하는 방식. 길리언 크램튼 스미스의 잘 만든 상호작용의 다섯 가지 특성 중 하나.

아트와 사운드 프로토타입 게임의 사운드와 이미지 모델로, 시각과 청각적 접근을 테스트한다.

액션 플레이어들이 게임에서 주로 하는 것들. 액션에는 직간접적 액션이 모두 포함된다. 직접적 액션은 플레이어들이 오브젝트와 플레이 공간에 즉각적으로 상호작용하는 것(핀볼에서 공과 패들이 닿는 것)이며, 간접적 액션은 플레이어나 이들이 플레이 도중 주로 활용하는 오브젝트에 직접 닿지 않으면서 일어나는 것(핀볼 기계 안의 범퍼, 경사로, 다른 오브젝트와 공이 닿아 일어나는 것)이다.

얼터너티브 게임(Altgames) 장르와 시장의 고려에서 한 발 물러서 있는 게임과 게임메이커들. 얼터너티브 게임은 보다 표현적인 플레이 경험을 추구하여 규모가 작고 실험적인 경향이 있다.

역동성 시스템의 요소들 간의 변화하는 관계. 플레이어와 오브젝트가 게임과 상호작용하는 결과를 낳는다.

예측형 프로세스 최종 결과물을 잘 파악하며 테스트를 하여, 디자인에 변경을 가하지 않고 생산할 수 있는 디자인 과정. 예측형 프로세스는 디자이너가 처음부터 올바르다고 가정하는 반면, 적응형 프로세스는 오류의 여지를 인정하되, 원래보다 더 개선된 새로운 아이디어까지도 받아들이는 반복 적용 프로세스다.

오브젝트 플레이어들이 게임을 플레이하는 동안 이용하는 것이다. 농구에서 공이나 네트가 그 예다.

완벽한 정보 플레이어에게 숨겨지는 것이 없이 게임의 현재 상태를 완전히 알 수 있는 것.

완성된 게임 프로토타입 아트 에셋과 대부분의 게임 경험이 구현된 거의 최종적인 게임 버전. 완성된 게임 프로토타입은 게임 디자인을 완전히 검토할 수 있게 해 준다.

유희적 태도 버나드 수츠의 저서 "배짱이: 게임, 삶, 유토피아에서"로 만든 용어로, 플레이어들이 게임의 플레이를 경험하기 위해 임의적인 규칙에 스스로 기꺼이 따르는 태도를 칭한다.

의사 결정 플레이어가 다음에 할 액션을 정하기 위해 옵션과 선택을 가늠하는 과정.

의사코드(Pseudocode) 프로그램의 로직을 모델링하는 특정 신택스 없이 쓰여진 코드.

이차적 디자인 게임을 디자인하는 것은 규칙, 액션, 목표를 조합하여 간접적으로 플레이어 경험을 생성하는 것이기에 이차적인 디자인 활동이다. 게임은 플레이어에 의해 활성화될 때에야 형태를 갖출 수 있다.

인지적 행동 유도 행동 유도성의 네 가지 형태 중 하나. 인지적 행동 유도는 플레이어가 보고 듣고 느끼는 것을 기준으로 무언가를 추측하는 것이다. 행동 유도성 참조.

인터랙티브 픽션 플레이어의 액션이 텍스트 명령어 입력이나 텍스트 기반의 옵션 선택을 통해 이루어지는 텍스트 기반 비디오 게임을 설명하는 용어.

인터페이스 프로토타입 인터페이스 프로토타입은 플레이어가 게임과 직접적으로 접촉하는 부분을 조사한다.

일관성 길리언 크램튼 스미스의 좋은 상호작용 디자인의 다섯 가지 특징 중에서 일관성은, 플레이어들에게 게임이 어떻게 작동하며 자신이 맡은 역할은 무엇인지 이해할 수 있게끔 패턴을 제공한다.

적응형 프로세스 디자이너가 프로토타입에 대한 피드백과 상호작용 관찰을 통해 디자인을 발전시키는 반복적 디자인 접근법. 적응형 프로세스는 외부의 피드백 없이 디자이너에게서 나오는 예측형 프로세스와는 다르다.

전략 플레이어가 게임을 최선으로 플레이하여 목표(게임에서 설정된 것이나 플레이어가 설정한)

를 달성하기 위해 만드는 이론.

절차적 갈등 레베카 버넷의 저서 "WOVENtext에서 구분한 세 가지 갈등" 중 하나. 절차적 갈등은 팀 내 협업의 과정에서 오해나 의견차로 나오는 충돌이다. 갈등과 갈등의 종류에 대해서는 정서적 갈등도 참조하자.

점프 컷 한 쇼트에서 다른 쇼트로 부드러운 전환이 이루어지지 않는 편집 방식을 묘사할 때 쓰는 영화 용어. 점프 컷은 보통 시간의 경과를 표시하기 위해 쓰인다.

정보 공간 게임에는 우리가 플레이어로서 탐험하는 정보 공간이 있다. 완전한 정보 공간은 게임에 대한 모든 것이 플레이어에게 보여지고 알려지는 것을 뜻한다. 불완전한 정보 공간은 게임 자체, 혹은 다른 플레이어에 의해 게임에 대한 일부 정보가 숨겨져 있는 것을 뜻한다.

정보 레이어 제시 제임스 개럿의 사용자 경험 층위 중 플레이어들이 외형을 통해 게임에 대한 정보를 파악하게 해 주는 것이 정보다. 감각 레이어, 프레임 레이어, 상호작용 레이어, 목적 레이어 참고.

정서적 갈등 레베카 버넷의 WOVENtext에서 구분한 세 가지 갈등 중 하나. 협업하는 팀에서 팀원의 감정에 관련되어 대두되는 문제로, 따라서 이들의 프로젝트에 대한 목표, 욕구, 소망과 연관된다. 정서적 갈등은 성별, 신념, 문화, 계급, 성적 지향 같은 요인에 따라 생겨나기 마련인 가치관의 차이에서 빚어질 때가 많다. '절차적 갈등' 항목을 참고하자.

정신적 기술 플레이어의 능력으로 문제를 해결하고 전략을 형성하는 기술 기반의 플레이 종류. 활동적 기술 참조.

제약 플레이어에게 플레이 경험을 좀 더 까다롭고 흥미롭게 만드는 방식으로, 축구에서 손을 쓸 수 없다는 것이 여기에 해당한다. 디자이너에게는 게임 디자인에 어떤 제약을 줌으로써, 이 안에서 혁신이 일어나기도 한다.

종이 프로토타입 디지털 형식이 아닌 프로토타입으로, 종이나 인덱스카드를 이용하여 게임의 아이디어를 테스트한다.

주의력 플레이어가 현재 게임에서 일어나는 일을 이해하는 것. 주의력에는 반사 주의력과 실행 주의력 두 가지 종류가 있다. 반사 주의력이란 두뇌의 후두엽과 측두엽이 관장하며 시끄러운 소리, 빠르게 움직이는 물체, 혹은 신기한 것이 제시되었을 때 활성화된다. 때때로 자발적 주의라고도 불리는 실행 주의력은 주의를 기울이기로 결정하는 것을 의미한다. 예를 들어 체력 게이지를 볼 때나 도로의 표지판을 볼 때가 여기에 해당한다.

즉흥적인 플레이 실없는 액션, 예상치 못한 결과, 어지럼증에 의한 희열과 느낌을 통한 플레이 경험을 강조한다.

직관성 플레이어가 게임 안에서 액션을 이해하고 수행하기가 쉬운지 여부. 직관성은 길리언 크램튼 스미스의 잘 만든 상호작용의 다섯 가지 특성 중 하나다.

직접적 액션 플레이어가 시작하여 제어하는 액션. 직접적 액션은 게임 속 오브젝트가 플레이어의 제어를 받지 않고서 상호작용하는 간접적 액션과는 다르다.

진행 재스퍼 쥴이 내린, 플레이어들이 결정을 내리지만 가능한 모든 결과는 이미 게임의 제작자들이 정해둔 게임의 개념. 이런 접근법은 결과의 폭이 좁기는 하지만, 풍성하고 잘 짜인 스토리 세계를 탐험할 수 있다는 장점이 있다.

창발적 플레이 제스퍼 쥴이 디자인된 규칙 세트 안에서 스스로 형태를 잡아가는 플레이어 경험을 이해하기 위해 만든 용어. 플레이어 경험이 사전에 결정된 경로를 따라 움직이는 진행형 플레이와 대조적이다.

추상화 게임의 추상화에는 세 가지 형태가 있다. 추상화는 게임의 요소들이 월드 내의 어떤 것도 지칭하지 않을 때 적용된다. (예: 바둑) 추상화는 퐁이 테니스를 표현한 것처럼 실제 세계의 활동을 표현한 게임을 칭하기도 한다. 마지막으로 실제 세계의 현상을 표현하기 위해 만들어진 시스템적 모형인 추상화도 있는데, 보드 게임 판데믹이 질병의 전파를 추상화하는 것이 이런 경우다. 추상화에는 언제나 재해석, 단순화, 모형화가 수반된다.

컨셉 구상 반복 재적용 게임 디자인 사이클의 첫 번째 단계로, 아이디어 생성을 위한 브레인스토밍과 더불어 동기와 디자인 가치 식별이 완성된다.

코드/기술 프로토타입 게임의 기술이나 제작에 관련된 질문에 초점을 두는 프로토타입.

코어 게임 프로토타입 플레이어들이 핵심적인 액션, 오브젝트, 기타 게임의 중심 요소를 경험할 수 있게 해 주는 형태의 프로토타입.

킬러 리차드 바틀의 온라인 MUD(멀티 유저 던전) 플레이어 유형에 따른 구분으로, 킬러는 다른 플레이어를 방해하고 파괴하거나 목표를 달성하려는 시도를 훼방하는 데에 관심을 둔다.

탐험가 리차드 바틀의 온라인 MUD(멀티 유저 던전) 플레이어 유형에 따른 구분으로, 게임의 가능성 공간을 완전히 이해하고자 하는 이들이다.

턴제 플레이 다른 플레이어가 액션을 결정하고 실행하기를 기다리게 되어 있는 플레이. 불확실성 게임을 플레이하면서 무슨 일이 일어날지 예측하기 어렵도록 하는 특성.

테마 게임이 어떻게 제시되는지에 대한 논리적인 틀.

팀의 협의 팀원들이 어떻게 상호작용하고, 결정은 어떻게 내리며, 게임의 책임자는 어떻게 결정하는지 등의 개인 간 협업에 중요한 여러 요소들을 규정하는 것이 팀 협의서다.

페르소나 앨런 쿠퍼는 저서 "정신병원에서 뛰쳐나온 디자인(The Inmates Are Running the Asylum)"에서 처음 설파한 것으로 상호작용 소프트웨어를 디자인하는 도구다. 페르소나는 우리가 상상하는 플레이어들의 특성을 토대로 구성한 가상의 플레이어다.

평가 반복 재적용 게임 디자인 과정의 네 번째 단계로, 프로토타입의 플레이테스트 결과를 통해 게임 디자인의 강점과 약점을 식별하는 데에 이용된다.

표현적 플레이 플레이어의 선택을 강조하는 대신 작가주의나 플레이어 경험을 강조하는 플레이 유형.

프레임 레이어 제시 제임스 개럿의 사용자 경험 층위 중 플레이어들이 게임의 플레이어, 그리고 폭넓게는 한 사람으로써 경험하여 알고 있는 게임의 가능성 공간에 대한 이해. 감각 레이어, 정보 레이어, 상호작용 레이어, 목적 레이어 참고.

프로토타이핑 반복 적용 사이클의 두 번째 단계로, 구체적인 게임의 버전이나 그 측면을 만들어내는 것이다. 프로토타입의 종류에는 종이, 신체활용, 플레이어블, 아트, 사운드, 인터페이스, 코드/기술, 코어 게임, 그리고 완성된 게임이 있다.

플레이 명사로서의 플레이는 게임을 경험하는 행위다. 동사로서의 플레이는 순간적으로 요구되는 것을 넘어서는 어떠한 행동이든 해당된다.

플레이 공간 게임이 플레이되도록 디자인된 공간.

플레이 중심 플레이어들의 경험을 중시하는 게임 디자인의 형태.

플레이어 게임과 상호작용하는 사람.

플레이어 캐릭터 화면에서 표시되는 플레이어.

플레이어블 프로토타입 디지털 프로토타입(비디오 게임의 프로토타입일 때)으로, 플레이어들이 게임의 핵심 액션을 경험하게 해 준다.

플레이테스트 반복 적용 게임 디자인 사이클의 세 번째 단계: 프로토타입이 플레이할 때 어떻게 작동하는지 관찰한다. 플레이테스트는 내부 테스트, 게임 개발자 테스트, 친구 테스트, 타깃층 테스트, 신규 플레이어 테스트, 유경험자 플레이어 테스트의 여섯 가지가 있다.

피드백 게임이 플레이어의 액션에 대해 제공하는 반응. 길리언 크램튼 스미스의 잘 만든 상호작용의 다섯 가지 특성 중 하나.

행동 유도성 실제로 사용해 보기 전에 어떤 물체를 어떻게 쓰는지 사람들이 직관적으로 인지하는 방식을 설명하는 이론이다. 행동 유도성에는 인지적 행동 유도, 숨겨진 행동 유도, 거짓 행동 유도, 올바른 기각의 네 가지가 있다.

행위 이론 사람들이 사물과 상호작용할 때 무슨 일이 일어나는지 연구하는 탤콧 파슨의 사회학 이론. 사람들은 주어진 상황에 대한 이해를 형성하는 신념을 가지고 있으며, 이것이 반응으로 이어지고, 그로부터 욕구가 발생하며, 이런 욕구를 중심으로 의도가 형성되어 행위로 이어진다.

협동 플레이 게임의 목표를 달성하기 위해 플레이어들의 협력을 강조하는 게임플레이. 대칭형 협동과 비대칭형 협동이 포함된다.

협업 동일한 목표를 향해 함께 일하는 것. 게임 개발의 복잡성 때문에 많은 게임이 협업을 통해 디자인되고 제작된다.

활동성 기술 게임에서 액션 수행에 플레이어의 운동 기술을 활용하는 실력 기반의 플레이. 예를 들면 테니스에서 공을 치는 것을 들 수 있다. 정신적 기술 참조.

찾아보기